마태복음 24

.

십자가 성경주석 시리즈 2

마태복음 24

마태복음 24장은 십자가 복음이다

———

김현두 지음

데오스성경

contents

머 / 리 / 말

마태복음 24장은 십자가 복음이다. 24장에서 28장까지 십자가 복음이 끊김 없이 이어진다. 곧 예수께서 십자가에 죽으시고 부활하는 사건을 순차적으로 말씀하신 것이다. 24장에서 예수께서 십자가에 죽으실 것을 예고하신다. 이어 25장에서 부활하여 오실 것이라고 예고하신다. 예고하신대로 26장에서 잡혀가시고, 27장에서 죽으시고, 28장에서 부활하신다. 24,25장에서 죽음과 부활을 예고하시고, 26-28장에서 그 죽음과 부활을 성취하신다.

24,25장은 예수께서 십자가에 못 박히러 가시기 직전에 하신 말씀이다. 곧 많은 사람에게 조롱받고 채찍을 맞으며 죽임당하시기 직전에 하신 말씀이다. 예수께서 이 마태복음 24,25장을 말씀하실 때의 심정은 도살장에 끌려가기 직전의 어린 양의 마음이다. 그 때 예수께서 제자들에게 하고 싶으신 말씀은 무엇일까? 그것은 당연히 자기의 죽음이 보통 인간의 죽음과 같지 아니하며, 그 죽음이 심판과 구원을 이루는 것이며, 그것이 헛되지 않음을 알게 하고 싶으실 것이다.

자기의 죽음으로 악한 자들을 심판하고, 택하신 자들을 구원하실 것이라고 가르치고 싶으실 것이다. 또 자기의 죽음은 썩어짐이 아니라, 부활할 죽음이라는 것을 가르치고 싶으실 것이다. 그래서 24장에서 십자가의 죽음으로 심판과 구원을 이루실 것을 예고하시고, 25장에서 부활을 예고하고 그 부활하여 오는 신랑을 맞을 준비를 하라고 예고하셨다. 곧 24장은 죽음을, 25장은 부활을 예고하신 것이다.

여기서 주의해야 할 점이 있다. 24,25장을 해석함에 있어 난해한 구절들로 인해 혹 종말에 일어날 일들로 해석해서는 안 된다는 것이다. 24, 25장은 십자가에서 처참하게 죽기 직전에 하신 말씀으로서, 그는 온통 자신의 죽음에 쏠려 있으시다. 그는 마땅히 그 십자가 죽음에 대해 말씀하셔야 맞지 뜬금없이 종말 얘기를 꺼내시며 그때 너희에게 대환난이 있을 것이라고 하실 리가 만무하다.

십자가에 죽으시기 직전인데 그 십자가에 대한 말씀은 한 마디도 하시지 않고 종말 얘기만 24, 25장 내내 하셨다는 것은 있을 수 없는 일이다. 그러면 예수님은 십자가에 죽으러 가시면서까지도 십자가 복음을 전하지 않은 분이 되고 만다. 그는 다른 때에도 입만 열면 십자가 복음을 전하신 분이다. 그런데 십자가 현장에서 십자가 복음을 전하시지 않았다는 것은 불가한 일이다. 만일 24, 25장을 종말의 환난 등으로 해석한다면 예수께서 안타깝게 생각하실 것이다.

24장은 십자가의 죽음을, 25장은 부활을 예고하신 말씀이다. 24, 25장은 십자가 복음으로 가득 차 있다. 예수 그리스도는 오직 십자가 복음을 위하여 이 땅에 오셨다. 예수께서 이 땅에 오셔서 피를 흘리심으로 세우신 십자가 복음을 헛되지 않게 하려면 이 마태복음 24, 25장을 십자가 복음으로 해석해야 할 것이다. 우리가 예수 그리스도의 의도대로 복음을 전하기 위해서는 이 마태복음 24, 25장에서 십자가 복음을 찾아와야 한다.

본 『마태복음 24』 주석에서 십자가 복음을 찾았다. 모쪼록 마태복음 24장을 통하여 온 세상에 십자가 복음이 전파되기를 소망한다.

저자 김현두 목사

1

마태복음 24장

예수 그리스도께서
십자가의 피로
심판과 구원을 이루실 것을
예고하신다

마 24:1,2 _ ¹예수께서 성전에서 나와서 가실 때에 제자들이 성전 건물들을 가리켜 보이려고 나아오니 ²대답하여 이르시되 너희가 이 모든 것을 보지 못하느냐 내가 진실로 너희에게 이르노니 돌 하나도 돌 위에 남지 않고 다 무너뜨려지리라

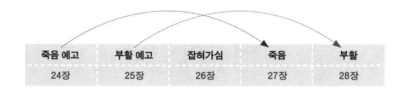

죽음 예고	부활 예고	잡혀가심	죽음	부활
24장	25장	26장	27장	28장

마태복음 순서

24장 : 예수 그리스도의 죽음 예언

25장 : 예수 그리스도의 부활 예언

26장 : 예수 그리스도의 잡힘

27장 : 예수 그리스도의 죽음 성취

28장 : 예수 그리스도의 부활 성취

앞서 '머리말'에서 언급한 대로 마태복음 24,25장은 예수께서 십자가의 죽음과 부활을 예고하신 것이다. 마태복음 24-28장은 예수께서 십자가에 죽으시고 부활하는 사건을 순차적으로 기록한 것이다. 24장에서 예수께서 십자가에 죽으실 것을 예고하신다. 이어 25장에서 부활하여 오실 것이라고 예고하신다. 예고하신대로 26장에서 잡혀가시고, 27장에서 죽으시고, 28장에서 부활하신다. 24,25장에서 죽음과 부활을 예고하시고, 26-28장에서 그 죽음과 부활을 성취하신다.

24,25장은 예수께서 십자가에 못 박히러 가시기 직전에 하신 말씀이다. 곧 많은 사람에게 조롱받고 채찍을 맞으며 죽임당하시기 직전에 하신 말씀이다. 예수께서 이 마태복음 24,25장을 말씀하실 때의 심정은 도살장에 끌려가기 직전의 어린 양의 마음이시다. 그 때 예수께서 제자들에게 하고 싶으신 말씀은 무엇일까? 그것은 당연히 자기의 죽음이 보통 인간의 죽음과 같지 아니하며, 그 죽음이 헛되지 않음을 알게 하고 싶으실 것이다.

자기의 죽음으로 악한 자들을 심판하고, 택하신 자들을 구원하실 것이라고 가르치고 싶으실 것이다. 또 자기의 죽음은 썩어짐이 아니라, 부활할 죽음이라는 것을 가르치고 싶으실 것이다. 그래서 24장에서 십자가의 죽음으로 심판과 구원을 이루실 것을 예고하시고, 25장에서 부활을 예고하고 그 부활하여 오는 신랑을 맞을 준비를 하라고 예고하셨다. 곧 24장은 죽음을, 25장은 부활을 예고하신 것이다.

여기서 주의해야 할 점이 있다. 24,25장을 해석함에 있어 난해한 구절들로 인해 혹 종말에 일어날 일들로 해석해서는 안 된다는 것이다. 24,25장은 십자가에서 처참하게 죽기 직전에 하신 말씀으로서, 그는 온통 자신의 죽음에 쏠려 있으시다. 그는 마땅히 그 십자가 죽음에 대해 말씀하셔야 맞지 뜬금없이 종말 얘기를 꺼내시며 그때 너희에게 대환난이 있을 것이라고 하실 리가 만무하다.

십자가에 죽으시기 직전인데 그 십자가에 대한 말씀은 한 마디도 하시지 않고 종말 얘기만 24,25장 내내 하셨다는 것은 있을 수 없는 일이다. 그러면 예수님은 십자가에 죽으러 가시면서까지도 십자가 복음을 전하지 않은 분이 되고 만다. 그는 다른 때에도 입만 열면 십자가 복음을 전하신 분이시다. 그런데 십자가 현장에서 십자가 복음을 전하시지 않았다는 것은 불가한 일이다. 만일 24,25장을 종말의 환난 등으로 해석한다면 예수께서 안타깝게 생각하실 것이다.

　24장은 십자가의 죽음을, 25장은 부활을 예고하신 말씀이다. 24,25장은 십자가 복음으로 가득 차 있다. 예수 그리스도는 오직 십자가 복음을 위하여 이 땅에 오셨다. 예수께서 이 땅에 오셔서 피를 흘리심으로 세우신 십자가 복음을 헛되지 않게 하려면 이 마태복음 24,25장을 십자가 복음으로 해석해야 할 것이다. 우리가 예수 그리스도의 의도대로 복음을 전하기 위해서는 이 마태복음 24,25장에서 십자가 복음을 찾아와야 한다.

마태복음 24장 분해
1. 천국 복음
1) 1-13절 : 천국 복음
2) 14절 : 1-13절이 천국 복음임을 확인
3) 15-31절 : 1-13절의 천국 복음을 다시 상세히 설명
4) 32-51절 : 십자가의 천국 복음을 받기 위해 깨어 기다림

2. 십자가의 죽음과 심판
1) 4-28절 : 십자가의 죽음
2) 29-31절 : 십자가의 심판
3) 32-51절 : 십자가의 심판과 구원을 깨어 기다림

　예수께서 예루살렘 성전이 무너짐을 예언하신다. 그런데 여기서 예수님의 뜻은 성전 건물만 무너지는 것을 의미하시지 않는다. 건물보다 더 중요하고 진

정한 것이 무너짐을 의미하신다. 그것은 죄 사함과 구원을 이룰 수 없는 동물의 피로 제사를 드리는 구약의 율법적 성전이 무너질 것을 말씀하신 것이다. 왜냐하면 예수께서 하늘에서 비하되시어 이 땅에 오신 목적이 그의 십자가의 단번의 피의 제사로 동물의 피로 드리는 구약의 구원 없는 율법적 제사를 그치게 하시는 데 있기 때문이다. "염소와 송아지의 피로 하지 아니하고 오직 자기의 피로 영원한 속죄를 이루사 단번에 성소에 들어가셨느니라"(히 9:12).

이것은 이미 예수 그리스도께서 오시면 이 구약성전은 무너질 것이 예정되어 있음을 나타내는 것이다. 그러므로 예수께서는 당연히 구원 없는 구약성전의 무너짐을 말씀하신 것이다. 그래야 예수께서 오신 목적대로 구원 없는 육적 구약성전을 무너뜨리시고 영으로 예배드리는 신약성전을 건설하실 수 있기 때문이다. 그래서 예수께서 우물가의 여인에게 짐승의 피로 제사드리는 구약이 끝나고영과 진리로 예배드리는 때가 바로 이때라고 말씀하셨던 것이다. "아버지께 참되게 예배하는 자들은 영과 진리로 예배할 때가 오나니 곧 이 때라 아버지께서는 자기에게 이렇게 예배하는 자들을 찾으시느니라"(요 4:23).

그러면 구원 없는 구약성전을 누가 무너뜨린다는 것인가. 곧 율법적 성전을 무너뜨리는 주체가 누구냐는 것이다. 구약성전을 무너뜨리는 주권을 가진 주체는 예수 그리스도시다. 예수 외에 아무도 구약성전을 무너뜨릴 자가 없다. 과거에 1차로 바벨론의 느부갓네살 왕이 성전을 무너뜨렸고(왕하 25장, 렘 39,40장, 단 1:1,2), 2차로 헬라의 안티오쿠스에 의해 성전이 훼파된 적이 있었다(단 11:30-35). 그러나 1차 성전 훼파 후 70년 만에 스룹바벨에 의해 다시 재건되었고, 2차 훼파 후 안티오쿠스를 물리친 마카비에 의해 다시 복구되었다. 사람에 의해 무너진 성전은 다시 복구되어 동물의 피로 계속 제사를 드렸다. 그러므로 사람은 구약성전을 다시는 복구되지 않도록 영원히 무너뜨릴 수 없는 것이다. 예루살렘 성전은 예수 그리스도만 영원히 무너뜨릴 수 있으시다.

그러면 예수께서 무엇으로 이 예루살렘 성전을 무너뜨리실까? 그것은 그의 십자가로 성전의 휘장을 찢어 무너뜨리시는 것이다. 예수께서 말씀하신 대로 친히 그의 십자가로 휘장을 찢어 성전을 무너뜨리셨다(마 27:51, 막 15:38). "예수께서 다시 크게 소리 지르시고 영혼이 떠나시니라 이에 성소 휘장이 위로부터 아래까지 찢어져 둘이 되고 땅이 진동하며 바위가 터지고"(마 27:50,51). 성전의 휘장이 찢어지면 그것으로 성전으로서의 기능과 역할은 끝난다. 그러므로 휘장이 찢어진 건물은 이미 성전이 아니다. 이제 구약에서 신약으로 넘어가는 것이다. 이 절의 예수님의 말씀은 자신이 십자가에서 피를 흘려 성전의 휘장을 찢어 구약성전을 무너뜨리실 것을 예고하신 말씀이다.

"돌 하나도 돌 위에 남지 않고 다 무너뜨려지리라"는 의미는 구약성전의 아주 작은 요소까지도 완전히 무너뜨리신다는 뜻이다. 예수 그리스도는 지금 "돌"로 표현하여 물질적으로 말씀하시는 것 같으나 실제로는 영적으로 말씀하시는 것이다. 돌이 무너진다는 의미는 실제로 돌이 무너짐에 강조점을 두시지 않는다. 왜냐하면 앞에서 설명한 것처럼 과거에 이미 바벨론의 느부갓네살에 의해 성전의 돌 하나도 돌 위에 남지 아니하고 무너졌으나(왕하 25장, 렘 39,40장, 단 1:1,2) 스룹바벨에 의해 다시 재건되었으며, 그 후 헬라의 안티오쿠스에 의해 또 다시 성전이 훼파되었으나(단 11:30-35) 마카비에 의해 다시 재건되어왔기 때문이다. 곧 돌이 무너지는 것이 성전이 진정으로 영원히 무너진 것은 아니다. 돌이 무너지면 다시 수리하면 되는 것이다. 그러므로 돌이 무너지는 것이 성전에 아무런 영향을 줄 수 없다는 것을 이미 아시는 주께서 돌이 무너지는 것에 중점을 두시고 말씀하실 리가 없는 것이다. 그러므로 여기의 돌이 무너진다고 말씀하신 그리스도의 뜻은 성전의 휘장이 찢어져 성전이 진정으로 영원히 무너지는 것을 의미한다. 그것은 곧 구약의 동물의 피로 드리는 율법적 제사를 온전히 폐하신다는 의미로 말씀하신 것이다.

"돌 하나도 돌 위에 남지 않고 다 무너뜨려지리라"는 의미는 동물의 피로 드리는 구약의 제사의 여러 가지 규율을 하나도 남기지 않고 모두 폐하시겠다는 말씀이다. 구약의 제사제도는 여러 가지가 있다. 양이나 소를 잡는 규율, 그 고기를 물두멍에 씻는 규율, 불에 태우는 규율, 진설병을 놓는 규율, 향로에 향을 피우는 규율 등 많다. 예를 들어 모든 제사규율들은 폐하시지만 예물을 물두멍에 씻는 일 하나는 남겨놓는다든지, 혹은 향로에 향을 피우는 일 하나는 남겨놓아 십자가 후에도 그대로 이어간다든지, 또는 진설병을 놓는 일 하나는 폐하지 않고 존치한다든지 하는 일 따위는 없다는 것이다. 구약성전에서 행해졌던 모든 제사제도들은 이제 그리스도의 피로 드리는 단번의 제사로 모두 폐해질 것을 의미한다. 그리스도께서 십자가의 피로 구약의 제사제도를 하나도 남김없이 온전히 폐하실 것을 말씀하신 것이다.

참고로 혹자는 이 "돌 하나도 돌 위에 남지 않고 다 무너뜨려지리라"는 말씀을 장차 A.D.70년에 로마의 디도 장군의 군대에 의해 예루살렘 성전이 무너질 것을 예언하신 것으로 해석하는 경우도 있다. 그러나 그때 로마의 군대에 의해 성전이 무너지는 사건은 진정으로 성전이 무너지는 것이 아니다. 그 사건은 예수께서 십자가의 피로 성전의 휘장을 찢어 진정으로 성전을 무너뜨리신 후 달랑 건물만 남은 것을 무너뜨린 것이므로, 이미 성전이 아닌 창고건물을 무너뜨린 것에 불과하다. 그러므로 A.D.70년에 로마에 의해 무너진 것은 성전이 아니라 휘장 없는 건물이 무너진 것이다.

여기서 예수 그리스도께서 말씀하시는 의미는 로마에 의해서가 아니라 자신이 친히 십자가에 죽으심으로 말미암아 휘장을 찢어 진정으로 성전을 무너뜨리실 것을 예고하신 것이다. 예수님은 로마 제국의 일에 관심이 있는 게 아니라, 자신이 이루실 십자가 복음에 관심이 있으신 것이다. 예수께서 이 땅에 오신 목적이 세상 로마 제국이 성전을 무너뜨리는 내용을 예언하려는 게 아니라, 자신이 십자가에 죽으심으로 옛 성전을 무너뜨리고 새 성전을 세우는 데 있다.

마 24:3 _ 예수께서 감람 산 위에 앉으셨을 때에 제자들이 조용히 와서 이르되 우리에게 이르소서 어느 때에 이런 일이 있겠사오며 또 주의 임하심과 세상 끝에는 무슨 징조가 있사오리이까

하나님의 임하심   주의 임하심   주의 임하심

세상 끝   세상 끝   세상 끝

창세   홍수   십자가   재림

"감람산"(16절 참조)

"어느 때에 이런 일이 있겠사오며"

제자들은 성전 건물이 언제 무너지는가 하는 질문을 한다. 그들은 건물에만 관심이 있다. 그들은 그리스도께서 십자가로 휘장을 찢어 진정으로 성전을 무너뜨리신다는 것은 상상도 하지 못한다. 그들이 이렇게 오해하는 것은 예수께서 이 땅에 오신 목적을 모르기 때문이다. 예수께서 오신 목적은 성전의 건물을 무너뜨리는 데 있는 것이 아니라, 십자가의 피로 단번에 제사를 드려 성전의 휘장을 찢고 구약의 동물의 피로 드리는 율법적 제사를 폐하시고, 성도들의 죄를 사하시고 구원하시는 것이다(히 9:12)(앞의 마 24:2절 주해 참조). 그러므로 성전을 진정으로 무너뜨리는 때는 십자가 때이다.

"주의 임하심"

1. 제자들의 '주의 임하심'의 때는 예수가 이스라엘의 왕이 되는 때이다.

제자들은 "주의 임하심"이 언제입니까라고 질문한다. 제자들은 예수께서 이 땅에 오신 목적이 유대인의 왕이 되기 위해서라고 여겼다. 그래서 그들은 예수께서 어서 유대인의 왕이 되어주시기만을 학수고대하고 있었다. 그래서 어려운 환경도 견디며 예수를 따르고 있었다. 그들은 예수께서 왕이 되시면 자기들은 예수님의 좌우에 앉기를 바랐다(마 20:21, 막 10:37). 그러니 그런 때가 빨리 오기를 바랄 수밖에 없었다.

그들이 말하는 "주의 임하심"은 "주께서 왕으로 등극하심"이다. 그래서 그들의 "주의 임하심이 언제입니까"라는 질문은 "예수께서 왕으로 등극하심이 언제입니까"라는 질문이다. 곧 "예수께서 언제 이스라엘의 왕이 되십니까"라고

질문하고 있는 것이다. 그러므로 그들은 예수 그리스도의 뜻을 아직 알지 못하고 있는 것이다.

2. '주의 임하심'의 때는 초림과 재림 두 번 있다.

1) '주의 임하심'의 때는 초림 때이다.

"주의 임하심"은 두 번 있다. 첫 번째는 초림이고 두 번째는 재림이다. 먼저 초림 때에 "주의 임하심"이 있음을 살펴본다. 말라기 선지자는 "주의 임하심"에 대하여 "주가 갑자기 그의 성전에 임하시리니"라고 예언하여 메시야 예수 그리스도께서 갑자기 임하실 것을 예고하였다. "만군의 여호와가 이르노라 보라 내가 내 사자를 보내리니 그가 내 앞에서 길을 준비할 것이요 또 너희가 구하는 바 '주가 갑자기 그의 성전에 임하시리니' 곧 너희가 사모하는 바 언약의 사자가 임하실 것이라"(말 3:1). 이 말 3:1의 주가 임하시는 때는 예수께서 출생한 시점이 아니라 십자가로 죽으시는 시점을 말한다. 여기서 주가 임하시는 의미는 임하셔서 심판과 구원을 이루신다는 것으로서 그것을 출생하심으로 이루시는 것이 아니라 십자가에 죽으심으로 이루시기 때문이다.

말라기 선지자의 "주가 갑자기 그의 성전에 임하시리니"라는 말씀은 예수 그리스도께서 "성전에 임하"실 것을 예고한다. 예수께서 "성전에 임하"신다는 것은 예수 그리스도께서 십자가에서 피를 흘리심으로 성전의 휘장을 찢으실 것을 예언한 것이다. 곧 '주가 성전에 임하셔서' 그 성전 안에 있는 휘장을 찢으실 것을 예고하신 말씀이다. 그래서 예수께서 십자가에서 피를 흘리실 때 성전의 휘장이 찢어졌다. "예수께서 다시 크게 소리 지르시고 영혼이 떠나시니라 이에 성소 휘장이 위로부터 아래까지 찢어져 둘이 되고 땅이 진동하며 바위가 터지고"(마 27:50,51). 예수께서 십자가의 피로 성전에 임하여 휘장을 찢으시는 것은, 더 이상 구원이 없는 율법적 동물의 피 제사를 폐하시고, 그의 피로 단번에 제사를 드려 구원의 길을 여시는 대역사이다. 이 십자가의 과정이 없다면 아무도 그의 피로 구원을 받을 자가 없을 것이다.

그리고 말라기 선지자가 "주가 갑자기 그의 성전에 임하시리니"라고 예언한 것은 아무도 모르게 "갑자기" "주의 임하심"이 도래할 것을 알려준다. 그래서 예수께서 "주의 임하심"에 대하여 다음과 같이 말씀하신 것이다. "그러나 그 날과 그 때는 아무도 모르나니 하늘의 천사들도, 아들도 모르고 오직 아버지만 아시느니라 노아의 때와 같이 인자의 임함도 그러하리라"(36,37절에서 상세히 주해하였으므로 참조할 것).

2) '주의 임하심'의 때는 재림 때이다.

또한 재림 때가 "주의 임하심"이다. 예수 그리스도께서 "내가 진실로 속히 오리라"라고 말씀하심으로써 "주의 임하심"이 재림 때 또 있음을 나타내셨다. "이것들을 증언하신 이가 이르시되 내가 진실로 속히 오리라 하시거늘 아멘 주 예수여 오시옵소서"(계 22:20). 그러므로 "주의 임하심"은 초림 십자가와 재림 때에 두 번 있는 것이다.

"주의 임하심"은 예수 그리스도께서 임하셔서 심판과 구원을 이루시는 것을 말한다. 예수께서 심판과 구원을 이루시는 때는 두 번으로서 초림 십자가 때와 재림 때이다. 초림하셔서 십자가의 피로 성전의 휘장을 찢으시고, 죄와 마귀를 심판하시고 택한 백성들의 죄를 씻어 구원하심으로 심판과 구원을 이루신다. 그리고 재림하셔서 천국과 지옥으로 나누심으로 심판과 구원을 이루신다. 그러므로 예수께서 임하셔서 심판과 구원을 이루시는 때는 두 번으로서 초림 십자가 때와 재림 때이다.

3. 예수께서 말씀하시는 '주의 임하심'의 때는 십자가 때이다.

본절에서 제자들이 "주의 임하심"이 언제인가라고 질문한 것은 초림의 임하심과 재림의 임하심을 염두에 둔 게 아니다. 그들은 앞에서 설명한 대로 말라기 선지자가 예언한 "주의 임하심"(말 3:1)을 염두에 두고 한 말이다. 또 말 4:2에서 장차 그리스도가 자기들을 외양간에서 나온 송아지 같이 뛰게 할 것이라고 예언한 것을 익히 잘 알고 있다. "내 이름을 경외하는 너희에게는 공의로운 해가 떠올라서 치료하는 광선을 비추리니 너희가 나가서 외양간에서 나온 송아지 같이 뛰리라"(말 4:2).

그런데 이 말라기의 예언은 그리스도께서 십자가에 죽으심을 전제로 하시는 예언이다. 곧 그리스도께서 임하셔서 십자가에 죽으심으로 백성들을 외양간에서 나온 송아지같이 구원하신다는 내용이다. 그런데 제자들은 그리스도의 십자가를 간과한 채 주가 임하시면 이스라엘의 왕국이 도래할 것으로만 여긴 것이다. 그런 제자들의 질문에 예수님은 자기가 죽으심으로 심판과 구원을 이루실 십자가 복음으로 대답하신다. 그래서 24장 전체를 자신의 십자가 복음으로 채우신다.

제자들이 질문한 "주의 임하심"의 때는 이스라엘의 왕이 오시는 때였으나, 예수께서 대답하시는 "주의 임하심"의 때는 죽으심으로 심판과 구원을 이루시는 십자가 때를 말한다.

지금 예수께서 제자들에게 말씀하시는 24장의 내용은 재림을 염두에 두고 하시는 말씀이 아니라 초림 십자가로 "주의 임하심"이 임박하였음을 말씀하시려는 것이다. 십자가를 지시기 바로 직전이므로 당연히 십자가에 대해 심각하게 말씀하시는 것이다.

지금 바로 닥칠 십자가 때에 제자들이 시험에 들지 않도록, 그리고 주께서 십자가에 죽으실 때 목자를 떠나 흩어지지 않도록 당부의 말씀을 하시는 것이다. 곧 '목자를 치면 양들이 흩어질' 것이라는 스가랴 선지자의 예언을 염두에 두시고 주께서 십자가에 죽으실 때 제자들이 흩어지지 말 것을 당부하시는 것이다. "만군의 여호와가 말하노라 칼아 깨어서 내 목자, 내 짝 된 자를 치라 목자를 치면 양이 흩어지려니와 작은 자들 위에는 내가 내 손을 드리우리라"(슥 13:7).

"세상 끝에는"

1. '세상 끝'은 세 번 있다.

"세상 끝"은 앞의 그림처럼 세 번 있다. 첫 번째는 홍수 때이고, 두 번째는 초림 십자가 때이고, 세 번째는 재림이다. 노아의 홍수 때에 세상 끝이 있었다. "하나님이 노아에게 이르시되 모든 혈육 있는 자의 포악함이 땅에 가득하므로 그 '끝 날'이 내 앞에 이르렀으니 내가 그들을 땅과 함께 멸하리라"(창 6:13).

그리고 히브리서 기자가 초림 십자가 때를 "세상 끝"이라고 기록한다. "그리하면 그가 세상을 창조한 때부터 자주 고난을 받았어야 할 것이로되 이제 자기를 단번에 제물로 드려 죄를 없이 하시려고 '세상 끝'에 나타나셨느니라"(히 9:26). 이 히 9:26에서 "자기를 단번에 제물로 드려 죄를 없이 하시려고 '세상 끝'에 나타나셨"으므로 "세상 끝"은 예수께서 출생한 시점이 아니라 십자가로 죽으시는 시점을 말한다.

그리고 마지막으로 예수께서 재림을 "세상 끝"이라고 말씀하셨다. "내가 너희에게 분부한 모든 것을 가르쳐 지키게 하라 볼지어다 내가 '세상 끝날'까지 너희와 항상 함께 있으리라 하시니라"(마 28:20).

2. 마 24장은 구약의 '세상 끝'에 십자가로 이루는 천국 복음이다.

예수께서 말씀하시는 이 마 24장은 세 번의 "세상 끝" 중에 두 번째 "세상 끝"인 십자가 때에 이루어질 일들을 말씀하시는 것이다. 이 마 24장에서 말씀하시는 내용들은 신약 세상의 끝인 재림의 때에 일어날 일들이 아니라, 구약 세상의 끝인 십자가 때에 일어날 일들이다.

왜냐하면 예수께서 14절에서 지금 말씀하시는 이 마 24장의 내용들이 구약 세상의 끝인 십자가 때에 일어날 천국 복음이라고 말씀하셨기 때문이다. 천국 복음은 재림으로 시작하는 것이 아니라 예수 그리스도의 십자가로 시작하는 것이다. 그리고 이 천국 복음이 온 세상에 전파되기 전에는 신약 세상의 끝인 재림이 오지 않는다고 말씀하셨다. "이 천국 복음이 모든 민족에게 증언되기 위하여 온 세상에 전파되리니 그제야 끝이 오리라"(14). 이 14절에서 "이 천국 복음이"라고 말씀하심으로서 14절 전의 1-13절까지의 내용들이 "천국 복음"이라는 것을 확인해주신다. 그리고 "이 천국 복음이" 앞으로 "온 세상에 전파"될 것이라고 말씀하시면서 다 전파된 후에야 종말이 오리라고 말씀하셨다.

그러므로 1-14절까지의 내용들이 아직 온 세상에 전파되지 않은 천국 복음임을 증거하셨다. 그러므로 1-14절은 종말에 일어날 일이 아니라 십자가로 시작되는 천국 복음임을 확인해주셨다. 이 말씀을 다시 설명하면 이 마 24장의 내용은 구약의 끝날에 그리스도의 십자가를 통하여 이제 막 천국 복음이 시작될 것을 알리시며, 이 천국 복음이 온 세상에 전파되는 신약의 끝날에 재림하신다는 말씀이다.

그러면서 이 24장에서 일어날 일들은 제자들이 죽기 전에 모두 목격할 것이라고 말씀하셨다. "내가 진실로 너희에게 말하노니 이 세대가 지나가기 전에 이 일이 다 일어나리라"(34). 그러므로 이 24장의 내용들은 제자들이 살아 있을 때에 일어나야 하는 일들이므로 재림 때에 일어날 일들이 될 수 없으며, 십자가 때에 일어날 천국 복음의 징조들이다.

"무슨 징조가 있사오리이까"(30절 '징조' 참조)

마 24:4,5 _ ⁴예수께서 대답하여 이르시되 너희가 사람의 미혹을 받지 않도록 주의하라 ⁵많은 사람이 내 이름으로 와서 이르되 나는 그리스도라 하여 많은 사람을 미혹하리라

1. 본 4,5절은 십자가 때 일어나는 일이다.

예수께서 14절에서 1-13절의 말씀은 십자가로 이루시는 "천국 복음"이라고 말씀하셨다. "이 천국 복음이 모든 민족에게 증언되기 위하여 온 세상에 전파되리니 그제야 끝이 오리라"(14). 여기서 "이 천국 복음"이라고 말씀하신 것은 이 14절 이전에 하신 말씀 곧 1-13절까지의 말씀을 말한다. "이 천국 복음이 모든 민족에게 증언되기 위하여 온 세상에 전파되리니"라는 말씀은 이 1-13절까지의 천국 복음이 온 세상에 전파될 것이라는 말씀이다. 1-13절은 "천국 복음"이며 이 복음이 시작됨을 알리신다. "천국 복음"은 그리스도의 십자가 복음이다. 곧 예수께서 자신의 십자가 복음이 시작됨을 나타내신다.

"그제야 끝이 오리라"는 말씀은 "이 1-13절까지의 천국 복음이 온 세상에 전파될 때에야 종말이 오리라"는 말씀이다. 그러므로 1-13절은 끝이 아니라 천국 복음의 시작을 말하며, 그리스도의 십자가 때에 일어날 일들을 말한다.

그러므로 본절의 "너희가 사람의 미혹을 받지 않도록 주의하라"는 말씀은 종말이 아니라 십자가 때에 "주의하라"는 말씀이며, "많은 사람이 내 이름을 와서 이르되 나는 그리스도라 하여 많은 사람들을 미혹하리라"는 말씀도 십자가 때에 일어날 일을 말씀하신 것이다.

또 1-13절 안에 있는 6절의 "난리와 난리 소문을 듣"(6)는 때도 십자가 때에 일어나는 일이 된다. 뿐만 아니라 7절의 "민족이 민족을, 나라가 나라를 대적하여 일어나"는 일과 "곳곳에 기근과 지진이 있"(7)는 때도 당연히 십자가 때에 일어나는 일들이다. 또 사람들이 환난을 받을 일과(8-10), 거짓 선지자가 많이 일어날 것과(11), 불법이 성할 일이(12) 모두 십자가 때 일어날 일들이라고 예고하신 것이다. 이런 1-13절의 일들이 모두 십자가로 이루는 "천국 복음"임을 예수께서 친히 입증해주신 것이다.

그러므로 본 4,5절은 십자가 때 일어나는 일임을 입증한다(14절에서 상세히 주해하였으므로 참조할 것).

2. 십자가 때에 사람들이 가장 크게 미혹당한다.

스가랴 선지자가 예수 그리스도의 십자가 때가 가장 크게 미혹을 받는 때임을 예고하였다. 그래서 스가랴는 목자를 치면 많은 사람이 미혹을 받아 흩어질 것이라고 예언했다. "만군의 여호와가 말하노라 칼아 깨어서 내 목자, 내 짝 된 자를 치라 목자를 치면 양이 흩어지려니와 작은 자들 위에는 내가 내 손을 드리우리라"(슥 13:7). 이 예언대로 십자가를 지실 때 모든 자들이 흩어져버렸다. 그의 제자들은 모두 떠나버렸고 십자가 밑에서 끝까지 남아 있던 막달라 마리아마저도 구주를 떠났다. 그녀가 구주를 떠났다는 의미는 다음과 같다.

막달라 마리아가 그리스도께서 십자가를 지시기 전에는 그를 구주로 믿었다. 그러나 죽으신 후에는 다시는 부활하여 돌아오실 수 없는 인간 예수로 여기게 된다. 그래서 그녀는 서러워 한없이 울었던 것이다(요 20:11,15). 그녀의 그러한 믿음이 바로 예수를 구주로 인정하지 않는 믿음으로서 그것이 바로 예수를 떠난 것이다. 막달라 마리아가 인간 예수의 죽음을 슬퍼하여 울고, 인간 예수의 시체를 찾지 못하여 운 것은 예수를 죽은 자로만 여겨 더 이상 그를 믿음과 소망의 대상으로 여기지 않은 것이다. 그를 구주로 여겼다면 그 울음 속에서 믿음과 소망이 엿보였어야 했다.

그리고 예수 그리스도의 시체를 무덤에 넣었던 요셉도 주께서 다시 부활하실 것을 믿지 않았다. 그러므로 요셉도 그리스도를 사랑하였으나 부활의 구주로는 믿지 않았던 것이다. 그러므로 베드로와 마리아와 요셉마저도 그리스도의 십자가 때에 흩어진 자의 범주에 들게 된 것이다(막 15:43-46).

그러므로 그리스도께서 십자가를 지실 때에 모든 자들이 미혹을 받아 예수를 저버리게 된 것이다. 그렇게 됨으로서 예수 그리스도의 십자가 때에 양들이 흩어질 것이라는 스가랴 선지자의 예언은 그대로 적중했다(슥 13:7). 그러므로 가장 크게 미혹을 받는 때는 십자가 때이다. 그러므로 이 마 24장에서 예수께서 제자들에게 십자가 때에 미혹을 받지 말라고 당부하시는 것이다. 참고로 종말 직전에 가장 큰 미혹이 있다고 주장하는 경우도 있으나, 십자가 때에 비하면 아무것도 아니다. 십자가 때야말로 모두 흩어지는 때로서 창세 이래 가장 크게 미혹당하는 때이다.

3. 십자가 때에 거짓 그리스도들이 많이 나온다.

"내 이름"은 '하나님의 아들의 이름'이다. 예수를 믿는 것은 사람의 이름인 예수의 이름을 믿는 것이 아니라, '하나님의 아들의 이름'을 믿는 것이다. 곧 예수께서 하나님의 아들이심을 믿는 것이다. 그래서 요한은 '주의 이름'을 '하나님의 아들의 이름'으로 기록한다. "내가 '하나님의 아들의 이름'을 믿는 너희에게 이것을 쓰는 것은 너희로 하여금 너희에게 영생이 있음을 알게 하려 함이라"(요일 5:13). 이것은 '신의 아들'을 의미하며 '하늘에서 온 자'를 의미한다. 그러므로 본문의 "내 이름으로 와서"의 뜻은 "하나님의 아들의 이름으로 와서", "신의 아들의 이름으로 와서", "하늘에서 온 자라고 주장하여"의 의미이다.

"그리스도"(5548 the anointed, the Messiah, Christ)는 '기름 부음 받은, 구원자'를 의미한다. 이제 진정한 구원자이신 예수 그리스도께서 십자가에 못 박히심으로 말미암아 여기저기서 모든 우상들을 포함한 가짜 그리스도들이 많아진다. 이들이 "거짓 그리스도들"(우상들 포함)이다(5절과 동일한 말씀).

십자가 때에 거짓 그리스도들이 많아지는 이유

1. 예수께서 사람의 모양으로 오셨기 때문이다.

십자가 때에 자칭 그리스도(구세주)라 주장하는 거짓 그리스도들이 많아지는 이유는 예수께서 사람의 모양으로 오셨기 때문이다. 사람의 모양으로 오셔서 자신이 하나님의 아들이라 외치시는 예수를 사람들은 받아들이지 않는다. 결코 하나님의 아들처럼 생기지 않았기 때문이다. 하나님의 아들이라면 시공을 초월하는 하나님을 닮아 있어야 하는데 오히려 걸어다니는 사람을 닮아 있기 때문이다. 거짓 그리스도들은 예수 그리스도를 사람 취급하며 무시하고 오히려 자신들이 하늘에서 온 신의 아들이라고 주장한다. 그렇게 예수를 배척하고 자신을 신으로 주장하는 자들이 예수께서 사람의 모양으로 오셨을 때에 가장 많이 나타났고 극성을 부렸다.

예수께서 사람의 모양으로 오시되 가장 낮은 사람의 모양으로 오셨다. 그래서 그는 많은 사람들로부터 멸시를 받고 버림을 받았다. "우리가 전한 것을 누가 믿었느냐 여호와의 팔이 누구에게 나타났느냐 그는 주 앞에서 자라나기를 연한 순 같고 마른 땅에서 나온 뿌리 같아서 고운 모양도 없고 풍채도 없은 즉 우리가 보기에 흠모할 만한 아름다운 것이 없도다 그는 멸시를 받아 사람들에게 버림받았으며 간고를 많이 겪었으며 질고를 아는 자라 마치 사람들이 그에게서 얼굴을 가리는 것같이 멸시를 당하였고 우리도 그를 귀히 여기지 아니하였도다"(사 53:1-3).

예수의 겉모습이 이렇게 볼품없으니 누가 그를 하늘에서 온 하나님의 아들이며 구세주로 인정할 수 있겠는가. 그때 풍채도 좋고 잘 생기고 돈도 많고 재주도 많은 자들이 예수를 멸시하며 자기들이 예수보다 훨씬 낫다며 차라리 자기들을 따르라고 유혹할 만한 상황이었다. 이렇게 자기가 예수보다 나은 그리스도라고 주장하는 "거짓 그리스도들"이 가장 많이 나타난 때는 종말 때가 아니라 예수께서 초라한 사람의 모양으로 오셨을 때이다.

2. 예수께서 십자가에 못 박혀 죽으셨기 때문이다.

그리고 볼품없는 사람의 모양을 한 데다 십자가에 매달려 죽기까지 하시는 예수를 과연 누가 구세주 그리스도로 받아들일 수 있겠는가. 거짓 그리스도들은 예수께서 잡히실 때부터 여기저기서 더 많이 나타나기 시작했다. 거짓 그리스도들은 예수께서 십자가에 못 박혀 매달리셨을 때에 많은 사람들을 향하여 "이제 저 예수는 그리스도가 아님이 증명되었다. 그리스도라면 어찌 죽을 수 있단 말인가. 이제 그를 따르지 말고 진정한 그리스도인 나를 따르라"고 외친 것이다. 본문대로 그들은 "나는 그리스도라 하여 많은 사람을 미혹"하였다. 이렇게 자신이 신의 아들이라고 미혹하는 자들이 가장 많이 나타나는 때는 재림 때가 아니라 예수 그리스도가 십자가에서 죽으실 때이다.

예수 그리스도께서 십자가로 죽으실 때는 사람들 보기에 가장 형편없는 인간의 모습이었다. 그때는 보통 사람들보다 못한 것처럼 보일 때였다. 그러므로 그때는 보통 사람들까지도 자신들의 인생이 예수보다는 낫다고 생각했다. 그러므로 많은 사람들이 자신이 예수보다 나은 그리스도라고 나섰다. 마귀들이 많은 사람들을 미혹하여 그리스도의 자리에 앉도록 하였다. 모든 우상들도 "나는 그리스도(구원자: 행복을 주는 자)라 하여 많은 사람을 미혹"하였다.

　마귀들은 영리하고 교활하여 언제 사람들을 미혹해야 효과가 큰지를 잘 알고 있다. 종말 때에 이미 예수 그리스도를 믿어 구원받고 순교를 각오하고 살아가는 성도들을 박해하여 믿지 못하게 하는 것보다, 십자가에 매달려 무능하게 죽어가는 예수를 보고 믿지 못하도록 미혹하는 것이 훨씬 효율적임을 안다. 그래서 마귀들은 종말 때보다 예수께서 십자가에 죽으실 때 총집결하여 사람들을 미혹한다. 십자가 때에 거짓 그리스도들(많은 우상 포함)이 가장 많이 일어나 예수 그리스도를 짓밟는다.

　그러면 예수께서 십자가에 죽으신 후 부활하여 오신 때는 거짓 그리스도들이 없어졌을까? 그렇지 않다. 주께서 부활하여 오신 때에도 거짓 그리스도들은 여전히 극성을 부렸다. 왜냐하면 예수께서 자신의 부활하신 모습을 사랑하는 극히 일부의 성도들에게만 보여주셨기 때문이다. 그래서 예수를 십자가에 못 박아 죽인 대제사장들과 서기관들은 예수께서 부활하였음에도 불구하고 그러한 사실을 알지 못하고 예수의 부활을 전하는 제자들을 오히려 핍박한 것이다.

　부활하신 예수께서 거짓 그리스도들에게는 자신의 부활하신 모습을 보여주시지 않았으며 자신을 구주로 증거하시지 않았다. 오직 극히 일부의 성도들에게만 부활하신 예수 그리스도의 영광의 모습을 보여주셨다. 그러므로 거짓 그리스도들은 예수께서 부활하신 후에도 계속 예수는 십자가에서 죽었으며 그는 다시 살아나지 못했다고 외치며 자신들이 그리스도라고 주장했다. 그러므로 거짓 그리스도들은 십자가 때에 가장 극성을 부리고 그 후에도 계속 그리스도의 부활의 복음을 훼방한다.

마 24:6 _ 난리와 난리 소문을 듣겠으나 너희는 삼가 두려워 말라 이런 일이 있어야 하되 아직 끝은 아니니라

"난리와 난리 소문을 듣겠으나"

예수 그리스도의 십자가 전쟁

1. 본절은 십자가 때 일어나는 일이다.

앞 4,5절과 14절에서 주해하였듯이 예수께서 1-13절은 십자가로 이루시는 천국 복음이라고 입증해주셨다. 그러므로 1-13절 안에 있는 본 6절은 당연히 십자가 때에 일어나는 일이다.

2. 본절의 '난리'는 예수의 영적 십자가 전쟁이다.

"난리와 난리"는 세상의 전쟁을 말하는 것이 아니라 십자가 전쟁을 말한다. 왜냐하면 세상의 전쟁은 하필 이 때에만 새롭게 일어나는 것이 아니기 때문이다. 세상의 난리는 창세 이래 항상 있었던 일이다. 고대나 지금이나 항상 난리가 많이 일어난다. 그래서 세상의 역사는 전쟁으로 얼룩진 역사이다. 그러므로 세상에는 새로운 난리란 없는 것이다.

여기서 예수께서 말씀하시는 난리는 예전에는 없었던 전혀 새로운 난리를 말한다. 그가 말씀하시는 난리는 창세 이래 처음 있는 난리를 말한다. 왜냐하면 21절에서 말씀하신 바와 같이 예수 그리스도께서는 옛적부터 있어온 일을 말씀하시지 않고 창세 이래 없었던 전쟁을 말씀하시고 계시기 때문이다. "이는 그 때에 큰 환난이 있겠음이라 창세로부터 지금까지 이런 환난이 없었고 후에도 없으리라"(21). 이 "난리"는 단 한 번밖에 없는 전혀 새로운 십자가 전쟁이다.

요한은 예수께서 이 땅에 오신 목적이 마귀의 일을 멸하는 것이라고 기록하였다. "죄를 짓는 자는 마귀에게 속하나니 마귀는 처음부터 범죄함이라 하나님의 아들이 나타나신 것은 마귀의 일을 멸하려 하심이라"(요일 3:8). 그러므로 마귀의 일을 멸하시려고 오신 예수를 가장 싫어하는 존재는 당연히 마귀들이다. 그러므로 온 세상에 흩어져 있던 마귀들은 자기들을 멸하려고 온 예수를 죽이기 위해 예루살렘으로 총집결한다.

그래서 예수와 마귀들의 전쟁이 일어난다. 이 전쟁이 바로 창 3:15에서 예고하신 예수와 뱀이 벌이는 십자가 전쟁이다. "내가 너로 여자와 원수가 되게 하고 네 후손도 여자의 후손과 원수가 되게 하리니 여자의 후손은 네 머리를 상하게 할 것이요 너는 그의 발꿈치를 상하게 할 것이니라 하시고"(창 3:15). 이 십자가 전쟁은 창세 이래 없던 곧 처음 있는 새로운 난리이다(21).

또한 예수 그리스도는 항상 예전에는 없던 새로운 말씀을 하신다. 그래서 예수께서 "새 포도주는 새 부대에 넣어야 할 것이니라"(눅 5:38)고 말씀하신 것이다. 그러므로 여기의 "난리와 난리의 소문"은 예전에 항상 있었던 세상 사람들의 전쟁들이 아니며, 혹은 창세 이래 늘 있어왔던 성도들의 핍박전쟁 등을 말하는 것이 아니다. 예전에는 전혀 없던 새로운 "난리"를 말씀하시는 것이다. 곧 창세 이래 처음 있는 새로운 "난리"는 그리스도와 뱀의 십자가 전쟁이다.

"너희는 삼가 두려워 말라 이런 일이 있어야 하되"

1. 십자가 전쟁은 필수이다.

"이런 일"은 십자가 전쟁이다. 예수 그리스도의 십자가 전쟁이 있어야 심판과 구원을 하실 수 있는 것이다. 그러므로 "너희는 삼가 두려워 말라"는 말씀은 그리스도와 마귀의 영적 전쟁을 두려워하지 말고 믿음으로 승리를 기대하라는 뜻이다. 그러므로 이 절은 "너희는 삼가 두려워 말라 이런 십자가 전쟁이 있어야 하되"이다.

"이런 일이 있어야 하되"의 의미는 "이런 일"이 있어도 되고 없어도 되는 그런 별거 아닌 일을 의미하지 않는다. 예수께서 지금 "이런 일"은 반드시 "있어야" 하는 일이라고 말씀하시는 것이다. "있어야 하되"(1096 기노마이 ginomai, 1163 데이 dei)는 '반드시 일어나야 한다 it must be, 반드시 필요한 것이다'를 의미한다. "이런 일"은 "난리"를 말한다. 곧 "난리 소문이 꼭 있어야 한다"는 것이다. 그러면 이 "난리"가 무슨 난리이기에 예수께서 이렇게 필수적인 난리로 말씀하시는 것일까? 만일 이 "난리"가 세상 나라들끼리의 난리라면 그 난리가 왜 필수인가. 또 만일 이 "난리"가 적그리스도 등이 성도들을 핍박하는 난리라면 그것 또한 왜 필수인가? 꼭 그래야만 하는 필연적인 이유가 무엇인가?

혹자는 이 절을 재림하시는 종말에 있는 "난리"로 해석하는 경우가 있다. 그렇다면 창세 이래 인류 중에 마지막 종말에 태어나는 몇 안되는 성도들에게만 특별히 핍박이 꼭 있어야만 하는 이유는 무엇인가? 종말 직전에 태어나는 극히 소수의 성도들에게만 적그리스도 등을 통하여 처절하게 피를 흘리도록 핍박하시는 일이 필수이신가? 하나님께서 그러실 이유는 없으시다. 세상의 난리나 성도들을 핍박하는 난리 등은 창세 이래 항상 있었던 것들이며, 그것들은 성도들에게 필수적인 것은 아니다. 오히려 없을수록 좋은 것이다. 예수 그리스도는 그러한 난리를 필수라고 하시지 않는다. 그것들이 있어야만 죄를 씻김 받을 수 있다든지, 구원을 받을 수 있다든지, 복을 받을 수 있는 것이 아니기 때문이다.

예수께서 반드시 하셔야 하는 일이 있다. 그것은 첫째 죄와 마귀들을 멸하시고(요일 3:8), 둘째 택한 백성들을 그 죄와 마귀로부터 구원하시는 것이다. 이 두 가지 사명을 가지고 하늘에서 이 땅으로 오셨다. 그리스도의 "이런 일"은 할 수도 있고 안 할 수도 있는 그러한 일이 아니다. 곧 창 3:15에 언약하신 것을 지키시기 위해 이 땅에 오신 것이다. 창 3:15의 언약은 예수께서 십자가에서 발꿈치를 상하시고, 뱀의 머리를 상하게 하여 멸하시는 것이다. 창 3:15은 예수 그리스도와 뱀이 벌이는 십자가 전쟁의 언약인 것이다. "이런 일"은 반드시 "있어야" 하는 일이다. 이 땅에 십자가의 사명을 가지고 오신 예수께서는 세상의 전쟁이나 적그리스도 등에는 별로 관심이 없으시다. 그러한 것들은 택하신 백성들을 구원할 수 없기 때문이다. 그리스도의 핵심적인 관심은 십자가의 피로 죄와 마귀를 멸하시고 택하신 백성들을 구원하시는 것이다. 그러므로 세상 전쟁이나 적그리스도의 활동 등은 필수가 아니며 그리스도의 십자가 전쟁이 필수인 것이다.

2. 예수께서 십자가 전쟁에서 승리할 것이므로 '두려워 말라'고 하신다.

본절에서 "너희는 삼가 두려워 말라"고 말씀하시는 이유는 예수께서 십자가 전쟁에서 승리할 것을 자신하시기 때문이다. 예수님은 실제로 마귀를 이기시고 그를 무저갱에 가두셨다(29)(유 1:6, 계 20:3). 십자가 때에 마귀와 그를 추종하는 자들이 성도들을 박해할 것이나, 예수께서 십자가의 피로 그들을 멸하실 것이기 때문에 "두려워 말라"고 하신 것이다.

"아직 끝은 아니니라"

여기의 "끝"은 재림 때이다. 예수께서 14절에서 끝을 재림 때라고 말씀하셨다. "이 천국 복음이 모든 민족에게 증언되기 위하여 온 세상에 전파되리니 그제야 끝이 오리라"(마 24:14). "아직 끝은 아니니라"는 말씀은 "난리"가 나는 십자가 전쟁이 종말은 아니라는 것이다. 십자가 전쟁은 끝이 아니라 심판과 구원을 이루는 천국 복음의 시작이라고 말씀하시는 것이다. 그러므로 십자가 전쟁은 시작이고 끝은 재림인 것이다. 십자가 전쟁을 시작하면서부터 심판과 구원이 시작된다. 그러나 그것으로 심판과 구원이 모두 끝나는 것이 아니고 앞으로 태어날 사람들을 계속 구원해야 하므로 십자가의 효력은 지속되어야 한다. 종말에 태어나는 사람도 구원해야 하므로 종말까지 십자가의 역사는 계속되며 재림 때에 모든 것이 끝이 난다.

> 마 24:7,8 _ ⁷민족이 민족을, 나라가 나라를 대적하여 일어나겠고 곳곳에 기근과 지진이 있으리니 ⁸이 모든 것은 재난의 시작이니라

1. 본절은 예수 그리스도의 십자가 전쟁이다.

　본절은 십자가 때 일어나는 일이다. 앞 4-6절과 14절에서 주해하였듯이 예수께서 1-13절은 십자가로 이루시는 천국 복음이라고 입증해주셨다. 그러므로 1-13절 안에 있는 본 7,8절은 당연히 십자가 때에 일어나는 일이다. 민족과 나라의 전쟁은 십자가 전쟁이며, 기근과 지진도 십자가 전쟁 때 일어나는 영적 일이다(14절 주해 참조).

2. 십자가 때에 예수의 나라와 마귀의 나라가 전쟁한다.

　본절의 "민족이 민족을, 나라가 나라를 대적하여 일어나겠고"는 예수께서 십자가에 죽으시기 전에 자신의 십자가 전쟁을 예고하신 것이다.

　창세 이래 끊임없이 "민족이 민족을, 나라가 나라를 대적하여 일어"났다. 인간의 역사는 전쟁의 역사이기 때문이다. 세상의 전쟁은 그친 적이 없다. 그러므로 예수께서 지금까지 항상 있어왔던 세상의 전쟁을 또 다시 말씀하실 리는 만무하다. 왜냐하면 21절에서 말씀하신 바와 같이 예수 그리스도께서는 옛적부터 있어온 일을 말씀하시지 않고 창세 이래 없었던 전쟁을 말씀하고 계시기 때문이다. "이는 그 때에 큰 환난이 있겠음이라 창세로부터 지금까지 이런 환난이 없었고 후에도 없으리라"(21).

　그러므로 예수께서 말씀하시는 민족과 나라는 세상 민족과 나라들을 의미하지 않는다. 여기서 말씀하시는 "민족"은 하나님의 백성과 마귀의 백성 두 가지를 의미한다. "나라"는 그리스도의 나라와 마귀의 나라 두 가지를 의미한다. 그러므로 "민족이 민족을, 나라가 나라를 대적하여 일어나겠고"의 뜻은 "마귀의 백성이 하나님의 백성을, 마귀의 나라가 그리스도의 나라를 대적하여 일어나겠고"라는 의미이다. 곧 예수 그리스도와 마귀가 겨루는 십자가 전쟁이 일어나면 마귀의 편이 예수 그리스도의 편을 대적하는 일이 일어난다는 것이다.

　예수께서 6절에서 이러한 일은 필히 일어나야 하는 일이라고 말씀하셨다(6절 '이런 일이 있어야 하되' 참조). 왜냐하면 이 전쟁은 세상의 민족과 나라들이 하는 전쟁들이 아니라 십자가 전쟁이기 때문이다(6절 참조).

2. '기근과 지진'은 십자가 심판을 표현하는 비유적 단어이다.

본절의 "기근과 지진"은 십자가 때 일어나는 영적 재난을 비유로 표현한 것이다. 십자가 때에 마치 '기근과 지진'과 같이 재난이 임한다. "기근과 지진"은 실제가 아니라 십자가 심판을 표현하는 비유적 단어이다.

예수께서 자신이 하시는 말씀은 모두 영적인 일이라고 하셨다. "살리는 것은 영이니 육은 무익하니라 내가 너희에게 이른 말은 영이요 생명이라"(요 6:63). 이렇게 말씀을 하시는 것은 자신의 말씀을 육적으로 해석하지 말고 영적으로 해석하라고 당부하시는 것이다. 예를 들어 예수께서 "거룩한 것을 개에게 주지 말며 너희 진주를 돼지 앞에 던지지 말라 그들이 그것을 발로 밟고 돌이켜 너희를 찢어 상하게 할까 염려하라"(마 7:6)고 말씀하신 것을 육적으로 해석하여 "거룩한 것과 진주를 개나 돼지에게 주지 말라고 하셨으므로 소나 염소에게 주는 것은 괜찮다"라고 해석하면 안 된다는 말씀이다. "개"나 "돼지"는 실제가 아니라 영적인 일을 나타내기 위한 비유로 표현하신 것이기 때문이다. 이와 같이 본절에서 예수께서 표현하신 "기근"이나 "지진" 등은 눈에 보이는 육적인 사건이 아니라 보이지 않는 영적인 일을 비유로 표현하신 것이다.

사실 영적인 일을 표현할 수 있는 사람의 단어는 없다. 하나님과 예수께서 대화하실 때는 영적인 언어로 하신다. 그러나 그 영적인 언어를 사람은 알아들을 수가 없다. 그래서 사람이 영적인 일을 알아들을 수 있도록 사람의 언어와 비유로 영적인 일을 설명하시는 것이다.

그러므로 여기의 "곳곳에 기근과 지진이 있으리니"의 뜻은 실제 "기근과 지진"의 육적인 말씀이 아니라 영적인 말씀으로서 "십자가로 말미암아 영적으로 곳곳에 마치 기근과 지진이 일어난 것처럼 많은 자가 멸망하는 일이 있으리니"라는 의미이다. 기근과 지진은 예수 그리스도의 십자가의 위력이 마치 기근과 지진 같이 강력함을 나타내며, 십자가로 온 땅에 누구도 막을 수 없는 강력한 심판과 사망이 임할 것을 나타낸다.

예수님의 제자 누가는 기근과 지진에 "전염병"을 더 첨가시켜 기록한다. "곳곳에 큰 지진과 기근과 전염병이 있겠고 또 무서운 일과 하늘로부터 큰 징조들이 있으리라"(눅 21:11). 이 "전염병"도 영적인 일을 설명하기 위한 비유로서 "예수 그리스도께서 십자가에서 피를 흘리시는 일이 일어나면 마치 지진과 기근과 전염병이 일어난 것처럼 영적으로 곳곳에 사망하는 일이 있겠고"라는 의미이다.

"기근"은 사람이 굶어죽는 재난을 말한다. 여기의 기근은 육적인 양식이 부족하여 굶어죽는 것을 의미하지 않는다. 육적인 기근은 과거로 갈수록 심했다. 고대에는 기근이 심해 굶어죽는 사람들이 너무 많았다. 과거에는 곡식이나 열매의 저장 방법도 발달되지 않아 당장 그해에 농사가 안 되면 그냥 굶어죽어야 했다. 그리고 비가 오지 않으면 농사를 지을 수 없어 그대로 죽음을 맞았다.

그러나 현대에 이르러 저장 기술이 발전하여 수년치를 미리 비축할 수 있으며 비가 오지 않아도 지하에서 물을 끌어올려 곡식을 생산해낸다. 그리고 지금은 벌써 바닷물을 식수와 농수로 전환할 수 있는 기술이 발달해 있다. 아직까지는 바닷물을 식수와 농수로 전환하는 데 비용이 많이 들지만 조만간 적은 비용으로 바닷물을 식수와 농수로 사용하게 되어 하늘의 비를 기다릴 필요가 없는 때가 가까워졌다. 바닷물을 마음껏 마시며, 그것으로 항상 농사를 지을 수 있게 된다.

현대에는 기근이 많이 줄었다. 또 기근이 온다 해도 그것에 대한 대처가 갈수록 발전하여 기근으로 죽어가는 사람들이 적어지고 있다. 그리고 생물학과 유전학이 발달하여 좋은 곡식과 열매를 발전시키고 있어서 양식이 기하급수적으로 많아지고 있다. 또 벌써 우주식품이 개발되어 극히 소량을 먹고도 오랫동안 영양을 유지할 수 있는 기술들이 발전되고 있다. 갈수록 양질의 곡식과 열매를 만들어 먹는 시대가 도래하고 있다. 그러므로 과거로 갈수록 기근이 심했고 미래로 갈수로 기근의 문제는 해결되고 있다. 종말에는 사람이 먹는 육적 양식은 더욱 넘쳐나게 될 것이다. 그러므로 여기서 예수께서 말씀하시는 "기근"은 종말에 다가올 식물의 기근을 말하지 않는다. "기근"은 십자가 전쟁으로 인한 영적 멸망의 재난을 비유한다.

"지진"도 영적 재난을 비유한다. 지구의 마그마의 활동이 가장 활발했던 태초에지진이 가장 많았고 마그마가 식어갈수록 지진은 잦아들고 있다. 그래서 시간이 흐를수록 지구는 마그마가 식기 때문에 지진의 강도와 횟수가 줄어들고 있는 것이다. 요즘에 아무리 마그마 활동으로 인해 지진이나 화산이 있다해도 과거의 네팔의 히말라야 산맥이 형성된 때와 비교하면 아무것도 아니다. 지구의 마그마는 갈수록 식어지기 때문에 지진은 고대로 갈수록 많고 컸던 것이며, 앞으로 갈수록 적어지게 되어 있으므로 예수께서 말씀하시는 다가올 "지진"은 지구의 지진이 많아질 것이라는 말씀이 아니다. 예수께서 말씀하시는 "지진"은 예수 그리스도와 마귀와의 십자가의 전쟁으로 인한 영적 멸망의 재난을 비유한다. "지진"은 모든 것들을 뒤엎고 죽음을 가져오는 재난이다. 십자가 전쟁으로 인해 영적으로 고난과 죽음과 멸망의 재난이 일어난다는 의미이다.

또 누가가 기록한 "전염병"은 인류에 전염병이 나타난다는 것이 아니다. 전염병은 과거로 갈수록 심했다. 과거에는 전염병이 퍼지면 순식간에 모두 목숨을 잃었다. 왜냐하면 아무런 대비책이 없었기 때문이다. 그러나 시대가 흐를수록 전염병에 대한 대비가 철저해지고 있다. 물론 어려운 전염병도 있지만 갈수록 발전하여 환자를 즉시 격리시키고 치료하여 옛날에 비해 사망률이 현저히 떨어지고 있다. 그러므로 여기의 전염병은 예전에 있었던 그런 종류의 병을 의미하지 않는다. 전염병은 수많은 사람들이 죽어나가는 재앙으로서 예수 그리스도의 십자가 전쟁으로 수많은 마귀들과 불신자들의 영들이 심판을 받아 멸망할 것을 의미하며, 많은 성도들이 핍박을 받아 재난을 당할 것을 의미하며, 또 예수 그리스도의 육체가 십자가에 못 박혀 죽으시는 재난을 당하실 것을 의미한다.

그러므로 "곳곳에 큰 기근과 지진과 전염병이 있겠고"(눅 21:11)라는 말씀은 예수 그리스도와 마귀들의 영적 십자가 전쟁으로 인해 "곳곳에 마치 큰 기근과 지진과 전염병이 창궐하여 수많은 사람이 죽는 것과 같이 영적으로 수많은 마귀들이 멸망을 당하고 불신자들이 심판을 당하며, 성도들이 핍박을 당하며 예수 그리스도께서 육체가 십자가에 못 박히시는 재난이 일어나리니"라는 의미이다.

구약은 육적인 시대이고, 신약은 영적인 시대이다. 그래서 예수께서 예배도 구약은 육적으로 드렸으나, 신약은 영적으로 드린다고 말씀하셨다. 예배를 영적으로 드리는 때가 바로 "이 때라"고 말씀하심으로써 예수께서 오셨을 때에 영적 예배가 이루어질 것이라고 말씀하셨다. "아버지께 참되게 예배하는 자들은 영과 진리로 예배할 때가 오나니 곧 이 때라 아버지께서는 자기에게 이렇게 예배하는 자들을 찾으시느니라"(요 4:23). 예수께서 오신 후로는 영적 예배가 이루어지므로 영적으로 말씀하시는 것이다. 단 영적인 언어가 없기 때문에 사람이 쉽게 알아들을 수 있는 "기근과 지진과 전염병" 같은 육적 단어를 사용하여 영적인 재난을 나타내시는 것이다. 기근과 지진과 전염병은 큰 재난을 상징하는 단어들이다. 바로 예수 그리스도의 영적 십자가 전쟁으로 말미암아 마귀들과 불신자들과 성도들과 예수 그리스도의 육체에 임하는 죽음과 멸망과 심판과 핍박의 재난을 "기근과 지진과 전염병"으로 나타내신 것이다.

3. '기근과 지진'은 구약선지자가 예언한 십자가 심판을 비유하는 단어이다.

"기근", "지진", "전염병"은 구약선지자들이 그리스도의 십자가 전쟁을 예언할 때 사용한 단어이며, 십자가 때에 성취되었다. 구약의 에스겔 선지자가 예수 그리스도께서 십자가의 피로 심판하실 때 이스라엘에 큰 '지진'이 일어나서 모든 피조물들이 떨 것이며 재난이 일어날 것이라고 예언하였다. "그 날에 곡이 이스라엘 땅을 치러 오면 내 노여움이 내 얼굴에 나타나리라 주 여호와의 말씀이니라 내가 질투와 맹렬한 노여움으로 말하였거니와 그 날(십자가 심판 날)에 큰 '지진'이 이스라엘 땅에 일어나서 바다의 고기들과 공중의 새들과 들의 짐승들과 땅에 기는 모든 벌레와 지면에 있는 모든 사람이 내 앞에서 떨

것이며 모든 산이 무너지며 절벽이 떨어지며 모든 성벽이 땅에 무너지리라"(겔 38:18-20). 이 에스겔 선지자의 예언은 재림 때 일어날 일을 예언한 것이 아니라, 초림 십자가 심판 때에 일어날 일을 예언한 것이다.

여기서 에스겔 선지자가 표현한 "지진"은 물리적 의미가 아니라 영적 재난을 말한다. "모든 산이 무너지며 절벽이 떨어지며 모든 성벽이 땅에 무너지리라"는 말은 지진으로 인해 죽음의 폐허가 되는 장면이다. 이것은 실제로 이스라엘에 지진이 일어나 산과 절벽과 성벽이 무너진다는 것이 아니다. 예수께서 오셨을 때 이러한 지진은 일어나지 않았다. 에스겔의 이 말은 그리스도의 십자가 심판으로 인한 영적 재난을 의미한다.

에스겔은 곧이어서 예수께서 전염병과 피로 심판하신다고 예언했다. "내가 또 전염병과 피로 그를 심판하며 쏟아지는 폭우와 큰 우박덩이와 불과 유황으로 그와 그 모든 무리와 그와 함께 있는 많은 백성에게 비를 내리듯 하리라"(겔 38:22). 여기서 예언한 "전염병"도 생물학적인 병이 아니다. 마찬가지로 "쏟아지는 폭우와 큰 우박덩이와 불과 유황"도 물질적 재난이 아니다. 예수께서 오셨을 때 실제로 "전염병"이나 "쏟아지는 폭우와 큰 우박덩이와 불과 유황"이 내리지 않았다. 이러한 표현은 예수 그리스도의 십자가 심판으로 인한 영적 재난을 예언한 것이다. 이렇게 지진과 전염병이 일어나면 먹을 양식이 끊기므로 기근은 당연히 뒤따라오게 되어 있다. 기근도 당연히 육적 양식이 아니라 영적 양식이 고갈됨을 의미한다. 하나님의 은혜가 끊겨 죽음에 이르게 된다.

그러면 그리스도의 십자가 심판 때에 택한 백성들은 어떻게 살아남을 수 있을까? 스가랴 선지자는 택한 백성들이 "지진"을 피하여 산다고 예언했다. "그 산 골짜기는 아셀까지 이를지라 너희가 그 산 골짜기로 도망하되 유다 왕 웃시야 때에 '지진'을 피하여 도망하던 것같이 하리라 나의 하나님 여호와께서 임하실 것이요 모든 거룩한 자들이 주와 함께 하리라"(슥 14:5). 여기서 "웃시야 왕 때에" 지진을 피하여 도망하던 것같이 하리라고 했는데 웃시야 왕 때에 실제로 지진이 일어났다(암 1:1). 그러나 지금 스가랴가 말하는 "지진"은 실제 지진을 의미하지 않는다. 웃시야 때의 지진을 예로 들어 십자가의 심판 때에 영적 죽음에서 급히 도망하는 것을 설명하고 있다. 자연 현상인 지진을 비유로 영적 현상을 설명한 것이다. 스가랴의 이 예언은 그리스도의 십자가 심판 때에 택한 백성들이 그리스도께로 급히 도망하여 사는 내용이다. 십자가 심판으로 지진과 기근과 전염병과 같은 영적 멸망의 재난에서 예수를 영접하여 그에게로 도망하는 자는 생명을 얻게 될 것을 예언한 것이다(16절 주해 참조).

　"지진"과 "기근"과 "전염병"은 이미 구약 선지자들이 십자가 심판을 예언할 때 사용한 단어이며, 예수께서 이 이 단어들을 인용하여 십자가 심판의 영적 재난을 예고하신 것이다. 예수께서 이것을 십자가 심판의 시작 곧 "재난의 시작"이라고 말씀하셨다.

　4. 십자가 심판은 '재난의 시작'이다.

　본절의 "재난"은 재앙으로 인하여 받는 고통과 죽음을 의미한다. 여기의 "재난"은 예수 그리스도와 마귀들이 벌이는 십자가 전쟁으로 인하여 받는 고통과 죽음의 재난을 말한다. 재난은 다음과 같이 다섯 가지이다.

　1. 예수 그리스도의 재난
　2. 성도의 재난
　3. 불신자의 재난
　4. 마귀의 재난
　5. 죄의 재난

　1. 십자가로 인한 예수 그리스도의 재난

　여기 예수께서 말씀하시는 "재난"은 세상의 전쟁이나 기근이나 지진이나 전염병으로 인한 재난이 아니다. 재난은 예수 그리스도와 뱀의 십자가 전쟁으로 말미암아 일어나는 재난을 말한다. 창 3:15에서 예언한 십자가 전쟁에서 예수 그리스도는 발꿈치를 상하신다. "내가 너로 여자와 원수가 되게 하고 네 후손도 여자의 후손과 원수가 되게 하리니 여자의 후손은 네 머리를 상하게 할 것이요 너는 그의 발꿈치를 상하게 할 것이니라 하시고"(창 3:15).

여기서 예수께서 '발꿈치를 상하'시는 것은 채찍을 맞으며 능욕을 당하시고 십자가에 못 박혀 피를 흘리시고 죽으시는 것이다. 이것이 바로 십자가 전쟁을 통하여 그리스도가 받으시는 고난과 죽음의 재난이다. 이렇게 그리스도께서 십자가에서 사망하시는 재난이 마치 '기근과 지진과 전염병'으로 죽는 것과 같은 비참한 재난이다.

2. 십자가로 인한 성도의 재난

예수 그리스도를 미워하여 그를 십자가에 못 박아 죽이는 마귀와 불신자들은 그리스도를 따르며 섬기는 성도들도 함께 핍박한다. 그것이 바로 십자가 전쟁으로 말미암아 성도들이 받는 재난이다. 그래서 십자가 때에 핍박을 이기지 못하고 베드로 등 제자들과 많은 성도들이 예수를 떠나 뿔뿔이 흩어졌다. 그래서 스가랴 선지자가 십자가 때에 핍박을 이기지 못하여 많은 양들이 목자를 떠나 흩어진다고 예언했던 것이다. "만군의 여호와가 말하노라 칼아 깨어서 내 목자, 내 짝 된 자를 치라 목자를 치면 양이 흩어지려니와 작은 자들 위에는 내가 내 손을 드리우리라"(슥 13:7). 예수 그리스도의 십자가 전쟁이 시작됨으로 성도들에게 재난이 시작된다.

3. 십자가로 인한 불신자의 재난

1) 십자가로 인한 죽은 불신자의 재난

불신자는 두 가지로 나눈다. 죽은 불신자와 살아 있는 불신자이다. 죽은 불신자들은 옥에 있는 영들이다. 예수께서 십자가에서 육체가 죽으시고 영이 살아나 영으로 옥에 있는 영들에게 가서서 멸망의 지옥을 확정하는 판결로 재난을 선포하신다. "그리스도께서도 단번에 죄를 위하여 죽으사 의인으로서 불의한 자를 대신하셨으니 이는 우리를 하나님 앞으로 인도하려 하심이라 육체로는 죽임을 당하시고 영으로는 살리심을 받으셨으니 그가 또한 영으로 가서 옥에 있는 영들에게 선포하시니라"(벧전 3:18,19). 이것이 죽은 불신자들이 받는 십자가 심판의 재난이다.

그들은 옥에 갇혀 있으면서도 자기들이 왜 갇혀 있는지 또 앞으로 자신들의 운명이 어떻게 되는지 알지 못하고 어둠의 옥에 갇혀 있다. 그때 예수 그리스도께서 십자가에서 육체가 죽으신 후 영으로 오셔서 그들에게 최종적으로 불못에 던져질 것을 선포하신다. 그 불못에 던져질 것이라는 선포를 받은 죽은 불신자들은 경악하며 울부짖기 시작한다. 그때부터 그들은 큰 고통이 시작되며 절망의 나날을 보내게 된다. 예수께서 십자가에 못 박히시는 순간 죽은 불신자들의 영들에게 재난이 시작된다.

2) 십자가로 인한 살아 있는 불신자의 재난

또 살아 있는 불신자들에게도 그리스도의 영으로 심판을 선포하신다. 예수 그리스도를 대적하는 불신자들을 십자가로 심판하실 것을 예수께서 미리 말씀하셨다. 마 23장에서 예수를 죽이려는 서기관들과 바리새인들에게 화가 있을 것이라고 예고하셨다(마 23:13,15,16,23,25,27,29). 그들이 죽은 후에 심판하는 것이 아니라 그들이 살아 있는 세대에 십자가로 심판하시겠다고 말씀하셨다.

"뱀들아 독사의 새끼들아 너희가 어떻게 지옥의 판결을 피하겠느냐 그러므로 내가 너희에게 선지자들과 지혜 있는 자들과 서기관들을 보내매 너희가 그 중에서 더러는 죽이거나 십자가에 못 박고 그 중에서 더러는 너희 회당에서 채찍질하고 이 동네에서 저 동네로 따라다니며 박해하리라 그러므로 의인 아벨의 피로부터 성전과 제단 사이에서 너희가 죽인 바라갸의 아들 사가랴의 피까지 땅 위에서 흘린 의로운 피가 다 너희에게 돌아가리라 내가 진실로 너희에게 이르노니 이것이 다 이 세대에 돌아가리라"(마 23:33-36).

이 마 23:36의 "이것이 다 이 세대에 돌아가리라"는 말씀은 십자가의 심판이 그들이 살아 있을 때에 임한다는 것이다. "이 세대"는 그들의 세대를 말하기 때문이다. 그러나 살아 있는 불신자를 심판하시는 것은 영으로 심판하시기 때문에 눈으로는 그 재난이 보이지 않는다. 십자가에 육체가 죽으신 예수께서 옥에 있는 죽은 불신자들에게 "영으로 가서"(벧전 3:19) 지옥 불못이 확정되었음을 선포하신 것처럼, 살아 있는 불신자들에게도 "영으로" 그들의 영들에게 지옥 불못이 확정되었음을 선포하시기 때문이다.

그러므로 예수를 대적하고 십자가에 못 박아 죽이고 성도들을 핍박한 불신자들이 십자가의 피로 보이지 않는 영적 재난을 받게 되는 것이다. 살아 있는 불신자들을 심판할 때 육체를 심판하지 않고 영을 심판한다. 그러므로 육체는 영이 심판받았음을 깨닫지 못한다. 그러므로 영은 심판의 재난을 받으나 육체적 겉모습은 전혀 심판받지 않는 사람처럼 보인다. (반대로 구원받은 성도는 영이 구원을 받고 육체가 구원을 받는 것이 아니다. 그러므로 영이 구원받은 사실을 육체가 깨닫지 못할 수도 있다.)

불신자들의 영들이 받는 심판의 영적 재난이야말로 육적인 지진과 기근과 전염병의 재난과는 비교할 수 없는 큰 고통의 재난인 것이다. 그들은 겉으로는 살아 있으나 실상은 그들의 영들은 죽어 있으며, 지옥 불못이 확정되었으며, 가장 극심한 고통을 받는 지옥의 재난 속으로 들어간 것이다. 그들은 육신적으로 겉으로는 평온해 보여도 영적으로는 고통의 재난 속으로 들어가 있는 것이다.

이것이 살아 있는 불신자들이 받는 십자가 심판의 재난이다. 예수께서 십자가에 못 박히시는 순간 살아 있는 불신자들에게 멸망의 재난이 시작된다. (반면에 살아 있는 성도들의 영들은 그리스도의 십자가의 피로 죄를 씻김 받아 구원을 받고 천국이 임하게 되어 행복하다. 육체는 비록 피곤하나 영은 항상 기쁨으로 살아간다.)

4. 십자가로 인한 마귀의 재난

예수께서 마귀를 멸하시려 이 땅에 오셨으므로(요일 3:8) 마귀들은 얼마나 예수가 믿겠는가. 그래서 마귀들은 큰 소동을 일으키며 예수를 죽이기 위해 십자가로 몰려든다. 마귀는 자기들의 원대로 예수를 십자가에 못 박아 죽였다. 그러나 십자가는 예수만 죽는 나무가 아니었다. 그 나무는 모세가 놋뱀을 만들어 매달았던 바로 그 장대를 의미한다(민 21:9). 그 나무 위에 놋뱀을 매단 것은 장차 그리스도의 십자가 위에 마귀가 매달릴 것을 예표한다. 바로 십자가는 뱀을 못 박아 매다는 나무인 것이다.

그러므로 그 십자가에는 예수 그리스도의 육체와 함께 마귀도 못 박혀 매달리게 된 것이다. 마귀가 예수의 손에 못을 박는 순간 그의 육체는 죽으나 영이 살아나 마귀를 십자가에 못 박는 것이다. 그러므로 십자가는 마귀가 예수의 피를 흘리게 하는 나무이며, 동시에 다시 사신 그리스도의 영이 마귀를 못 박아 매다는 형틀이 되는 것이다.

결국 창 3:15의 십자가 전쟁의 언약이 이루어지는 것으로서 십자가 위에서 예수 그리스도는 발꿈치가 상하시고 뱀은 머리가 상하게 된다. 십자가 위에서 예수는 발에서 피가 흐르고, 뱀은 머리에서 피가 흐른다. 예수는 발꿈치만 상하여 다시 부활하시지만, 뱀은 머리가 상하는 치명상을 입었기 때문에 회복이 불가능하게 되어 영원히 멸망하게 된다. 이것이 영적 십자가 전쟁으로 말미암아 마귀가 받는 재난이다. 예수께서 십자가에 못 박히시는 순간 마귀들에게 재난이 시작된다.

그래서 유다는 마귀가 멸망하여 흑암에 갇혔다고 기록한다. "자기 지위를 지키지 아니하고 자기 처소를 떠난 천사들을 큰 날의 심판까지 영원한 결박으로 흑암에 가두셨으며"(유 1:6). 그리고 베드로는 그리스도의 십자가로 마귀를 지옥에 던지셨다고 기록하였다. "하나님이 범죄한 천사들을 용서하지 아니하시고 지옥에 던져 어두운 구덩이에 두어 심판 때까지 지키게 하셨으며"(벧후 2:4).

5. 십자가로 인한 죄의 재난

창세에 하나님께서 가인에게 "죄가 너를 원한다"고 말씀하시고 "너는 죄를 다스릴지니라”고 말씀하셨다. “네가 선을 행하면 어찌 낮을 들지 못하겠느냐 선을 행하지 아니하면 죄가 문에 엎드려 있느니라 죄가 너를 원하나 너는 죄를 다스릴지니라”(창 4:7). 그러나 아담의 자손은 죄를 다스리지 못했다. 그러므로 아담의 자손은 죄가 원하는 대로 그의 종이 되었으며 사망에 이르게 되었다(롬 5:12,21, 6:16,23).

그래서 예수 그리스도께서 죄를 멸하시기 위해 하늘에서 이 땅으로 오셨다. 예수 그리스도께서 십자가로 말미암아 죄를 멸하신다. 그리고 그의 십자가의 피로 성도 안에 있는 죄를 멸하여 씻어내신다(마 26:28, 롬 3:25, 5:17,21, 8:2, 엡 1:7, 딤후 1:10, 히 9:12, 계 1:5). 이제 다시 죄가 성도들을 사망하게 할 수 없다. 그리고 죄가 성도들의 주인이 될 수 없으며 성도들을 종으로 삼을 수 없다. 죄의 소원은 짓밟혔으며 그의 악행은 더 이상 성도들을 지옥으로 끌고 갈 수 없게 되었다. 그리스도의 십자가의 피로 죄가 멸망의 재난을 당하게 된다.

마 24:9,10 _ ⁹그 때에 사람들이 너희를 환난에 넘겨 주겠으며 너희를 죽이리니 너희가 내 이름 때문에 모든 민족에게 미움을 받으리라 ¹⁰그 때에 많은 사람이 실족하게 되어 서로 잡아 주고 서로 미워하겠으며

1. 십자가 때 성도가 환난 받는다

본절은 십자가 때 일어나는 일이다. 앞 4-8절과 14절에서 주해하였듯이 예수께서 1-13절은 십자가로 이루시는 천국 복음이라고 입증해주셨다. 그러므로 1-13절 안에 있는 본 9절은 당연히 십자가 때에 일어나는 일이다. 본절의 “그 때”는 십자가 때이다.

십자가 전쟁 때에 마귀들이 총집결하여 예수 그리스도를 못 박고 성도들을 핍박하는 일이 벌어진다. “내 이름 때문에 모든 민족에게 미움을 받으리라”는 말씀은 예수 그리스도 때문에 성도가 핍박을 받는다는 것으로서, 예수 그리스도와 성도는 서로 연합되어 한 몸을 이루었기 때문에 예수님과 성도를 동일선상에 놓고 핍박하는 것을 의미한다.

"모든 민족에게 미움을 받으리라"는 말씀은 성도들은 세상의 사람들과 마귀들에게 미움을 받는다는 의미이다. 예수 외에 "모든 민족"이 성도를 미워함을 의미하며, 성도들을 사랑하시는 분은 오직 예수 그리스도밖에 없음을 나타내신 것이다.

그리고 성도가 받는 환난과 죽음은 육적인 사실을 말함과 동시에 영적인 환난과 죽음을 의미한다. 예를 들어 십자가 때에 베드로가 세 번이나 부인하며 예수를 저주한 사건은 육체적으로는 환난과 죽음은 받지 않았지만 영적으로는 환난과 죽음을 당한 것이다. 예수 그리스도는 육적인 환난과 죽음보다는 영적인 환난과 죽음을 더욱 중점적으로 말씀하신 것이다. 왜냐하면 육적 환난과 죽음보다 영적 환난과 죽음이 더욱 중요하기 때문이다. 십자가 때에 많은 제자들과 성도들이 예수를 떠나 흩어진 사건은 영적으로 그들이 마귀와 사람들로부터 환난과 죽음을 당한 것을 의미한다.

그래서 스가랴 선지자는 예수 그리스도의 십자가 때에 마귀들의 핍박으로 말미암아 많은 성도들이 흩어질 것이라고 예언하였던 것이다. "만군의 여호와가 말하노라 칼아 깨어서 내 목자, 내 짝 된 자를 치라 목자를 치면 양이 흩어지려니와 작은 자들 위에는 내가 내 손을 드리우리라"(슥 13:7).

예수께서 십자가를 지시기 직전 이 스가랴 예언의 말씀을 인용하여 마귀와 사람들의 핍박으로 말미암아 "오늘 밤에 너희가 다 나를 버리리라"고 말씀하셨다. "그 때에 예수께서 제자들에게 이르시되 오늘 밤에 너희가 다 나를 버리리라 기록된 바 내가 목자를 치리니 양의 떼가 흩어지리라 하였느니라"(마 26:31).

예수 그리스도는 성도들이 예수를 버리는 바로 이런 상황을 성도가 영적으로 핍박을 받아 환난과 재난을 당하는 것으로 말씀하신 것이다. 베드로 등 많은 제자들이 육적으로 겉으로는 멀쩡해보이나 그들의 영들이 마귀와 사람들에 의해 미움을 받고 환난에 넘겨져 죽임을 당하는 재난을 받은 것이다.

2. 십자가 때 많은 사람이 실족한다.

"그 때에 많은 사람이 실족하게 되"는 이유는 예수께서 십자가에 못 박혀 죽어버림으로 말미암아 그가 사람들을 구원할 메시야로 믿기지 않기 때문이다. 사람들이 십자가 밑에서 예수를 향하여 만일 당신이 하나님의 아들이거든 거기서 살아나봐라 하고 요구하였을 때 예수께서는 그냥 죽으셨다. 사람들의 눈에 보기에는 영락없이 예수께서 힘없이 죽어간 하나의 인간에 불과했던 것이다. 그러므로 많은 사람이 실족하게 된 것이다. 그리고 예수를 십자가에 못 박은 마귀들과 불신자들이 많은 사람들을 핍박하였기 때문이다. 그래서 많은 사람들이 실족하게 되어 예수를 떠나게 되었다.

"서로 잡아주고 서로 미워하겠으며"라는 말씀은 실족한 자들이 예수와 성도들의 적이 된다는 말씀이다. 가룟 유다는 예수와 함께 3년간이나 함께 지냈다. 그러나 그는 실족하여 예수를 메시야로 여기지 않고 대제사장들에게 은 30을 받고 팔아버린다. 그리고 예수께서 산에서 기도하실 때에 그를 대제사장의 무리들에게 잡아준다(마 26:15, 46-50).

그리고 처음에는 예수 그리스도의 병 고치시는 능력과 여러 기적들을 보고 그를 따랐으나 그가 십자가에 죽는 것을 보고 실족한 유대인들은 돌변하여 예수를 믿는 성도들을 잡아준다. 그들은 예수를 믿는 성도들을 미워한다. 왜냐하면 메시야가 아닌 헛된 예수를 믿는다는 이유이다. 자기들이 보기에는 예수는 메시야가 아니며, 아직 메시야는 오지 않았다고 생각했기 때문이다.

그러므로 예수를 믿는 자들은 사상을 개조하거나 아니면 죽여야 한다고 생각했다. 그래서 실족한 유대인들이 예수를 따르던 베드로도 잡아가려 했다(마 26:69, 막 14:17, 눅 22:58). 그리고 그들은 예수의 승천 후에도 스데반 집사를 죽이고(행 7:59,60), 사도 바울이 회심하기 전 예수 그리스도를 믿는 성도들을 미워하여 그들을 대제사장들에게 잡아준다(행 8:1-3, 22:5).

마 24:11 _ 거짓 선지자가 많이 일어나 많은 사람을 미혹하겠으며

(24절 참조)

마 24:12 _ 불법이 성하므로 많은 사람의 사랑이 식어지리라

본절은 십자가 때 일어나는 일이다. 앞 4-8절과 14절에서 주해하였듯이 예수께서 1-13절은 십자가로 이루시는 천국 복음이라고 입증해주셨다. 그러므로 1-13절 안에 있는 본 12절은 당연히 십자가 때에 일어나는 일이다. 본절의 "불법이 성하므로 많은 사람의 사랑이 식어지"는 때는 십자가 때이다.

1. 십자가 때에 '불법이 성'해진다.

"불법"은 율법을 행하지 않는 것을 말한다. 여기서 예수께서 "불법"이라고 말씀하시는 것은 세상의 법을 지키지 않는 것을 말씀하시지 않는다. 예수 그리스도는 세상의 법에 관심이 없으시다. 세상의 법은 사람이 만든 법이며, 상황에 따라 변하는 법으로서 영원하지 않은 법이기 때문이다. 그러나 율법은 하나님이 주신 법이다. 그러므로 예수께서 법을 말씀하실 때는 당연히 율법을 말씀하시는 것이다.

또 예수께서 이 땅에 오신 목적이 십자가의 피로 율법을 폐하심과 동시에 율법을 완성하시기 위해 오셨기 때문이다. "법조문으로 된 계명의 율법을 폐하셨으니 이는 이 둘로 자기 안에서 한 새 사람을 지어 화평하게 하시고"(엡 2:15). "내가 율법이나 선지자를 폐하러 온 줄로 생각하지 말라 폐하러 온 것이 아니요 완전하게 하려 함이라"(마 5:17). 그러므로 예수 그리스도의 관심은 세상 법에 있지 않으시고 율법에 있으신 것이다.

그러므로 "불법이 성하므로"라는 말씀은 율법을 행하지 않음이 성하다는 의미로 하신 말씀이다. 이것은 유대인들이 율법을 지키지 않는 불법이 극에 달했음을 말한다. 그래서 예수께서 유대인들이 전혀 율법을 지키지 않고 불법을 행하고 있음을 마 23장에서 말씀하셨다. "화 있을진저 외식하는 서기관들과 바리새인들이여 회칠한 무덤 같으니 겉으로는 아름답게 보이나 그 안에는 죽은 사람의 뼈와 모든 더러운 것이 가득하도다 이와 같이 너희도 겉으로는 사람에게 옳게 보이되 안으로는 외식과 '불법'이 가득하도다"(마 23:27,28). 그러므로 본절의 "불법이 성하므로"라는 말씀은 이 23:28절의 "불법이 가득하도다"라는 말씀을 다시 반복하여 하신 것이다. 다시 말하면 23장에서 "불법이 가득하도다"라고 말씀하시고, 이어 24장에서 "불법이 성하다"라고 같은 말씀을 반복하신 것이다.

예수께서 그들이 율법을 지키지 않고 불법을 행하는 내용을 상세히 설명하셨다. "이에 예수께서 무리와 제자들에게 말씀하여 이르시되 서기관들과 바리새인들이 모세의 자리에 앉았으니 그러므로 무엇이든지 그들이 말하는 바는 행하고 지키되 그들이 하는 행위는 본받지 말라 그들은 말만 하고 행하지 아니하며 또 무거운 짐을 묶어 사람의 어깨에 지우되 자기는 이것을 한 손가락으로도 움직이려 하지 아니하며 그들의 모든 행위를 사람에게 보이고자 하나니 곧 그 경문 띠를 넓게 하며 옷술을 길게 하고 잔치의 윗자리와 회당의 높은 자리와 시장에서 문안 받는 것과 사람에게 랍비라 칭함을 받는 것을 좋아하느니라"(마 23:1-7).

이 말씀으로 이스라엘 백성들의 율법을 행하지 않는 불법이 가장 극에 달한 때가 예수께서 이 땅에 오셨을 때임을 알 수 있다. 유대인들의 "불법이 가득"할 때, 곧 "불법이 성"할 때 예수께서 오셔서 십자가에 못 박히심으로 말미암아 그의 피로 불법의 죄를 심판하신다.

또한 "불법이 성하므로"의 의미가 세상의 법을 지키지 않는 불법을 의미할 수 없는 이유는 세상의 법은 항상 불법이 성하기 때문이다. 세상에서 불법이 성하지 않은 때가 없었다. 세상의 왕들과 관리들은 항상 불법을 저지른다. 그리고 세상의 불법의 극치는 전쟁이다. 전쟁은 어떠한 법도 지키지 않는 불법적 행위이다. 세상은 항상 전쟁이 이어지므로 언제나 불법이 성하다. 전쟁으로 무정부상태가 빈번하게 일어나고 무법천지가 된다. 세상의 불법은 덜하거나 또는 더욱 성해지는 때가 없다. 창세 이래 재림까지 항상 똑같이 불법이 성하다.

그러므로 예수께서 말씀하신 "불법이 성하므로"의 의미는 이전보다 불법이

더욱 성해짐을 나타냄으로써 세상의 항상 있어온 성한 불법을 의미하지 않는
다. 예수께서 말씀하신 "불법이 성하므로"의 의미는 "율법을 지키지 않는 불법
이 성하므로"의 의미이다.

2. 십자가 때에 '많은 사람의 사랑이 식어'진다.

"많은 사람"은 유대인들을 말하며, "사랑"은 율법을 말한다. 율법은 하나님
을 사랑하고 사람을 사랑하는 법이다. 십계명 중 1-4계명은 하나님을 사랑하
는 법이며 5-10계명은 사람을 사랑하는 법이다(출 20장). 그러므로 율법은 사
랑이며 사랑은 율법의 완성이다. "온 율법은 네 이웃 사랑하기를 네 자신 같이
하라 하신 한 말씀에서 이루어졌나니"(갈 5:14). "사랑은 이웃에게 악을 행하지
아니하나니 그러므로 사랑은 율법의 완성이니라"(롬 13:10). 율법을 지킬수록
하나님과 사람을 사랑하게 되며, 율법을 지키지 않는 불법이 성할수록 하나님
과 사람에 대한 사랑이 식어진다.

하나님께서 모세에게 시내산에서 율법을 주셨다. 돌판에 율법을 새기시고
이스라엘 백성들에게 주셨다(출 24:12, 31:18, 34:4, 신 4:13). 그 율법을 처음 받
을 때 모세와 이스라엘 백성들은 감동하였고 그들은 그 율법을 법궤에 넣고
다녔다(히 9:4). 그 율법은 이스라엘 백성들의 중심에 있었고 항상 함께 하였
다. 이스라엘 백성들은 율법을 외우고 자녀들에게 대대로 전수하였으며 그들
의 삶의 전부가 되었다(신 6:6-9).

그러나 그들의 율법에 대한 감동은 세월이 갈수록 식어져만 갔다. 결국 그
들은 하나님께서 주신 율법의 돌판도 잊어버리게 되었고, 율법을 중시하지 않
았으며, 율법 대신 육신적 욕망을 따라 살게 되었다. 급기야 메시야 예수 그리
스도께서 오셨을 당시에는 모세의 율법은 사문화된 형식뿐이었으며 실제로 그
들이 좇는 것은 자신들의 정욕과 부패였다(마 23장).

그러므로 유대인들에게는 하나님과 사람을 사랑하도록 하는 율법이 식어지
게 되었다. 그런 상태를 "많은 사람의 사랑이 식어"졌다고 표현하신 것이다.

그러므로 여기서 "많은 사람의 사랑이 식어지리라"고 말씀하신 것은 유대인들이 율법을 지키지 아니하고 불법을 행함이 극에 달할 것을 의미하며, 더 이상 하나님과 사람을 사랑하게 하는 율법은 무의미하게 될 것임을 말씀하신 것이다. 이스라엘의 관리들은 율법을 지키지 않고 백성들에게 불법을 자행했다.

그리고 사랑이 식어지는 것 중에 가장 큰 것은 메시야에 대한 사랑이 식어지는 것이다. 이스라엘 백성들은 메시야가 오실 것을 대망하면서 살아왔다. 그들은 성전에서 양의 피로 제사를 드림으로 장차 어린 양 예수 그리스도께서 임하셔서 그의 피로 구원하실 것을 대망하였다. 그들이 성전에서 양의 피로 제사를 드리는 규례가 율법이다. 곧 율법을 지킴으로 말미암아 양의 피로 메시야 예수 그리스도를 대망하였던 것이다.

그러므로 그들이 율법을 지킨다는 것은 예수 그리스도를 사모하며 사랑함을 의미한다. 바울은 율법을 예수 그리스도께로 인도하는 초등교사(몽학선생)라고 기록한다. "이같이 율법이 우리를 그리스도께로 인도하는 초등교사가 되어 우리로 하여금 믿음으로 말미암아 의롭다 함을 얻게 하려 함이라"(갈 3:24). 그러나 그들은 메시야 예수 그리스도께서 오셨음에도 불구하고 그를 배척하였다. 그것은 곧 율법이 식어졌음을 의미하고, 율법을 지키지 않는 불법이 성해졌음을 의미한다.

그들의 메시야에 대한 사랑이 식어버린 것이다. 그들의 메시야에 대한 사랑이 어느 정도 식었는지를 가늠할 수 있는 것은, 그들이 예수 그리스도를 어느 정도 대우했는가를 보면 알 수 있다. 그들은 예수 그리스도를 십자가에 못 박아 죽였다. 그들의 메시야에 대한 사랑은 완전히 식어버렸고 더 나아가 메시야를 증오하고 저주하는 데까지 이르렀다. 그 십자가 때는 율법이 버려진 때이며, 불법이 성해진 때이며, 사랑이 식어진 때이다.

참고로, "많은 사람의 사랑이 식어지리라"는 말씀을 종말에 많은 세상 사람들의 사랑이 식어지리라고 해석하는 것은 옳지 않다. 여기의 "많은 사람의 사랑이 식어지리라"는 말씀은 처음에는 사랑이 있었으나 그 사랑이 서서히 식어지는 상태를 말한다. 그러나 세상은 처음부터 사랑이 없는 곳이다. 그러므로 세상에는 원래부터 식을만한 사랑이 없는 것이다. 그러므로 세상 사람들의 사랑이 식어진다는 것은 앞뒤가 맞지 않는다. 원래 사람이나 마귀 속에는 사랑이 없다. 그러므로 그들에게 사랑이 식어지는 현상은 아예 있을 수 없다.

그러므로 이 구절은 종말 때에 세상의 사랑이 식어진다는 의미가 아니라 예수 그리스도의 십자가 때에 유대인들이 율법을 지키지 아니하고 불법이 극에 달하여 하나님과 예수 그리스도와 사람을 사랑하지 않고 대적할 것임을 예언하신 말씀이다.

마 24:13 _ 그러나 끝까지 견디는 자는 구원을 얻으리라

"그러나 끝까지 견디는 자는"

1. 사람들의 핍박을 견디고 예수를 영접하는 자

"끝까지 견디는 자"는 모든 핍박을 끝까지 견디고 메시야 예수 그리스도를 영접하는 자를 말한다. 유대인들은 메시야가 오셨음에도 불구하고 그를 배척하고 십자가에 못 박아 죽였다. 그들은 사람들이 예수 그리스도를 따르지 못하도록 핍박하였다. 핍박을 끝까지 견뎌 그리스도를 영접하는 자는 구원을 얻는다.

2. 자신 스스로의 불신을 견디고 예수를 영접하는 자

하나님의 아들이시면서도 겉으로는 사람의 모양을 하신 것과 거기에 무능하게 십자가에 죽으시는 모습을 보고 사람들이 시험이 들어 끝까지 견디지 못하고 예수를 떠난다. 누가 핍박을 해서가 아니라 자신이 스스로 시험이 들어 끝까지 견디지 못하고 넘어지는 것을 말한다. 이것이 핍박에 의한 것보다 훨씬 큰 실족이 되는 것이다.

3. 마귀의 시험을 견디고 예수를 영접하는 자

마귀가 사람의 생각 속에 악한 마음을 집어넣는다. 마귀가 가룟 유다에게 예수를 팔려는 생각을 넣었다. "마귀가 벌써 시몬의 아들 가룟 유다의 마음에 예수를 팔려는 생각을 넣었더니"(요 13:2). 이런 마귀의 미혹은 사람의 육체를 핍박하여 예수를 버리게 하는 것보다 훨씬 강력하다. 이러한 미혹은 마귀가 예수 그리스도를 십자가에 못 박아 죽일 때에 가장 극성을 부렸다. 마귀가 악을 가장 극도로 행한 때는 재림 때가 아니라 십자가 때이다. 이때야말로 하나님의 아들을 죽일 수 있는 절호의 기회이기 때문이다. 곧 하나님의 아들이 사람의 모양으로 왔을 때 죽이지 못하면 다시는 그를 죽일 수 있는 기회는 오지 않기 때문이다. 그래서 마귀들이 총출동하여 있는 힘을 다하여 예수를 죽인다.

그리고 십자가 때에 사람들이 예수에게로 가는 것을 막아야 복음을 원천적으로 봉쇄할 수 있다고 생각한다. 그래서 십자가 때에 가장 극악한 방법으로 사람들을 미혹한다. 마귀들이 십자가 때에 복음을 막지 못하면 영원히 막지 못한다고 생각하여 모든 힘을 이때 다 쏟아붓는다. 마귀들은 사실상 종말 때에는 그렇게 힘을 쏟을 필요가 없다. 왜냐하면 종말 때에는 이미 신구약이 다 지나 구원받을 사람들은 거의 다 받은 상태이기 때문이다. 그리고 종말 때에는 인류의 끝에 아주 극히 적은 수의 몇 안 되는 사람들이 있는 때이다. 그때 몇 안 되는 성도들을 핍박한다 해도 그들도 이미 십자가 복음으로 구원이 확정된 상태이기 때문에 마귀들이 효과를 발휘하지 못한다.

그리고 종말 때에는 마귀가 십자가 때처럼 예수 그리스도를 다시 죽일 수도 없다. 재림하실 때는 연약한 사람의 모양이 아니고 능력의 하나님의 본체로 오시기 때문이다. 그러므로 종말 때에는 마귀들이 사실상 아무것도 할 일이 없는 때이다. 그래서 십자가 때에 마귀들이 예수를 죽이고 성도를 핍박하고 미혹하는 등 가장 극렬하게 악을 행했던 것이다. 십자가 때에 마귀의 시험을 이기고 끝까지 견뎌 예수 그리스도를 영접하는 자는 구원을 얻게 된다.

"구원을 얻으리라"

여기의 "구원"은 그리스도의 십자가의 피로 죄 사함을 받아 거듭나는 것을 말한다. 여기의 "구원"은 종말 때에 하늘로 올라가는 구원이 아니다. 그리스도의 십자가의 피로 구원받는 본질적인 구원을 의미한다. 그 증거는 예수께서 다음과 같이 제시해주셨기 때문이다.

예수께서 이 13절에서 "끝까지 견디는 자는 구원을 얻으리라"는 말씀을 하신 후 곧바로 이어서 14절에서 이 말씀이 "천국 복음"이라고 설명해주셨다. "이 천국 복음이 모든 민족에게 증언되기 위하여 온 세상에 전파되리니 그제야 끝이 오리라"(14). 여기의 "천국 복음"은 그리스도의 십자가의 피로 구원을 얻는 복음을 말한다. 그러므로 "끝까지 견디는 자는 구원을 얻으리라"는 말씀은 "끝까지 견뎌 그리스도의 십자가 복음을 받는 자는 구원을 얻으리라"는 말씀이다. 그러면서 이 "끝까지 견디는 자는 구원을 얻으리라"는 "천국 복음"이 온 세상에 전파되기 전에는 종말이 아니며, 이 천국 복음이 온 세상에 전파되면 그 때가 종말이라고 말씀하셨다.

그러므로 여기의 "구원"은 앞으로 온 세상에 전파되어져야 할 구원을 말한다. 예수께서 이 "구원"이 앞으로 모든 민족에게 증언될 것이라고 예고하신다. 그러므로 여기의 "구원"은 종말 때에 얻는 구원이 아니라, 아직 전파되지 않은 "구원"을 말하며, 십자가의 피로 죄 사함을 얻는 구원을 말한다(14절 참조).

그리고 구원은 재림 때 이루어진다고 표현할 수 있지만 실상은 예수 그리스도를 영접할 때 이루어진다. 그러므로 재림 때 구원을 받는 것은 예수 그리스도를 믿음으로 말미암아 이미 구원받은 백성들이 단지 천국에 입성하는 것을 의미한다. 예를 들면 부부가 결혼하여 세상에서 움막을 짓고 살다가 좋은 하늘의 아파트로 이사하는 것과 같다. 예수 그리스도를 믿어 예수신랑과 성도신부가 혼인하여 함께 가정을 이루어 이 척박한 세상에서 조금 불편하게 살다가 하늘 집으로 입주하는 것과 같다.

신랑과 신부가 이미 가정을 이루고 함께 사는 시점은 재림 때가 아니라 예수 그리스도의 십자가 복음을 영접했을 때이다. 그러므로 구원은 십자가 때에 이루어진다. 이 절의 "구원을 얻으리라"는 말씀은 본질적인 구원을 말씀하시는

것으로서, 예수께서 십자가에 죽으실 때에 세상과 마귀들의 핍박과 미혹에 실
족되어 흩어지지 않고 끝까지 견뎌 예수 그리스도를 영접하는 자는 십자가의
피로 씻기고, 거듭 나고, 새 생명을 얻는 구원을 얻으리라는 말씀이다. 본절은
십자가 복음이다.

마 24:14 _ 이 천국 복음이 모든 민족에게 증언되기 위하여 온 세상에 전파되리니 그제야 끝이 오리라

24장 분해

1. 천국 복음

1) 1-13절 : 천국 복음(예수 그리스도의 십자가 복음)

2) 14절 : 1-13절이 천국 복음임을 확인

3) 15-31절 : 1-13절의 천국 복음을 다시 상세히 설명

4) 32-51절 : 십자가의 천국 복음을 받기 위해 깨어 기다림

2. 십자가의 죽음과 심판

1) 4-28절 : 십자가의 죽음

2) 29-31절 : 십자가의 심판

3) 32-51절 : 십자가의 심판과 구원을 깨어 기다림

1. 천국 복음은 예수께서 십자가로 이루시는 복음이다.

1) 십자가로 죄와 마귀를 멸하는 것이다.

2) 십자가로 성도의 죄를 씻어 구원하는 것이다.

천국 복음이란 십자가로 죄와 마귀를 멸하시고, 성도의 죄를 씻어 구원하시는 것이다. 예수 그리스도께서 하늘에서 이 땅에 오신 목적은 천국 복음을 이루시기 위해서다. 그것을 이루시기 위해서는 십자가에 못 박혀 피를 흘리시고 죽으셔야 한다. 그리고 주께서 십자가의 피로 이루신 그 천국 복음이 모든 민족에게 증언되기 위하여 온 세상에 전파되어야 한다. 천국 복음이 온 세상에 전파되는 때는 재림 때이다. 그러므로 천국 복음이 "온 세상에 전파되리니 그제야 끝이 오리라"는 말씀의 "끝"은 재림 때를 말한다. 재림 때에는 이 천국 복음을 받은 자들이 천국으로 입성하게 된다. 천국 복음은 예수께서 십자가로 이루시는 복음이다.

2. 예수께서 죽으시기 직전에 십자가 복음을 전하신다.

예수께서 본절에서 십자가로 천국 복음을 이루실 것과 그 복음이 온 세상에 전파되는 재림 때까지를 전체적으로 말씀하셨다. 그러나 예수께서 지금 말씀하시고 싶은 주제는 재림 때 일어날 일들에 관한 것이 아니라, 십자가로 이루실 천국 복음에 관한 것이다. 곧 이 땅에 계실 때 일어날 일들에 대하여 말씀하시고 싶은 것이다.

그렇다면, 지금 이 땅에 계실 때 예수께서 하실 일은 무엇일까? 그것은 당연히 십자가를 지시고 천국 복음을 이루시는 일이다. 그래서 이 24장에서 십자가에 죽으시고 천국 복음을 이루실 것을 말씀하시는 것이다.

지금 예수께서 이 마 24장을 말씀하시는 시점은 십자가에 죽으시기 직전이다. 죽으시기 직전의 예수님의 심정은 제자들에게 자신이 피 흘려 이루시는 십자가 복음에 대해 알려주고 싶으시다. 이렇게 십자가에서 피를 흘리시기 직전의 긴박한 시간에 뜬금없이 재림 때 일어날 일을 말씀하실 리가 만무하시다. 24장은 천국 복음을 이루시는 내용이며, 제자들에게 십자가의 천국 복음을 받을 것을 명하시는 것이다. 예수께서 죽으시기 직전에 십자가 복음을 전하신다.

3. 1-13절은 십자가 때 일어나는 일이다.

"이 천국 복음"은 1-13절의 십자가 복음을 말한다. 1절부터 13절까지 말씀하시고 "이 천국 복음이"라고 말씀하심으로써 지금까지 말씀하신 1-13절의 내용들이 천국 복음 곧 예수 그리스도의 십자가 복음이었음을 밝히셨다. 1-13절의 천국 복음이 아직 온 세상에 전파되지 않았다고 말씀하시며, 이제부터 천국 복음 전파가 시작된다고 말씀하시는 것이다. 이 1-13절의 그리스도의 십자가 복음 곧 "이 천국 복음이 모든 민족에게 증언되기 위하여 온 세상에 전파되리니 그제야 끝이 오리라"고 말씀하신 것이다.

예수 그리스도께서 이 14절을 말씀하심으로써 1-13절의 사건들이 일어나는 시점이 천국 복음이 시작되는 그리스도의 십자가 때임을 증거해주셨다. 곧 1-13절의 사건들이 천국 복음을 여시기 위해 십자가 전쟁을 하실 때에 일어나는 일들임을 확인시켜주신 것이다. 예수께서 죽으시기 직전에 십자가 복음을 전하신다.

4. 1-13절은 A.D.70년이나 종말에 일어나는 일이 아니다.

혹자는 1-13절에 있는 "난리와 난리의 소문"(6)과 "민족이 민족을, 나라가 나라를 대적하여 일어나"(7)는 사건을 A.D.70년에 로마의 디도의 군대가 예루살렘 성을 점령하고 성전을 훼파할 것을 예언하시는 것이라고 해석하는 경우가 있으나, 그렇다면 그 로마의 디도의 군대가 예루살렘 성과 성전을 무너뜨리는 것이 "천국 복음"이라는 논리가 된다. 그것은 예수께서 말씀하신 "천국 복음"이 될 수 없다. 천국 복음이란 예수 그리스도의 십자가의 피로 이루시는 것으로서 그의 피가 없이는 천국 복음이 될 수 없기 때문이다.

또 혹자는 앞의 1-13절의 난리와 전쟁의 사건을 종말 때에 일어날 적그리스도의 핍박이라고 해석하는 경우가 있으나, 그렇다면 그것이 과연 "천국 복음"일까 하는 것이다. 적그리스도의 핍박이 "천국 복음"이 될 수 없다. "천국 복음"은 오직 예수 그리스도의 십자가의 복음 외에는 없기 때문이다.

5. 예수 그리스도는 복음만을 전하셨다.

마태는 예수께서 이 24장의 말씀을 하시기 전부터 그가 하시는 일을 "천국 복음"이라고 기록하였다. "예수께서 온 갈릴리에 두루 다니사 그들의 회당에서 가르치시며 '천국 복음'을 전파하시며 백성 중의 모든 병과 모든 약한 것을 고치시니 그의 소문이 온 수리아에 퍼진지라 사람들이 모든 앓는 자 곧 각종 병에 걸려서 고통 당하는 자, 귀신 들린 자, 간질하는 자, 중풍병자들을 데려오니 그들을 고치시더라"(마 4:23,24).

그리고 마가도 예수 그리스도께서 하시는 일을 "복음"이라고 기록했다. "하나님의 아들 예수 그리스도의 복음의 시작이라"(막 1:1). 그래서 바울은 예수 그리스도의 복음 외에 다른 복음을 전하면 저주를 받을 것이라고 말하였다. "우리가 전에 말하였거니와 내가 지금 다시 말하노니 만일 누구든지 너희가 받은 것 외에 다른 복음을 전하면 저주를 받을지어다"(갈 1:9). 여기의 바울이 말하는 "너희가 받은 것"은 예수께로부터 받은 "천국 복음"이다.

그러므로 예수께서 이 14절에서 말씀하신 "천국 복음"은 자신께서 전하시는 복음을 말씀하시는 것이며, 그 천국 복음을 완성하시기 위하여 십자가에 못 박혀 죽으실 것을 예고하시는 것이다. 천국 복음은 그리스도의 죽음을 통해 이루어지기 때문이다. 바로 여기의 "천국 복음"은 예수 그리스도의 십자가 복음이다.

혹 1-13절을 A.D.70년에 로마가 예루살렘 성을 훼파하는 사건이나, 종말에 일어나는 대환난으로 해석하는 경우도 있으나, 그런 일은 성도들에게 고통과 두려움만을 줄 뿐 구원을 이루는 복음과는 아무런 상관이 없다. 그런 사건에는 예수께서 십자가에 죽으시는 복음이 들어 있지 않으며, 그의 피로 씻겨 구원받는 복음이 없다. 예수님은 자신의 십자가 복음이 들어 있지 않은 그런 사건들을 천국 복음으로 제시하거나 전파하시지 않는다.

본 14절에서 예수께서 자신이 말씀하신 1-13절이 "천국 복음"이라고 증거하심으로써, 1-13절의 사건들이 A.D.70년이나 종말에 일어나는 일이 아니라 예

수께서 친히 십자가로 이루시는 천국 복음임을 입증하셨다. 예수 그리스도는
오직 복음만 전하셨다.

예수께서 1-13절에서 십자가의 천국 복음의 대략을 설명하시고, 14절에서
이 사건들이 천국 복음임을 밝히시고, 15-31에서 그 1-13절에 하신 천국 복음
의 말씀을 다시 상세히 풀어 설명하신다. 그런 후 32-51절에서 예수께서 십자
가에 죽으시고 부활하여 오실 때까지 시험에 들지 말고 깨어 기다리라고 당부
하신다.

마 24장을 정리하면 4-28절에서 십자가의 죽음을 예언하시고, 29-31절에
십자가의 심판을 예언하신다. 이어 32-51절에서 십자가의 심판과 구원을 깨어
기다리라고 당부하신다.

> 마 24:15,16 _ 15그러므로 너희가 선지자 다니엘이 말한 바 멸망의 가증한 것이
> 거룩한 곳에 선 것을 보거든(읽는 자는 깨달을진저) 16그 때에 유대에 있는 자
> 들은 산으로 도망할지어다

죽음 예고	부활 예고	잡혀가심	죽음	부활
24장	25장	26장	27장	28장

마태복음 순서

24장 : 예수 그리스도의 죽음 예언

25장 : 예수 그리스도의 부활 예언

26장 : 예수 그리스도의 잡힘

27장 : 예수 그리스도의 죽음 성취

28장 : 예수 그리스도의 부활 성취

"그러므로 너희가 선지자 다니엘이 말한 바"

예수께서 다니엘의 말을 인용한 구절은 단 9:27과, 12:11이다. 이 두 구절은 같은 동일 구절이다. "그가 장차 많은 사람들과 더불어 한 이레 동안의 언약을 굳게 맺고 그가 그 이레의 절반에 제사와 예물을 금지할 것이며 또 '포악하여 가증한 것이 날개를 의지하여 설 것이며' 또 이미 정한 종말까지 진노가 황폐하게 하는 자에게 쏟아지리라 하였느니라 하니라"(단 9:27). "매일 드리는 제사를 폐하며 '멸망하게 할 가증한 것을 세울 때부터' 천이백구십 일을 지낼 것이요"(단 12:11).

예수께서 인용하신 앞의 두 구절은, 예수께서 십자가에 못 박혀 죽으실 것을 예언하신 말씀이다. 이 다니엘서에서 예언한 "포악하여 가증한 것이 날개를 의지하여 설 것이며"(단 9:27)와 "멸망하게 할 가증한 것을 세울 때부터"(단 12:11)는 장차 악한 자들이 예수를 십자가에 못 박을 것을 예언한 말씀이다. 이 예언을 인용하여 본 마 24:15에서 "다니엘이 말한 바 멸망의 가증한 것이 거룩한 곳에 선 것을 보거든"이라고 말씀하신 것이다.

다니엘서의 이 예언은 장차 십자가로 이루는 천국 복음을 예언한 것으로서, 이제 예수께서 그 예언을 자신이 십자가로 성취할 때가 왔음을 선포하신다(저자의 주석 '다니엘'의 단 9:27, 12:11에서 상세히 주해하였으므로 참조할 것).

참고로, 단 11:31에도 '멸망하게 하는 가증한 것을 세울 것이며'라는 말이 기록되어 있으나 그 절을 인용하신 것은 아니다. "군대는 그의 편에 서서 성소 곧 견고한 곳을 더럽히며 매일 드리는 제사를 폐하며 '멸망하게 하는 가증한 것을 세울 것이며'"(단 11:31). 이 단 11:31의 예언은 헬라의 안티오쿠스 에피파네스(Antiochus Epiphanes)가 B.C.167년에 예루살렘을 침공하여 매일 드리는 제사를 폐하고, 성전에 가증한 제우스의 상을 세움으로써 이미 성취된 일이다. 단 11:31의 예언은 예수 그리스도께서 이 마 24:15을 말씀하실 당시보다 198년 전에 이미 성취된 일이다. 그러므로 이 단 11:31은 지금 십자가 때에 일어날 일을 예언하시는 예수님의 말씀과는 상관없는 구절이다. 그러므로 예수께서는 헬라의 안티오쿠스라는 인물과는 전혀 상관없는 말씀을 하시는 것이며, 앞으로 당도할 십자가에 대한 말씀을 하고 계시는 것이다. 단 9:27, 12:11을 인용하신 것이다.

"이어 멸망의 가증한 것이"

"멸망의 가증한 것"은 죄와 뱀이다. 이 말씀은 다니엘이 말한 "포악하여 가증한 것이 날개를 의지하여 설 것이며"(단 9:27)와 "멸망하게 할 가증한 것을 세울 때부터 천이백구십 일을 지낼 것이요"(단 12:11)라는 말을 인용하신 것이다. 곧 "멸망의 가증한 것"은 다니엘이 말한 "포악하여 가증한 것", "멸망하게 할 가증한 것"을 인용하신 것이다.

예수께서 말씀하신 "멸망의 가증한 것"을 한 마디로 말하면 "포악하여 멸망하게 할 가증한 것"(단 9:27, 12:11)을 말한다. 근본적으로 '포악하여 멸망하게 하는 가증한 것'은 죄와 뱀이다. 멸망하게 하는 것은 그 뿌리가 죄와 뱀이기 때문이다. 곧 모든 더러움과 추함과 사악함은 죄와 뱀으로부터 나오기 때문이다.

죄가 아담과 하와를 멸망시켰다. "그러므로 한 사람으로 말미암아 죄가 세상에 들어오고 죄로 말미암아 사망이 들어왔나니 이와 같이 모든 사람이 죄를 지었으므로 사망이 모든 사람에게 이르렀느니라"(롬 5:12). 그리고 뱀이 아담과 하와를 멸망시켰다. "여호와 하나님이 여자에게 이르시되 네가 어찌하여 이렇게 하였느냐 여자가 이르되 뱀이 나를 꾀므로 내가 먹었나이다"(창 3:13).

죄와 뱀은 눈으로 볼 수 있는 육적인 것이 아니라 눈으로 볼 수 없는 영적인 것을 말한다. 그러므로 이것들은 눈에 보이지 않게 숨어서 사람을 멸망하게 하는 근원이다. 예수께서 말씀하시는 "멸망의 가증한 것"은 어떤 악한 사람이나 군대나 적그리스도나 나라를 특정하여 지칭하시는 것이 아니라, 사람을 본질적으로 멸망하게 하는 불가시적인 가증한 죄와 뱀을 말씀하시는 것이다.

죄와 뱀이 아담과 하와를 멸망하게 하고 그의 자손들까지 멸망하게 하였으므로 하나님께서 아담과 하와 앞에서 죄와 뱀을 멸하시겠다고 언약하셨다.

"내가 너로 여자와 원수가 되게 하고 네 후손도 여자의 후손과 원수가 되게 하리니 여자의 후손은 네 머리를 상하게 할 것이요 너는 그의 발꿈치를 상하게 할 것이니라 하시고"(창 3:15). 그래서 예수께서 이 창 3:15의 언약대로 죄와 뱀을 멸하시기 위해 하늘에서 이 땅으로 오셨다. 예수께서 창 3:15의 예언대로 십자가로 발꿈치를 상하시고, 십자가로 "멸망의 가증한" 죄와 뱀의 머리를 상하게 하여 멸하신다. "멸망의 가증한 것"은 죄와 뱀이다(저자의 저서 '다니엘'의 단 9:27, 12:11 참조).

"거룩한 곳에"

1. '거룩한 곳'은 옛 예루살렘 성전이 아니다.

'거룩한 곳'은 옛 예루살렘 성전이 아니다. 메시야가 오시기 전까지는 예루살렘과 성전을 거룩한 곳이라고 불렀다. 구약시대에 유대인들은 예루살렘과 성전을 "거룩한 곳"이라고 불렀다(느 11:1, 사 52:1, 64:10, 레 10:18). 그러나 예수 그리스도께서 십자가에 못 박히셨을 때 예루살렘 성전의 휘장이 찢어졌다. "예수께서 다시 크게 소리 지르시고 영혼이 떠나시니라 이에 성소 휘장이 위로부터 아래까지 찢어져 둘이 되고 땅이 진동하며 바위가 터지고"(마 27:50,51).

휘장이 찢어진 성전은 더 이상 성전이 아니다. 그러므로 예수 그리스도의 십자가로 휘장이 찢어진 예루살렘 성전은 더 이상 성전이라 부르지 않는다. 혹 종말에 유대인들이 옛 예루살렘 성전을 그대로 본 따 다시 건축한다 할지라도 그 건물은 성전이 될 수 없으며 거룩한 곳이 될 수 없다. 신약기간이 끝나는 종말까지 이 땅에 거룩한 예루살렘 성전은 없다. 이 절에서 예수께서 말씀하시는 "거룩한 곳"은 휘장이 찢어진 구예루살렘 성전이 아니다.

2. '거룩한 곳'은 하늘에 있는 성전이다.

예루살렘 성전은 원래 모형과 그림자였다. 원래 거룩한 성전은 땅에 없었고, 하늘에 있었다. 땅에 있는 예루살렘 성전은 실제로 거룩한 곳이 아니라, 하늘에 있는 '거룩한 성전'의 그림자일 뿐이었다. 성경은 예루살렘 성전이 "하늘에 있는 것의 모형과 그림자라"라고 기록한다. 그러므로 예루살렘 성전은 모형과 그림자일 뿐 실제로 거룩한 성전은 아닌 것이다. "그들이 섬기는 것은 하늘에 있는 것의 모형과 그림자라 모세가 장막을 지으려 할 때에 지시하심을 얻음과 같으니 이르시되 삼가 모든 것을 산에서 네게 보이던 본을 따라 지으라 하셨느니라"(히 8:5).

성경은 또 예루살렘 성전은 "참 것의 그림자"라고 기록한다. 참 성전은 하늘에 있고, 땅에 있는 예루살렘 성전은 그림자에 불과하다는 것이다. 예루살렘 성전이 그림자인 이유는 사람의 손으로 지은 성전이기 때문이다. 하늘 성전은 하나님이 지으셨고, 땅에 있는 성전은 사람의 손으로 지은 것이다. 그러므로 예루살렘 성전은 하늘에 있는 거룩한 성전을 상징하는 그림자일 뿐이며 실제로 거룩한 곳이 아닌 것이다. "그리스도께서는 참 것의 그림자인 손으로 만든 성소에 들어가지 아니하시고 바로 그 하늘에 들어가사 이제 우리를 위하여 하나님 앞에 나타나시고"(히 9:24).

그러므로 성경은 예루살렘 성전이 "그림자일 뿐이요 참 형상이 아니므로" 그 안에서 동물의 피로 해마다 드리는 율법적 제사로는 사람을 온전히 구원할 수 없다고 기록한다. "율법은 장차 올 좋은 일의 그림자일 뿐이요 참 형상이 아니므로 해마다 늘 드리는 같은 제사로는 나아오는 자들을 언제나 온전하게 할 수 없느니라"(히 10:1). 이 말씀은 예루살렘 성전은 구원할 수 없는 곳이며, 하늘에 있는 거룩한 성전이 구원할 수 있다는 것이다. 그러므로 실제로 "거룩한 곳"은 하늘에 있는 성전을 말한다.

예수께서 지금 말씀하시는 "거룩한 곳"은 사람의 손으로 지은 모형과 그림자인 예루살렘 성전을 지칭하시지 않는다. 예수께서는 진정으로 하늘에 있는 거룩한 성전 곧 "참 것"(히 9:24)을 지칭하시는 것이다. 예수께서는 항상 '참 것'을 말씀하시기 때문이다. 이 세상에는 거룩한 '참 것'이 없다. 혹자는 예수께서 십자가에 죽으신 골고다 언덕을 거룩한 곳으로 해석하는 경우가 있으나 거룩한 곳은 땅에 속한 것이나, 장소적인 개념이 아니며, 소멸되는 것이 아니다. 거룩한 것은 영원하기 때문이다.

만일 거룩한 곳이 구 예루살렘 성전이나 골고다 언덕이라면 그것들이 소멸되지 않고 영원해야 할 것이다. 거룩한 곳은 영원히 소멸되지 않는 성전을 말한다. 그러므로 예수께서 말씀하신 "거룩한 곳"은 땅에 있는 예루살렘 성전이나 골고다 언덕이 아니고 하늘에 있는 성전을 말한다.

3. '거룩한 곳'은 예수 그리스도시다.

'거룩한 곳'은 하늘에 계신 예수 그리스도시다. 그런데 놀랍게도 하늘에 있는 거룩한 성전이신 예수 그리스도께서 이 땅으로 오셨다. 이 땅으로 내려오셔서 그는 친히 자신이 거룩한 성전이라 말씀하셨다. "예수께서 대답하여 이르시되 너희가 이 성전을 헐라 내가 사흘 동안에 일으키리라 유대인들이 이르되 이 성전은 사십육 년 동안에 지었거늘 네가 삼 일 동안에 일으키겠느냐 하더라 그러나 예수는 성전된 자기 육체를 가리켜 말씀하신 것이라"(요 2:19-21).

여기서 예수 그리스도는 자신이 성전이라고 말씀하셨다. 그러나 유대인들은 모형과 그림자에 불과하며, 참 것이 아니며, 사람의 손으로 46년 동안 지은 건물을 성전이라고 말한다. 성전에 대하여 예수 그리스도와 유대인의 인식이 이렇게 판이하게 다름을 볼 수 있다. 그러므로 만일 본절의 "거룩한 곳"이 유대인들이 한 말이라면 그것은 당연히 예루살렘 성전을 지칭하는 것이 온당하다. 그러나 이 "거룩한 곳"은 예수께서 하신 말씀이므로 당연히 거룩한 성전이신 예수 그리스도 자신을 지칭하신 것이다.

또한 예수 그리스도는 성전의 휘장이라고 기록한다. "그러므로 형제들아 우리가 예수의 피를 힘입어 성소에 들어갈 담력을 얻었나니 그 길은 우리를 위하여 휘장 가운데로 열어 놓으신 새로운 살 길이요 휘장은 곧 그의 육체니라"(히 10:19,20). 이 땅에는 하늘에 있는 거룩한 성전의 모형과 그림자이며 사람의 손으로 지은 예루살렘 성전만 있었는데, 실제로 거룩한 성전이신 예수 그리스도께서 오심으로 말미암아 이 세상에 "거룩한 곳"이 있게 되었다. '거룩한 곳'은 예수 그리스도시다.

4. '거룩한 곳'은 십자가이다.

여기서 예수께서 말씀하시는 "거룩한 곳"은 자신을 가리키시는 것이며, 또한 그가 이 땅에 오셔서 십자가를 지시므로 그 십자가를 거룩한 곳이라고 말씀 하시는 것이다. 이 15절 말씀은 단 9:27을 인용하신 것이다. 예수께서 인용하 신 단 9:27에는 "포악하여 가증한 것이 날개를 의지하여 설 것이며"라고 기록 되어 십자가를 "날개"로 표현하였다. "날개"는 십자가의 날개를 지칭한다. "날 개"(3671 카나프 kanaph)는 '날개 wing, 말단, 끝 extremity'을 의미한다. 이것 은 '십자가의 날개, 십자가의 꼭대기'를 의미한다.

하나님께서는 십자가의 모형을 예전에 모세에게 보여주셨다. 뱀이 이스라엘 백성들을 죽이므로 모세에게 불뱀을 만들어 장대 위에 매달라고 하셨다. 뱀에 게 물린 자마다 그것을 보면 살리라고 말씀하셨다. "여호와께서 모세에게 이 르시되 불뱀을 만들어 장대 위에 매달아라 물린 자마다 그것을 보면 살리라 모세가 놋뱀을 만들어 장대 위에 다니 뱀에게 물린 자가 놋뱀을 쳐다본즉 모 두 살더라"(민 21:8,9).

여기서 장대는 십자가를 예표한다. 뱀을 장대 위에 매다는 것은 장차 십자 가 위에 뱀을 매달 것을 예표한다. 뱀을 장대에 매달 때 그 장대의 아래쪽에 매 달지 않는다. 장대의 꼭대기에 매다는 것이다. 왜냐하면 뱀을 장대에 매달아 높이 들어야 하기 때문이다. 그래서 예수께서 자신이 십자가에 매달리실 것을 예고하시면서 높이 들릴 것이라고 말씀하셨던 것이다. "모세가 광야에서 뱀을 든 것 같이 인자도 들려야 하리니 이는 그를 믿는 자마다 영생을 얻게 하려 하 심이니라"(요 3:14,15).

예수 그리스도와 뱀이 함께 십자가의 날개 곧 꼭대기에 매달려 함께 죽게 된 다. 그러나 예수 그리스도는 3일 만에 부활하시고 뱀은 영원히 멸망하게 되어 예수 그리스도의 승리로 끝나게 된다. 여기서 가증한 죄와 뱀이 "날개" 위에 서는 것은 장대 꼭대기에 매달리는 것을 뜻하며 십자가의 날개 위에 매달리는 것을 말한다. 곧 '거룩한 곳'은 십자가이다.

그러므로 "포악하여 가증한 것이 날개를 의지하여 설 것이며"의 의미는 "포악하여 가증한 죄와 마귀가 십자가의 날개 위에 설 것이며"이다. 예수께서 다니엘의 이 말씀을 인용하시면서 "선지자 다니엘이 말한 바 멸망의 가증한 것(죄, 뱀)이 거룩한 곳(예수 그리스도의 십자가의 날개)에 선 것을 보거든"이라고 말씀하신 것은 다음과 같이 말씀하신 것이다. "선지자 다니엘이 말한 바 멸망의 가증한 죄와 뱀이 거룩한 나의 십자가의 날개에 선 것을 보거든"(저자의 주석'다니엘'의 단 9:27의 "포악하여 가증한 것이 날개를 의지하여 설 것이며" 참조).

"선 것을 보거든"

1. 가증한 죄와 뱀이 예수를 죽이기 위해 십자가 위에 선다.

"선 것"(2476 히스테미 histe-mi)은 '서다, 세우다, 멈추다, 멈추게 하다, 무게를 달다, 저울에 놓다, 붙잡다, 눕히다, 고정하다'를 의미한다. "멸망의 가증한 것"은 죄와 뱀이다. 그리고 "거룩한 곳"은 예수 그리스도와 십자가이다. 그러므로 예수 그리스도께서 말씀하신 "멸망의 가증한 것이 거룩한 곳에 선 것을 보거든"이라는 말씀은 "멸망하게 하는 가증한 죄와 뱀이 예수 그리스도의 위에 선 것을 보거든"이라는 뜻이다. 이 말씀은 "죄와 뱀이 예수 그리스도를 못박기 위해 십자가 위에 선 것을 보거든"이라는 의미이다. 곧 "대적들이 나를 십자가에 못 박는 것을 보거든"이다.

2. 가증한 죄와 뱀이 예수를 십자가에 못 박고, 자기도 십자가에 못 박힌다.

"선 것"은 두 가지의 의미를 가진다. 첫째는 죄와 뱀이 예수 그리스도 위에 선 것이고, 둘째는 예수 그리스도께서 자신 위에 죄와 뱀을 세우시는 것이다. 다시 말하면, 첫째는 죄와 뱀이 예수 그리스도를 십자가에 못 박는 것이고, 둘째는 예수 그리스도께서 죄와 뱀을 십자가에 못 박으시는 것이다. 예수 그리스도의 십자가 사역은 예수께서 죄와 뱀에게 십자가에 못 박혀 죽으시는 것으로 그치지 않고 예수께서 죄와 뱀을 십자가에 박아 멸하시는 데까지이다. 곧 십자가 사역은 예수 그리스도의 죽음의 사역과 죄와 마귀의 심판 사역이다. 이 두 가지 사역이 그리스도의 죽음과 심판의 십자가 사역이다.

그러므로 이 장면은 죄와 뱀이 예수 그리스도를 십자가에 못 박는 것 같으나, 실상은 예수 그리스도께서 죄와 뱀을 십자가에 못 박아 심판하시는 것이다. 겉으로는 죄와 뱀이 예수를 이기는 것 같으나 속으로는 예수께서 그들을 이기시는 것이다. 더 정확히 말하면 육신적으로는 죄와 뱀이 예수 그리스도를 죽이는 것 같으나, 영적으로는 예수께서 죄와 뱀을 멸하시는 것이다. 예수 그리스도의 육체는 죽으시고, 다시 사신 영으로 죄와 뱀을 십자가에 박으시는 것이다.

스가랴 선지자가 장차 죄와 뱀이 예수 그리스도를 죽이기 위해 그의 십자가 위에 "섰을 때에" 그들이 멸망을 당할 것이라고 다음과 같이 예언하였다. "예루살렘을 친 모든 백성에게 여호와께서 내리실 재앙은 이러하니 곧 '섰을 때에'('가증한 것이 거룩한 곳 예수의 십자가 위에 섰을 때에') 그들의 살이 썩으며 그들의 눈동자가 눈구멍 속에서 썩으며 그들의 혀가 입 속에서 썩을 것이요"(슥 14:12).

여기서 "섰을 때에"는 '가증한 것이 거룩한 예수의 십자가 위에 섰을 때'를 말한다. 악한 자들이 예수를 죽이기 위해 그의 십자가 위에 "섰을 때에" 예수께서 영으로 그들을 심판하여 "그들의 살이 썩으며 그들의 눈동자가 눈구멍 속에서 썩으며 그들의 혀가 입 속에서 썩을 것"이라는 뜻이다. 곧 스가랴 선지자는 예수 그리스도가 십자가로 죄와 마귀를 심판하실 것을 예언한 것이다.

결론적으로 창 3:15에 십자가 심판을 언약하신 대로 죄와 뱀은 예수 그리스도의 발꿈치를 상하게 하고, 예수 그리스도는 죄와 뱀의 머리를 상하게 하여 멸하시는 것이다. "내가 너로 여자와 원수가 되게 하고 네 후손도 여자의 후손과 원수가 되게 하리니 여자의 후손은 네 머리를 상하게 할 것이요 너는 그의 발꿈치를 상하게 할 것이니라 하시고"(창 3:15).

그러므로 예수 그리스도께서 말씀하신 "멸망의 가증한 것이 거룩한 곳에 선 것을 보거든"이라는 말씀은 "멸망의 가증한 죄와 뱀이 예수 그리스도의 십자가 위에 선 것을 보거든"이라는 뜻이다. 곧 예수 그리스도의 육체와 함께 죄와 뱀이 모두 십자가에 매달려 죽는 것이다. 그러므로 십자가는 예수 그리스도와 함께 죄와 뱀을 매다는 형틀인 것이다.

"(읽는 자는 깨달을진저)"
1. 눈에 보이지 않는 영적인 말씀으로 해석하라.

이 24:15의 말씀에 ( )로 표시하여 특별히 중요한 말씀임을 표시했다. 이 ( ) 표시를 마태가 했는지 아니면 후대 편집자가 했는지는 분명치 않으나 그에 상관없이 성령의 인도하심으로 표시된 것은 분명하다. 다른 성경구절에 이렇게 "(읽는 자는 깨달을진저)"라고 특별히 깨달을 것을 당부하는 경우는 매우 드물다. 이 15절을 ( )로 표시하여 특별히 강조하고 싶었던 말은 무엇이었을까? 그것은 첫째, 이 15절은 아무나 쉽게 깨달을 수 있는 말씀이 아니라는 것을 나타낸다. 일반 사람들은 이 말씀을 아무리 읽어도 알 수 없는 내용이라는 것이다. 그리고 둘째, 이 15절은 눈에 보이는 육적인 일이 아니라, 눈에 보이지 않는 영적인 일임을 나타낸다. 만일 읽으면 누구나 깨달을 수 있는 육적인 내용이라면 굳이 이렇게 "(읽는 자는 깨달을진저)"라는 말을 덧붙일 필요가 없기 때문이다.

예를 들어 예수께서 말씀하시기를 "토끼가 두 마리 있었는데 한 마리의 새끼를 낳았다. 그래서 세 마리가 되었다."라고 말씀하셨다면 이 말씀은 누구든지 깨달을 수 있는 내용으로서 뒤에 "(읽는 자는 깨달을진저)"라고 덧붙일 필요가 없는 것이다. 육적인 일은 누구든지 알 수 있기 때문이다.

그러나 이 15절의 말씀은 일반인은 읽어도 알 수 없는 영적인 일이라는 말씀이다. 그러므로 이 15절의 "멸망의 가증한 것이 거룩한 곳에 선 것을 보거든"이라는 영적인 말씀을 눈에 보이는 육적인 말씀으로 해석해서는 안 될 것이다. 곧 "멸망의 가증한 것"을 물질적인 것이나 사람으로 해석해서는 안 되는 것이다.

예를 들어 눈에 보이는 일로 해석하여 A.D.70년에 일어났던 사건으로서 로마의 디도 장군의 군대가 사람의 손으로 지은 구예루살렘 성전을 훼파하는 일로 해석한다든지, 또는 종말에 적그리스도가 예루살렘 성전을 훼파하거나 성도들을 핍박하는 내용으로 해석하는 것 등을 경계해야 할 것이다. 이 ( )의 말씀은 '눈에 보이지 않는 영적인 말씀으로 해석하라'는 말씀이다. 본 15,16절의 내용은 불가시적인 영적인 일로서 그리스도의 십자가 피로 죄와 마귀를 멸하시는 내용이다.

2. 성령의 인도함으로 해석하라.

이 15절의 말씀은 육적으로는 알 수 없는 영적인 내용으로서 성령의 인도함을 받지 않고는 알 수가 없는 것이다. 예수께서 지금까지 말씀하신 "천국 복음"(14)의 비밀은 성령께서만 깨닫게 하시기 때문이다. "오직 하나님이 성령으로 이것을 우리에게 보이셨으니 성령은 모든 것 곧 하나님의 깊은 것까지도 통달하시느니라"(고전 2:10). 그러므로 성령의 인도를 받아야만 깨달을 수 있다는 것이다. "(읽는 자는 깨달을진저)"라는 말씀은 "읽는 자는 성령의 인도함을 받아 깨달을진저"라는 의미이다.

예수 그리스도의 십자가의 복음은 영적인 일이며 비밀이다. 천국 복음은 깨닫도록 허락해주신 자들만 알 수 있는 내용이다. "제자들이 이 비유의 뜻을 물으니 이르시되 하나님 나라의 비밀을 아는 것이 너희에게는 허락되었으나 다른 사람에게는 비유로 하나니 이는 그들로 보아도 보지 못하고 들어도 깨닫지 못하게 하려 함이라"(눅 8:9,10). 그러므로 예수 그리스도의 말씀은 성령의 조명으로만 이해할 수 있고 믿을 수 있는 것이다. 성령은 예수 그리스도의 십자가 복음을 증거하신다.

3. 반드시 해석하라.

"(읽는 자는 깨달을진저)"라는 말씀은 "읽는 자는 반드시 깨달을진저"라는 의미이다. 이렇게 이 15절을 반드시 깨달으라고 하시는 이유는, 이 15절이 예수 그리스도께서 죄와 마귀를 멸하시기 위해 십자가에 못 박혀 피를 흘리시고 구원의 길을 여시는 중대한 천국 복음의 비밀이기 때문이다. 다른 모든 것들은 알지 못해도 이 십자가의 천국 복음만큼은 반드시 깨달아 알아야 하며 얻어야 하는 것이다.

예를 들어 세상의 전쟁이라든지, 로마의 디도 장군의 군대가 A.D. 70년에 예루살렘을 훼파하는 일이라든지, 종말에 적그리스도가 성도를 핍박하는 일 등은 설사 알지 못한다 해도 구원과는 아무런 상관이 없다. 그러나 이 천국 복음은 목숨보다 더 중한 것으로서 반드시 깨달아야 하고 받아야 하는 것이다. 다른 모든 것을 가진다 해도 이 그리스도의 십자가로 성취된 천국 복음을 갖지 못한다면 아무런 소용이 없는 인생이 되고 만다.

이 15절은 영생을 얻을 수 있는 그리스도의 피가 흐르는 십자가의 구절이기 때문에 "읽는 자는 깨달을진저"라고 강조하여 반드시 복음을 받도록 촉구하는 것이다.

"그 때에 유대에 있는 자들은 산으로 도망할지어다"

1. 죄와 뱀이 예수 그리스도를 죽일 것이므로 도망하라고 하신다.

예수께서 허물과 죄로 죽은 성도들을 구원하시려고 이 땅에 오셨다(엡 2:1). 그리고 예수께서 마귀들을 멸하시려고 오신 것이다(요일 3:8). 마귀들은 자기들을 멸하려고 오는 예수를 죽이려 한다. 그리고 마귀 뱀들은 예수 그리스도가 오시기 전에는 많은 사람들을 자신들의 종으로 삼고 자기들의 마음대로 짓밟으며 즐거워하며 살았다. 그러한 죄의 즐거움을 예수 그리스도 때문에 모두 빼앗기게 된 것이다. 그래서 마귀 뱀들은 벌떼같이 예수를 죽이려 달려들었으며, 그 예수를 경배하며 따르는 성도들도 예수를 따르지 못하도록 핍박한다. 그래서 예수께서 제자들에게 마귀 뱀들이 자기를 죽이려고 십자가의 날개, 곧 "거룩한 곳에 선 것을 보거든" 도망하라고 말씀하신 것이다(앞의 15절 참조).

2. 예수께서 죄와 뱀을 심판하실 것이므로 도망하라고 하신다.

예수께서 마귀들을 멸하시려고 이 땅에 오셨다. "죄를 짓는 자는 마귀에게 속하나니 마귀는 처음부터 범죄함이라 하나님의 아들이 나타나신 것은 마귀의 일을 멸하려 하심이라"(요일 3:8). 예수께서 십자가에서 죽으심으로 온 세상의 죄와 뱀을 심판하신다.

마귀는 공중 권세를 잡고 온 세상에 편재해 있다. 그리고 세상은 죄로 가득차 있다. 노아의 때와 같이 온 세상이 심판의 대상이 되었다. 그래서 예수께서 십자가에서 피를 흘리심으로 온 세상을 심판하시게 된다. "예수께서 이르시되 내가 심판하러 이 세상에 왔으니 보지 못하는 자들은 보게 하고 보는 자들은 맹인이 되게 하려 함이라 하시니"(요 9:39). "이제 이 세상에 대한 심판이 이르렀으니 이 세상의 임금이 쫓겨나리라"(요 12:31). 그러므로 본절의 말씀은 예수 그리스도의 십자가의 심판이 온 세상에 임할 것이니 제자들에게 악한 자들과 함께 심판을 받지 않도록 피하여 도망하라는 말씀이다.

이러한 경고는 소돔과 고모라에서도 하신 적이 있다. 그때 멸망 받는 소돔과 고모라에서 도망하라고 경고하셨다. "그 사람들이 그들을 밖으로 이끌어 낸 후에 이르되 '도망하여' 생명을 보존하라 돌아보거나 들에 머물지 말고 산으로 도망하여 멸망함을 면하라"(창 19:17). 소돔과 고모라에 내리는 재앙을 피하여 뒤를 돌아보지 말고 살 수 있는 산으로 도망하라고 하신 것이다. 그런데 롯의 처가 뒤를 돌아보아 소금 기둥이 되고 말았다. "롯의 아내는 뒤를 돌아보았으므로 소금 기둥이 되었더라"(창 19:26).

이 소돔에서의 경고는 장차 예수 그리스도께서 십자가로 세상 죄와 마귀를 심판하실 때 그 심판을 피하여 산으로 도망해야 함을 예표한다. 지금 예수께서 이 땅에 오셔서 십자가로 심판하실 때가 왔다. 그래서 예수께서 죄와 뱀을 심판하실 것이므로 성도들은 그 재앙을 피하여 산으로 도망하라고 하신다.

3. 십자가로 휘장이 찢어질 것이므로 옛 예루살렘 성전에서 도망하라고 하신다.

포악하고 가증한 죄와 뱀은 사람들을 괴롭히고 멸망하게 한다. 그러나 사람들이 가증한 죄와 뱀을 피하여 세상에서 숨을 곳이 없다. 사방 어디로 피하든지 죄와 뱀이 널려 있기 때문에 고통을 해결할 길이 없다. 사람이 피할 곳이 없는 세상에 하나님께서 솔로몬을 통하여 성전을 짓도록 하셨다(왕상 6:38). 성전을 짓도록 하신 이유는 그 안에 하나님께서 계시기 위함이며, 하나님께 제사와 예물을 드리도록 하기 위한 것이며, 백성들에게 죄와 뱀으로부터 피할 곳을 주시기 위함이다. 그래서 백성들은 성전으로 피하면 가증한 죄와 뱀으로부터 보호를 받을 수 있게 되었다.

성전 제단에는 뿔이 있다. "그 네 모퉁이 위에 뿔을 만들되 그 뿔이 그것에 이어지게 하고 그 제단을 놋으로 싸고"(출 27:2). 그 뿔은 하나님의 권세를 상징한다(삼하 22:3, 시 18:2, 눅 1: 69). 그 뿔을 잡으면 피할 길을 주시는 것이다. 그래서 아도니야가 솔로몬에게 죽임을 당할까봐 두려워하여 성전으로 피하여 제단 뿔을 잡았다. "아도니야도 솔로몬을 두려워하여 일어나 가서 제단 뿔을 잡으니"(왕상 1:50).

그리고 백성들이 사방으로 흩어져 있어도 언제든지 성전을 향하여 기도하면 하나님께서 피할 길을 주신다(왕상 8:29,30). 다니엘도 무슨 일이 있을 때마다 예루살렘에 있는 성전을 향해 기도했다(단 6:10). 그러한 다니엘을 하나님께서 지켜주시고 보호해주셨다.

그러나 이제 예루살렘에 있는 성전은 성전이 아니게 된다. 예수 그리스도께서 십자가에서 죽으실 때 성전의 휘장을 찢어 성전으로서의 기능을 그치게 하실 것이기 때문이다(마 27:50,51, 막 15:38). 그리스도의 십자가로 휘장이 찢어진 후에 남아 있는 건물은 성전이 아니라 과거 성전이었던 건물에 불과하다. 그러므로 그 건물에서 동물의 피로 제사를 아무리 드려도 하나님께서 받으시지 않으며, 아무리 좋은 동물이나 소산물을 예물로 드려도 받으시지 않는다. 십자가의 피로 율법적 제사와 예물을 폐하시기 때문이다(앞 권의 단 9:27 참조).

십자가 후에는 휘장이 찢어진 그 옛 건물 안으로 피하여도 보호를 받을 수가 없다. 그 건물 안에 하나님이 계시지 않기 때문이다. 오히려 그 건물 안에 있으면 구원을 얻지 못한다. 그 건물 안에서 여전히 제사와 예물을 드리는 자는 예수 그리스도의 십자가로 휘장이 찢어졌음을 부인하여 죄 사함을 받지 못하기 때문이다. 그 옛 예루살렘 성전 안에 머물러 있는 자는 누구든지 멸망을 받게 된다. 그 안에서 예수 그리스도의 피가 아닌 동물의 피로 제사를 드리는 자는 멸망을 받게 된다. 이제 구원은 오직 예수의 피로만 되기 때문이다.

그러므로 이제 그 건물에서 나와야 한다. 예수께서 이제 보호받을 수 없는 옛 예루살렘 성전으로 도망하지 말고, 보호받을 수 있는 "산으로 도망"하라고 말씀하신다. 다시 말하면 "십자가로 휘장이 찢어져 더 이상 성전이 아니며 하나님이 계시지 않는 멸망의 구성전 건물로 도망하지 말고 보호받을 수 있는 산으로 도망하라"는 뜻이다. 곧 "그 옛 예루살렘 성전 안에 이미 들어가 있는 자들은 십자가로 휘장이 찢어진 그 건물에서 급히 뛰쳐나와 산으로 도망하라"는 말씀이다. 이것은 율법적 구약시대를 마감하고, 예수님의 십자가 복음을 받으라는 명이다.

4. 예수께서 계시는 감람산으로 도망하라고 하신다.

"산으로 도망하라"는 말씀은 죄와 마귀의 핍박을 피하여 산으로 도망하라는 말씀이며, 휘장이 찢어진 구원 없는 옛 예루살렘 성전을 뛰쳐나와 산으로 도망하라는 말씀이다. 그러나 문제는 어느 산으로 도망가야할지를 알 수 없다는 것이다. 또 어느 산으로 도망간들 죄와 뱀을 피할 곳이 없다는 것이다. 그러므로 눈에 보이는 대로 아무 산이나 피하여 도망가면 죄와 마귀로부터 모두 죽음을 면치 못하게 된다.

여기의 예수님의 말씀은 무작정 아무 산이나 도망하라는 그런 무책임한 말씀이 아니다. 분명히 살 수 있는 해결책이 있는 안전한 산으로 도망하라는 말씀이다. 왜냐하면 예수 그리스도의 말씀은 항상 살 길을 전파하시기 때문이다. 그러므로 여기의 "산"은 살 수 있는 유일한 산을 말한다. "산"은 곧 예수 그리스도를 말하며, "산으로 도망하라"는 말씀은 예수 그리스도께로 도망하라는 뜻이다. 오직 예수께로 피할 때만 죄와 뱀으로부터 보호를 받을 수 있기 때문이다. 바로 예수 그리스도가 성도들의 유일한 피난처가 되시기 때문이다.

그러므로 구약시대는 예루살렘 성전이 피할 곳이 되었고, 신약시대는 예수 그리스도가 피할 곳이 되는 것이다. 구약시대는 예루살렘 성전으로 도망하고, 신약시대는 예수께로 도망하라는 말씀이다. 그래서 예수 그리스도께서 성도들에게 "내 안에 거하라"고 말씀하신 것이다. "너희는 내가 일러준 말로 이미 깨끗하여졌으니 '내 안에 거하라' 나도 너희 안에 거하리라 가지가 포도나무에 붙어 있지 아니하면 스스로 열매를 맺을 수 없음 같이 너희도 내 안에 있지 아니하면 그러하리라"(요 15:3,4).

그러면 왜 예수께로 도망하라고 하시지 않고 산으로 도망하라고 하셨을까? 그 이유는 그 산이 예수께서 머무시는 '감람산'이기 때문이다. 예수께서 유일하게 사랑하시는 산이 있었는데 그 산은 감람산이었다. 예수께서 항상 계시는 곳이 감람산이다. 감람산은 예수님의 집과 같은 곳이다. 감람산은 예수께서 기도하시는 산이며, 쉬시는 산이며(눅 21:37, 눅 22:39-44), 사역의 본거지이며(마 24:3, 26:30, 막 11:1, 13:3, 요 8:1), 부활 후 승천하실 산이다(행 1:12). '산'은 예수 그리스도께서 계시는 감람산이며, 그 산으로 피하는 것은 예수께 피하는 것이다. 곧 예수께서 계시는 감람산으로 도망하여 생명을 얻으라는 말씀이다.

5. 구약선지자들이 십자가 때에 성도들이 감람산으로 도망할 것을 예언하였다.

뿐만 아니라 이미 하나님께서 구약 선지자들을 통하여 감람산은 메시야 예수 그리스도께서 임하실 산으로 예언하신 산이며(슥 14:4), 성도들이 도망하여 피할 산으로 예언하셨으며(슥 14:5), 생수가 솟는 산으로 예언하신 산이다(슥

14:8). 그리고 감람산은 성령이 임하는 산(슥 4:3, 감람산은 감람나무를 상징하며 성령을 상징함)(행 1:12)을 상징한다. 예수께서 처음으로 하늘 보좌에서 이 땅으로 임하실 때 스가랴의 예언대로 감람산으로 임하시고(슥 14:4), 다니엘의 예언대로 '감람산에서 나와서' 세상 땅끝까지 복음을 전파하시고(단 2:34,45), 다시 감람산에서 승천하셨다(행 1:9-12).

감람산은 예수님과 떼려야 뗄 수 없는 구약에 언약된 산이다. 그러므로 예수께서 말씀하시는 산은 그냥 일반 산이 아니다. 예수께서 "산으로 도망하라"고 하신 말씀은 구약의 언약을 근거로 하신 것이다(단 9:27, 슥 14:4,5,8).

스가랴 선지자가 메시야의 심판이 임할 때 감람산으로 도망하라고 예언하였다. "그 날에(십자가의 날에) 그의 발이 예루살렘 앞 곧 동쪽 감람산에 서실 것이요 감람산은 그 한 가운데가 동서로 갈라져 매우 큰 골짜기가 되어서 산 절반은 북으로, 절반은 남으로 옮기고 그 산 골짜기는 아셀까지 이를지라 '너희가 그 산 골짜기로 도망하되' 유다 왕 웃시야 때에 지진을 피하여 도망하던 것 같이 하리라 나의 하나님 여호와께서 임하실 것이요 모든 거룩한 자들이 주와 함께 하리라"(슥 14:4,5).

이렇게 스가랴 선지자는 예수께서 십자가로 심판하실 때 감람산으로 도망하는 자는 살 것이라고 예언하였다. 예수께서 바로 이 스가랴의 예언을 인용하여 감람산으로 도망하라고 하신 것이다. 곧 구약성경을 인용하여 감람산에 있는 자기에게로 도망하라고 하신 것이다.

그리고 다니엘이 단 2장에서 "산"에서 예수 그리스도의 돌이 나온다고 말했다. 곧 감람산에서 예수 그리스도께서 나와서 심판하신다는 것이다. 예수께서 하늘에서 감람산으로 임하시고(슥 14:4) 그 감람산을 본거지로 삼아 사역하시다가 십자가로 우상 금신상을 부서뜨리기 위해 감람산에서 나오신다. "손대지 아니한 돌이 산(감람산)에서 나와서 쇠와 놋과 진흙과 은과 금을 부서뜨린 것을 왕께서 보신 것은 크신 하나님이 장래 일을 왕께 알게 하신 것이라 이 꿈은 참되고 이 해석은 확실하니이다 하니"(단 2:45).

다니엘이 기록한 "산"(단 2:45)과 예수께서 도망하라고 하신 "산"(마 24:15,16)은 같은 산으로서 감람산을 지칭한다. 예수께서 이 다니엘의 예언을 인용하여 감람산으로 도망하라고 명하셨고, 그 산이 자신을 가리킴을 아시고 하신 말씀이다.

6. 예수께서 감람산에서 말씀하셨다.

그리고 예수께서 "산으로 도망하라"는 말씀을 하실 때 그 장소가 바로 감람 산이었다(3). 제자들이 질문한 장소가 감람산이었고 그 감람산 위에서 예수께 서 "산으로 도망하라"고 말씀하신 것이다. 곧 "지금 내가 머물고 있는 이 산으 로 도망하라"고 말씀하신 것이다. 예수께서 말씀하시는 그 "산"은 당연히 지 금 서 계시는 감람산을 지칭하신 것이었다. 예수님의 말씀대로 예수께서 부활 하여 구름타고 승천하실 때 제자들이 모두 감람산으로 모였다. 왜냐하면 예 수께서 감람산으로 도망하라고 말씀하셨기 때문이다. 제자들이 모두 감람산 으로 도망하여 예수께 피하였다.

7. 제자들이 감람산으로 가서 승천하시는 예수를 만났다.

마태는 본절 마 24:16의 "그 때에 유대에 있는 자들은 산으로 도망할지어 다"라는 말씀을 들을 때에, 그 도망하라는 "산"이 감람산을 지시하는 것으로 해석했다. 그래서 마태는 예수께서 "지시하신 산"이 감람산이었음을 증명하려 고 이 마 24:16에 이어서 마 28:16에서 "열한 제자가 갈릴리에 가서 '예수께서 지시하신 산'에 이르"렀다고 기록하였다. 여기서 "열한 제자"라고 기록하여 가 룟 유다가 죽은 후를 말하며 예수께서 부활하신 후를 말한다. 그리고 "예수께 서 지시하신 산에 이르"렀다고 기록하여 그들이 산으로 가서 예수를 만났다고 기록한다. 곧 제자들이 "예수께서 지시하신 산"으로 가서 예수를 만났다고 기 록한 것이다.

그러면 마태는 "예수께서 지시하신" 때는 언제라고 생각했을까? 그것은 당연히 바로 전에 자신이 기록한 본절 마 24:16의 "그 때에 유대에 있는 자들은 산으로 도망할지어다"라고 말씀하셨을 때라고 여긴 것이다. 성경에 예수께서 산을 지시하신 것은 유일하게 본절밖에 없기 때문이다. 마태는 본절 마 24:16 에서 "그 때에 유대에 있는 자들은 산으로 도망할지어다"라는 말씀을 기록하고 이어서 마 28:16에서 그 산은 "예수께서 지시하신 산"이라고 덧붙여 확인해 준 것이다.

그러면 마태가 기록한 "예수께서 지시하신 산"(마 28:16)이 감람산이라는 증거는 어디에 있는가? 그 증거는 마태가 이어 마 28:17-20에서 그 "예수께서 지시하신 산"에서 마지막으로 사명의 말씀을 주셨다고 기록한 것이다. "열한 제자가 갈릴리에 가서 '예수께서 지시하신 산'에 이르러 예수를 뵈옵고 경배하나 아직도 의심하는 사람들이 있더라 예수께서 나아와 말씀하여 이르시되 하늘과 땅의 모든 권세를 내게 주셨으니 그러므로 너희는 가서 모든 민족을 제자로 삼아 아버지와 아들과 성령의 이름으로 세례를 베풀고 내가 너희에게 분부한 모든 것을 가르쳐 지키게 하라 볼지어다 내가 세상 끝날까지 너희와 항상 함께 있으리라 하시니라"(마 28:16-20).

이 말씀은 예수께서 감람산에서 승천하실 때에 마지막으로 주신 사명이다. 이 말씀은 한 마디로 "모든 민족을 제자로 삼으라"는 말씀이다. 제자들이 이 마지막 사명을 받은 산이 감람산이었고, 그 감람산에서 예루살렘으로 돌아왔다. "제자들이 감람원이라 하는 산으로부터 예루살렘에 돌아오니 이 산은 예루살렘에서 가까워 안식일에 가기 알맞은 길이라"(행 1:12).

"그 때에 유대에 있는 자들은 산으로 도망할지어다"라는 말씀의 도망할 산은 "예수께서 지시하신 산"으로서 감람산을 지칭한다. "예수께서 지시하신 산"을 기억한 제자들이 감람산으로 가서 승천하시는 예수를 만났고, 그가 주시는 지상사명의 말씀과 권능을 받아 죽는 날까지 그리스도의 증인의 삶을 살았다.

감람산

1. 메시야 예수 그리스도께서 임하시는 언약의 산(슥 14:4)

2. 성도들이 도망하여 피하는 산(슥 14:5)

3. 성도가 마실 생명수가 솟는 산(슥 14:8)

4. 예수께서 쉬고 기도하시는 산(눅 21:37, 눅 22:39-44)

5. 예수님의 사역의 산(마 24:3, 26:30, 막 11:1, 13:3, 요 8:1)

6. 예수께서 승천하시는 산(행 1:12)

7. 성령이 임하는 산(슥 4:3, 행 1:12)

8. '산으로 도망하라'는 말씀을 하신 산(마 24:3)

15절의 "가증한 것"은 죄와 뱀을 지칭한다. 예수 그리스도를 십자가에 못 박는 것은 죄와 뱀이다. 왜냐하면 죄와 뱀은 예수님과 원수 사이이기 때문이다(창 3:15). 십자가 날개 위에서 죄와 뱀의 연합군과 예수께서 전쟁을 시작한다(저자의 저서 '다니엘'의 단 9:27 참조). 그때 십자가 날개 위에서 두 가지 일이 동시에 일어난다.

십자가 날개 위에서 먼저 죄와 뱀이 예수 그리스도를 못 박아 죽인다. 죄와 뱀이 선승을 거두는 것이다. 그러나 다음에는 예수께서 영으로 죄와 뱀을 죽이신다. 예수께서 후승을 거두시는 것이다. 그런데 죄와 뱀이 예수를 먼저 이길 때는 예수님의 발꿈치를 상하게 하여 이긴 것이다. 곧 예수님의 영은 죽이지 못하고 발꿈치의 육체만 죽여 승리한 것이다.

그 후 예수께서 영으로 반격을 시작하신다(벧전 3:18,19). 그리스도의 영으로 죄와 뱀의 머리를 상하게 하신다. 바로 죄와 뱀의 핵심인 생명을 멸하시는 것이다. 그러므로 먼저 선승한 뱀은 영원히 사망에 처하게 되고, 예수 그리스도는 새로운 신령한 몸을 입으시고 삼일 만에 부활하셔서 영원한 후승을 거두신다.

그러나 사람들은 예수를 믿지 못했다. 죄와 마귀가 예수의 육체를 죽일 때는 모든 자들이 눈으로 직접 보았으나, 예수께서 육체를 벗으시고 영으로 죄와 마귀를 심판하실 때는 아무도 보지 못했다. 그래서 그들은 예수의 죽은 것은 확실히 믿었으나 그가 영으로 죄와 마귀를 심판하신 것은 믿지 못했다. 그러므로 죄와 뱀이 승리하는 듯 보일 때 많은 사람들이 예수를 떠나 흩어진다. 처음에 보기에는 죄와 뱀이 영원한 승자로 보이고 예수는 영원한 패자로 보여지기 때문이다.

그래서 목자이신 예수께서 십자가에 못 박히실 때 많은 사람들이 흩어질 것이라고 스가랴 선지자가 예언하였던 것이다. "만군의 여호와가 말하노라 칼아 깨어서 내 목자, 내 짝 된 자를 치라 목자를 치면 양이 흩어지려니와 작은 자들 위에는 내가 내 손을 드리우리라"(슥 13:7). 이렇게 목자를 쳐 죄와 뱀이 승리하는 듯 보이나 결국 예수 그리스도의 십자가의 피로 죄와 뱀을 심판하시고 삼일 만에 부활하신다.

마 24:15,16의 말씀을 풀어 말하면 다음과 같다.

"그러므로 너희가 선지자 다니엘이 말한바 멸망의 가증한 것이 거룩한 곳에 선 것을 보거든 그 때에 유대에 있는 자들은 산으로 도망할지어다"(마 24:15,16).

"그러므로 너희가 선지자 다니엘이 말한바 멸망의 가증한 죄와 뱀이 나를 못 박아 죽이기 위해 나의 거룩한 십자가 날개 위에 선 것을 보거든 굳센 마음으로 견뎌내며 나를 떠나 흩어지지 말라. 그 두려워 보이는 때에 오히려 나에게 피하라. 왜냐하면 처음에는 가증한 죄와 뱀으로부터 나의 육체가 죽임을 당하나 후에는 나의 영으로 그 죄와 뱀을 심판하여 결박하고 다시 삼일 만에 부활할 것이기 때문이다. 그 두려운 때에 나에게 피하는 자들은 나와 함께 생명의 부활을 얻으리라. 내가 부활한 후 감람산에 머물고 그 산에서 승천할 것이다. 그때 그 감람산으로 도망하여 나의 승천을 보는 자들은 장차 나와 같은 모습으로 승천할 것이다. 그러므로 너희는 다른 데로 흩어지지 말고 감람산으로 도망하라. 거기서 나를 만나리라."

　예수 그리스도는 말씀하신 대로 십자가에 못 박혀 죽으셨고, 가증한 죄와 뱀을 심판하여 결박하시고, 삼일 만에 부활하셨다(골 2:13, 히 10:18, 유 1:6). 그의 제자들과 많은 성도들이 잠시 흩어졌으나 결국은 예수 그리스도께서 하신 말씀을 기억하고 감람산으로 달려가 예수 그리스도를 만났고, 그의 말씀을 듣고, 그의 승천을 목격하고, 성령의 권능을 받아, 땅끝까지 복음을 전파하는 증인들이 되었다(행 1:8-14).

　마 24:17-20 _ ¹⁷지붕 위에 있는 자는 집 안에 있는 물건을 가지러 내려가지 말며 ¹⁸밭에 있는 자는 겉옷을 가지러 뒤로 돌이키지 말지어다 ¹⁹그 날에는 아이 밴 자들과 젖 먹이는 자들에게 화가 있으리로다 ²⁰너희가 도망하는 일이 겨울에나 안식일에 되지 않도록 기도하라

　십자가 심판 날에 예수께로 도망가야 한다.

　본 19절의 "그 날"은 예수께서 십자가로 세상을 심판하시는 날이다. 십자가 날에 심판을 피하여 세상에서 급히 도망하라고 경고하신다. 이러한 경고는 소돔과 고모라에서도 하신 적이 있다. 그 때도 뒤를 돌아보지 말고 도망하라고 경고하셨는데(창 19:17), 롯의 처가 뒤를 돌아보아 소금 기둥이 되고 말았다(창 19:26).

　지금 예수 그리스도께서 죄와 뱀을 멸하시기 위해 십자가를 지신다. 죄와 뱀은 예수를 원수로 여겨 극한 저항을 하며 예수를 십자가에 못 박고 성도들을 핍박할 것이며, 동시에 예수께서도 죄와 뱀을 십자가에 못 박아 멸하실 것이다. 이제 죄와 뱀의 핍박이 극에 달하고, 반면에 그리스도의 심판이 온 세상에 임할 것이다. 그리스도의 십자가로 예루살렘 성전의 휘장도 찢어지게 될 것이다. 그러므로 택한 백성들은 세상에서 도망가야 한다. 그리고 휘장이 찢어지는 옛 예루살렘 성전에서도 뛰쳐나와야만 한다. 세상을 돌아본다든지, 옛 예루살렘 성전을 돌아본다든지 해서는 안 된다. 이렇게 말씀하시는 이유는 세상에는 심판이 임하며, 십자가로 휘장이 찢어진 구성전 건물 속에는 지성소가 없으며 하나님이 계시지 않아 그 안에는 구원이 없으며 멸망이 있기 때문이다.

그리고 구원의 산이신 예수 그리스도께로 도망가야 한다. 그러므로 이제 뒤를 돌아보아서는 안 된다. 멸망의 재앙을 피하기 위해서는 그 속에서 목숨 걸고 탈출하여 예수 그리스도께서 머무시고 승천하시는 언약의 감람산(단 9:27, 슥 14:4,5,8)으로 피해야 한다. 곧 예수 그리스도께로 피해야 한다. 그 감람산으로 달려가 예수 그리스도를 만나고 그의 승천을 본 제자들과 성도들은 생명수를 마시며, 그 후 모두 구원받아 승천의 은총을 누리게 되었다.

이 절의 "지붕"은 현대 주택의 옥상처럼 평평하게 하여 태양에 곡식을 말린다든지 저녁에 시원할 때 둘러앉아 교제를 나누는 장소로 활용되었다. 지붕은 집 안으로 내려가는 통로가 있고, 또 밖으로 곧바로 나갈 수 있는 통로가 있다. 지금은 급히 도망가야 하므로 "지붕 위에 있는 자는 집 안에 있는 물건을 가지러 내려가지 말며" 곧바로 밖으로 연결되는 통로로 도망가라는 말씀이다.

그리고 "밭에 있는 자는 겉옷을 가지러 뒤로 돌이키지 말지어다"라는 말씀은 다음과 같은 의미이다. 밭의 일을 하려면 겉옷을 벗어놓고 해야 한다. 겉옷을 입고 하면 일하는 데 지장이 있기 때문이다. 한참 일하던 도중 급히 도망가야 하는 일이 발생하였으므로 그 겉옷을 챙길 시간이 없다는 것이다.

사실 지붕에서 집 안으로 내려가 물건을 가지고 도망간다 해도 얼마 안 되는 시간이며, 밭에서 일하다가 벗어놓았던 겉옷을 챙겨 도망간다 해도 얼마 안 되는 시간이다. 그러나 여기서 예수께서 그렇게 하지 말라는 말씀은 그리스도와 뱀의 십자가 전쟁의 사건이 얼마나 중요하고 긴박한 상황인지를 강조해주시고 있는 것이다. 이제 예수께로 목숨 걸고 피하지 않는 자는 전부 멸망할 것이기 때문이다.

전쟁이 일어났을 때에 피난 가는 일이 가장 어려운 경우는 "아이 밴 자들과 젖 먹이는 자들"일 것이다. 아이 때문에 도망갈 수 없어 죽을 수밖에 없기 때문이다. 예수께로 도망하지 못하는 이유나 핑계 따위는 필요 없다. 지금 집에 불이 났는데 아이를 배었기 때문에 몸이 무거워 급히 나오지 못한다고 이유를 대면 정상참작이 되어 그 불이 기다려주는가. 그냥 죽고 마는 것이다. 또는 아이에게 젖을 먹이느라 탈출하지 못했다고 이유를 대면 살 수 있는가. 지금 예수 그리스도는 엄마가 아이를 매몰차게 버리고 나오라는 것이 아니라, 세상에 얽매여 예수께로 나아오지 못하는 자는 구원을 받을 수 없음을 비유로 강조하고 있다. 여기서 "아이"는 사람이 가장 집착하는 대상을 상징한다. "아이"는 사람이 집착하는 세상의 재물이나 정욕이나 우상 등을 의미한다. 그런 것 때문에 예수께로 도망하지 못하면 구원을 받지 못함을 나타낸다.

그리고 "겨울"에 피난 가는 일은 어렵다. 봄이나 여름이나 가을에는 옷을 대충 입고서라도 피난 갈 수 있고 아무 거리나 들판에서 자면서 갈 수 있지만, 겨울에는 옷을 두텁게 입지 않으면 얼어 죽을 수도 있고 잠을 아무 거리나 들판에서 잘 수 없어서 죽기 십상이다.

또한 유대인들은 "안식일"에는 아무것도 할 수 없어서 전쟁이 일어나도 피난을 갈 수 없다. 그냥 꼼짝 못하고 죽을 수밖에 없다. "안식일"은 구약의 율법을 말하는 것으로서, 그 율법으로는 구원받을 수 없음을 뜻한다. 율법은 사람을 심판과 죄 아래 가두는 것이다(롬 3:19, 갈 3:10,13,23, 4:5), 그 율법의 안식일 때문에 도망가지 못한다는 뜻은, 구약의 율법에 매여 신약의 예수께로 나오지 못함으로 구원받지 못하는 것을 뜻한다. 예수께서 급히 도망하라고 명하시는 것은, 구원의 길은 오직 자기밖에 없으며, 십자가 때에 반드시 자기에게로 피해야 함을 경고하시는 것이다.

지금 예수 그리스도의 십자가 전쟁이 벌어진다. 죄와 뱀은 예수 그리스도와 그를 따르는 자들을 죽이려 하고, 예수 그리스도는 죄와 뱀을 멸하시려는 전쟁이 시작된다. 이제 예수께로 피난 가는 자는 생명을 얻고, 가지 못하는 자들은 멸망을 받을 것이다. 예수께로 도망가지 못하는 자들은 어떠한 사정이라도 핑계 댈 수 없다. 혹 아이를 배거나 젖 먹이느라 도망가지 못한 것도 핑계 댈 수 없으며, 겨울이나 안식일이라서 도망가지 못했노라고 핑계 댈 수 없다.

마 24:21 _ 이는 그 때에 큰 환난이 있겠음이라 창세로부터 지금까지 이런 환난이 없었고 후에도 없으리라

예수 그리스도의 십자가 환난

1. 예수의 십자가 환난은 '창세 이래 없던 환난'이다.

본절의 "그 때"는 예수 그리스도의 십자가 때이다. "큰 환난"은 그리스도께서 못 박혀 죽으시는 십자가 환난이다. "창세로부터 지금까지 이런 환난이 없었고 이후에도 없으리라"는 말씀은 구약의 다니엘과 요엘 선지자의 예언을 인용하신 것으로서, '창세 이래' 단 한 번밖에 없는 예수 그리스도의 십자가 환난을 말한다.

다니엘이 장차 예수께서 십자가에 못 박혀 죽으시는 환난을 "개국 이래로 그 때까지 없던 환난일 것"이라고 예언하였다. "그 때에 네 민족을 호위하는 큰 군주 미가엘이 일어날 것이요 또 환난이 있으리니 이는 '개국 이래로 그 때까지 없던 환난일 것이며' 그 때에 네 백성 중 책에 기록된 모든 자가 구원을 받을 것이라"(단 12:1).

그리고 요엘 선지자도 예수의 십자가 환난을 "옛날에도 없었고 이후에도 대대에 없"을 환난이라고 예언하였다. "곧 어둡고 캄캄한 날이요 짙은 구름이 덮인 날이라 새벽 빛이 산 꼭대기에 덮인 것과 같으니 이는 많고 강한 백성이 이르렀음이라 이와 같은 것이 '옛날에도 없었고 이후에도 대대에 없으리로다'"(욜 2:2).

다니엘이 예언한 "개국 이래로 그 때까지 없던 환난"과, 요엘이 예언한 "옛날에도 없었고 이후에도 대대에 없"을 환난과, 예수께서 말씀하신 "창세로부터 지금까지 이런 환난이 없었고 이후에도 없"을 환난은 동일 표현으로서 창세부터 재림까지 단 한 번밖에 없는 환난을 말한다. 이렇게 창세로부터 재림까지 단 한 번밖에 없는 환난은 '예수 그리스도의 십자가 환난'밖에 없다. 십자가 환난은 인류 역사상 단 한 번밖에 없는 환난이다. 이유는 이 환난은 사람의 환난이 아니라, 하나님의 본체이신 예수 그리스도의 환난이기 때문이다.

2. 사람의 환난은 창세 이래 있던 환난이다.

예수 그리스도께서 받은 십자가 환난은 '창세 이래 없던 환난'이지만, 사람들이 받은 환난은 '창세 이래 많이 있었던 환난'이다. '창세 이래 많이 있었던 사람의 환난'을 다음과 같이 살펴본다.

1) 아담의 환난(창 3:14-19)

아담이 죄로 인하여 에덴에서 쫓겨나 저주와 죽음의 환난을 받는다. 사람의 환난 중 가장 근원적이며 최초의 환난이다. 이 환난으로 아담과 그의 후손이 모두 사망하게 되었다. 아담 한 사람으로 말미암아 모든 자가 사망에 이르게 된 것이다. 이 사건은 사람의 환난 중에 가장 많은 자가 사망한 경우이다. 단 한 사람도 안 죽은 자가 없기 때문이다. "그러므로 한 사람으로 말미암아 죄가 세상에 들어오고 죄로 말미암아 사망이 들어왔나니 이와 같이 모든 사람이 죄를 지었으므로 사망이 모든 사람에게 이르렀느니라"(롬 5:12).

이렇게 모든 인류가 사망한 환난이 이미 '창세 이래' 있었다. 그러므로 아담 이후로 사람에게 어떤 큰 환난이 있다할지라도 그 환난은 아담의 환난보다는 작다. 아담 이후로 사람의 환난 중에 '창세 이래 없던 환난'은 없으며, '창세 이래 있었던 환난'일뿐이다. 그래서 A. D. 70년에 로마가 예루살렘을 침공하여 훼파한 사건이나, 혹 종말에 환난이 있다손치더라도 그것은 '창세 이래 이미 있던 환난'이며, '창세 이래 없던 환난'이 될 수 없다.

다니엘과(단 12:1) 요엘과(욜 2:2)과 예수께서(마 24:21) 예고한 '창세 이래 없던 환난'은 단 한 번밖에 없는 예수 그리스도의 십자가 환난을 예고한 것이다. 하나님의 본체이신 예수 그리스도는(빌 2:6, 히 1:3) '창세 이래' 환난 받은 적이 없으시며 영원히 환난을 받지 않으시는 분이시다. 그러나 아담의 죄로 죽은 자들을 구원하기 위하여 단 한 번 죽으시는데, 그것이 그리스도의 십자가의 환난이다. 오직 예수 그리스도의 십자가 환난만 '창세 이래 없던 환난'이다.

2) 노아의 홍수 환난(창 7:17-24)

'창세 이래' 죄로 인하여 온 인류가 멸망하고 노아의 가족 8명만 겨우 살아남는 환난이 있었다. 이 환난은 '창세 이래' 사람의 환난 중 아담의 환난 다음으로 두 번째로 많은 수가 한꺼번에 죽은 환난이다. 이 노아의 홍수 환난 이후이와 같이 많이 죽는 환난은 없다. 그러므로 사람의 환난 중에 아무리 큰 환난이 있다 할지라도 '창세 이래' 이미 있었던 아담의 환난과 노아의 홍수 환난보다 클 수는 없다. 그러므로 '창세 이래 없던 환난'은 예수께서 받으시는 십자가환난밖에 없다.

3) 애굽에 의한 환난

애굽에 의한 노예 환난(출 1:7-22) : 야곱의 열두 지파가 애굽에서 채찍을 맞으며 노예로 사는 환난을 받았다. 하나님의 백성 모두가 한꺼번에 받는 환난으로서 민족적으로 가장 큰 규모의 비천한 환난이다. 민족 전체가 한꺼번에받는 환난이 이렇게 '창세 이래' 이미 있었다. 그러므로 혹 어떤 많은 성도들이환난을 받는 일이 있다 해도 그것은 '창세 이래 없던 환난'이 아니라, 이미 '창세 이래 있었던 환난'보다 작은 환난이 될 것이다.

4) 바벨론제국에 의한 환난

바벨론에 의한 예루살렘의 멸망 환난(왕하 25:1-17)(B.C.586) : 바벨론의 느부갓네살 왕이 예루살렘 성과 성전을 훼파하였다. 성전을 파괴하고 성전에서 드리는 제사를 폐했다. 성전의 성물들을 탈취하여 자신들의 바벨론 신전 창고에쳐 넣어 하나님을 능욕하였다. 시드기야 왕의 두 눈을 빼고 백성들을 살육했다. 그리고 백성들을 바벨론으로 끌고 가 70년간 포로생활을 하도록 하였다.이와 같이 이미 '창세 이래' 환난이 있었다. 그러므로 '창세 이래 없던 환난'은 하나님의 본체이신 예수께서 받으시는 단 한 번밖에 없는 십자가 환난밖에 없다.

5) 헬라제국에 의한 환난

헬라에 의한 예루살렘의 멸망 환난(헬라의 안티오쿠스의 침략)(단 11:31)(B.C.167) : 헬라의 안티오쿠스 에피파네스 왕이 그의 군대를 이끌고 예루살렘을 침공하였다. 성전에서 매일 드리는 제사를 폐하고 자신들의 우상을 세웠다. 그리고 율법을 지키는 성도들을 살육하고 핍박하였다. 그러나 이 환난은 예전에 바벨론의 느부갓네살 왕에 의해 예루살렘이 핍박을 받았던 때보다는 작은 환난이다.

헬라의 안티오쿠스는 바벨론의 느부갓네살처럼 예루살렘 성전을 완전히 파괴하지는 않았다. 그리고 핍박의 기간도 바벨론의 느부갓네살에 의해 70년간 성전을 재건하지 못한 것에 비하면 안티오쿠스는 아주 짧은 기간의 핍박이었다. 안티오쿠스의 핍박 때는 이스라엘의 마카비 혁명으로 바로 이듬 해 성전에서 제사를 회복하게 되었다.

그러므로 헬라의 안티오쿠스의 핍박 이전에 아담의 환난과 노아의 환난과 애굽과 바벨론에 의한 더 큰 핍박이 있었으므로, 이 안티오쿠스의 핍박이 '창세 이래 없던 환난'은 아니다.

6) 로마제국에 의한 환난

A.D.70년에 로마의 디도 장군이 이끄는 군대가 예루살렘을 점령하고 수많은 사람들을 살육하였으며 구성전 건물을 훼파하였다. 그러나 이미 이전에 아담과 노아의 환난과 애굽과 바벨론과 헬라제국에 의한 더 큰 핍박이 있었으므로 이 로마의 핍박이 '창세 이래 없던 환난'은 아니다.

7) 미래의 환난

혹자는 종말에 예루살렘 성전을 파괴하는 일이 '창세 이래 없던 환난'이라고 해석하는 경우도 있으나 그렇지 않다. 예수 그리스도의 십자가의 피로 예루살렘 성전의 휘장이 찢어진 후에는 예루살렘 성전은 영원히 없어진 것이다. 설사 유대인들이나 또는 어느 누가 구예루살렘 성전을 본 따 다시 건축한다 할지라도 그 건물은 성전이 될 수 없다. 거기서 아무리 동물의 피로 제사를 드린다 해도 하나님께서 받으시지 않으며 죄를 사하시지 않는다.

그러므로 설사 그 건물을 무너뜨린다 해도 그것은 성전을 무너뜨리는 것이 아니라 일반 창고 건물을 무너뜨리는 것에 불과한 것이다. 그러므로 그 환난은 '창세 이래 없던 환난'이 될 수 없다.

혹 억지로 가정하여 종말에 예루살렘 성전이 있다손치더라도 그 성전을 무너뜨리는 것이 창세 이래 없던 환난'이 될 수는 없다. 왜냐하면 창세 이래 이미 예루살렘 성전이 여러 차례 훼파된 적이 있기 때문이다. 바벨론의 느부갓네살 왕이 예루살렘 성전을 파괴하였고(B.C.586), 그 후 또 헬라의 안티오쿠스가 파괴하였다(B.C.167). 그리고 로마의 디도의 군대가 구예루살렘 성전의 건물을 파괴하였다(A.D.70).

그러므로 만일 미래에 또 다시 예루살렘 성전을 파괴하는 일이 일어난다면 그것은 새로운 일이 아니며, '창세 이래 없던 환난'이 아니며, '창세 이래 수없이 있어 왔던 환난'이 될 것이다. 그러므로 본절의 "큰 환난", 곧 "창세로부터 지금까지 이런 환난이 없었고 후에도 없"을 환난은 예수 그리스도의 십자가 환난 밖에 없다.

그리고 이미 성도들이 다음과 같은 환난들을 받았다. "여자들은 자기의 죽은 자들을 부활로 받아들이기도 하며 또 어떤 이들은 더 좋은 부활을 얻고자 하여 심한 고문을 받되 구차히 풀려나기를 원하지 아니하였으며 또 어떤 이들은 조롱과 채찍질뿐 아니라 결박과 옥에 갇히는 시련도 받았으며 돌로 치는 것과 톱으로 켜는 것과 시험과 칼로 죽임을 당하고 양과 염소의 가죽을 입고 유리하여 궁핍과 환난과 학대를 받았으니 (이런 사람은 세상이 감당하지 못하느니라) 그들이 광야와 산과 동굴과 토굴에 유리하였느니라"(히 11:35-38).

지금까지 아담의 죄로 말미암아 온 인류가 사망하는 환난과 노아의 홍수로 노아의 가족 8명만 겨우 살아난 인류의 사망의 환난이 있었다. 그리고 사탄이 세상의 제국들 곧 애굽, 바벨론, 헬라, 로마 등을 도구로 하나님을 모독하고 성도들을 핍박하였다. 이렇게 '창세 이래' 수많은 환난들이 있었다. 그러므로 사람의 환난 중에 미래에 있을 어떠한 환난도 '창세 이래 없던 환난'은 없다.

앞으로 미래에 다가올 사람의 환난들은 지금까지의 환난보다 결코 크지 않은 환난들이다. 사람의 환난은 지금까지보다 더 심하거나 새로운 환난이 있을 수 없다. 인간이 받을 수 있는 모든 종류의 환난을 '창세 이래' 이미 모두 받아왔다. '창세 이래 없던 환난'은 오직 하나님의 본체(빌 2:6)이신 예수 그리스도의 십자가 환난뿐이다.

마 24:22 _ 그 날들을 감하지 아니하면 모든 육체가 구원을 얻지 못할 것이나 그러나 택하신 자들을 위하여 그 날들을 감하시리라

1. 노아의 홍수 때에 진노의 날들을 감하여 노아를 구원하셨다.

노아의 때에 하나님께서 진노하셔서 홍수로 노아의 가족을 제외하고 모두 멸하셨다. 그때 방주는 40일간의 홍수와, 40일간의 폭풍을 견딜만하게 지어졌다. 그리고 1년여 간 먹을 양식을 싣도록 하셨다. 그런데 그때 만일 하나님께서 홍수를 40일간이 아니라 400일간 내리게 하셨다면 방주의 지붕이나 기둥이 견디지 못해 노아의 가족까지 멸망을 당하였을 것이다. 또 광풍을 더 세게 불도록 하셨다면 배가 뒤집혀 그들까지 모두 살아남지 못했을 것이다. 그리고 방주에서 1년 여 동안이 아니라 10년간 머물도록 하셨다면 그들은 모두 굶어죽었을 것이다.

그보다 더 나아가 4,000년 동안 비를 내리셨다면, 또는 하나님의 진노의 양을 감하시지 않고 진노를 남김없이 모두 부으셨다면 인류는 한 사람도 남김없이 죽었을 것이다. 하나님의 죄에 대한 진노는 영원하시기 때문에 진노의 양대로 비를 내리셨다면 홍수를 영원히 내리도록 하셨을 것이다. 그러므로 죄로 인하여 지옥에 던져지는 자는 마귀든 사람이든 누구든지 영벌을 받는 것이다. "그들은 영벌에, 의인들은 영생에 들어가리라 하시니라"(마 25:46).

그러나 하나님은 택하신 노아의 가족을 위하여 그 진노의 홍수의 날들을 영원에서 40일로 감하셨다. 곧 "택하신 자들을 위하여 그 날들을 감하"(22)신 것이다.

2. 십자가 심판 때에 진노를 감하여 성도들을 구원한다.

본절에서 "날들을 감하시"는 것은, 노아의 때와 같이 날들을 감하신다는 것이다. 왜냐하면 예수께서 37절에서 "노아의 때와 같이 인자의 임함도 그러하리라"(마 24:37)고 말씀하셨기 때문이다. 곧 예수 그리스도의 십자가의 심판이 임하실 때 노아의 때와 같이 그 날들을 감하신다는 것이다(3절의 '주의 임하심' 참조). 하나님께서 진노의 날들을 감하여 노아의 가족을 구원하신 것처럼, 예수께서 십자가의 피로 심판하실 때 진노의 양을 감하여 성도들을 구원하신다는 뜻이다.

본절의 "육체"는 죄인을 말한다. 노아의 때에 홍수로 죄인들을 멸하시기 직전 하나님께서 그 타락한 죄인들을 "육신"이라 칭하셨다. "여호와께서 이르시되 나의 영이 영원히 사람과 함께 하지 아니하리니 이는 그들이 '육신'이 됨이라 그러나 그들의 날은 백이십 년이 되리라 하시니라"(창 6:3). 이 창 6:3에서 그들이 '육신'이 되었다는 것은 그들이 죄인이 되었다는 의미이다. 그리고 신약 성경에서도 "육체"를 죄인으로 기록하고 있다(롬 8:6-8, 고후 1:12, 갈 4:29, 5:17,24, 벧전 1:24, 2:11, 3:21, 벧후 2:10).

하나님의 진노는 죄에 임한다. 그러므로 당연히 죄가 있는 죄인에게 진노가 임하게 되어 있다. 하나님의 진노는 죄에 임하기 때문에 "모든 육체" 곧 "모든 죄인"이 멸망을 당하게 된다. 그런데 문제는 하나님께서 택하신 자들까지도 멸망의 대상인 "죄인"이라는 것이다. 아담의 죄로 말미암아 그의 모든 후손들이 죄인이기 때문이다. "그러므로 한 사람으로 말미암아 죄가 세상에 들어오고 죄로 말미암아 사망이 들어왔나니 이와 같이 모든 사람이 죄를 지었으므로 사망이 모든 사람에게 이르렀느니라"(롬 5:12).

그러므로 택하신 자들도 죄인이므로 하나님의 진노를 피할 길이 없다. "전에는 우리도 다 그 가운데서 우리 육체의 욕심을 따라 지내며 육체와 마음이 원하는 것을 하여 다른 이들과 같이 본질상 진노의 자녀이었더니"(엡 2:3).

그러므로 하나님께서 "노아의 때와 같이"(37) 진노의 "날들을 감하지 아니하면 모든 육체(죄인)가 구원을 얻지 못할 것이"다. 그러나 하나님의 사랑으로 택하신 죄인들을 남겨두시고 심판하신다. 곧 "택하신 자들을 위하여 그 날들을 감하"신 것이다.

그러므로 여기의 "그 날들을 감하지 아니하면 모든 육체가 구원을 얻지 못할 것이나 그러나 택하신 자들을 위하여 그 날들을 감하시리라"라는 말씀은 "십자가 심판이 임할 때에 진노의 날들을 감하지 아니하면 택하신 제자들과 성도들을 포함한 모든 죄인(육체)이 구원을 얻지 못할 것이나, 택하신 제자들과 성도들을 위하여 그 날들을 감하시리라"라는 말씀이다. 만일 이 말씀을 노아의 홍수 직전에 하셨다면 다음과 같이 말씀하셨을 것이다. "그 진노의 홍수의 날들을 감하지 아니하면 노아의 가족을 포함한 모든 죄인(육체)이 구원을 얻지 못할 것이나, 택하신 노아의 가족을 위하여 그 날들을 감하시리라."

마 24:23-25 _ 23그 때에 사람이 너희에게 말하되 보라 그리스도가 여기 있다 혹은 저기 있다 하여도 믿지 말라 24거짓 그리스도들과 거짓 선지자들이 일어나 큰 표적과 기사를 보여 할 수만 있으면 택하신 자들도 미혹하리라 25보라 내가 너희에게 미리 말하였노라

1. '거짓 그리스도들'은 우상들이다.

"그리스도"(5547 크리스토스 christos)는 '기름 부음 받은 자'로서 구원자를 뜻한다. 이것은 지옥에서 천국으로, 불행한 자를 행복으로 구원하는 자를 뜻한다. 진정한 "그리스도"는 오직 예수 그리스도 한 분이시다. "거짓 그리스도들"은 복수로서 진정한 그리스도가 아님을 증거한다. "거짓 그리스도"는 거짓으로 행복을 준다고 속이는 자이다. "거짓 그리스도"는 모든 우상들과 점치는 자들과 마술사들과 예수를 대적하는 세상 지도자들을 총망라한다. 이것들을 통틀어 '우상'이라 한다. 곧 "거짓 그리스도들"은 우상들이다. 이들은 거짓으로 구원자 그리스도 행세를 한다.

2. '거짓 선지자들'은 유대 지도자들이다.

"거짓 선지자들"은 이스라엘의 대제사장들과 서기관들과 바리새인들을 말한다. "선지자"는 이방인들에게는 없는 이스라엘에만 있는 직분이다. 그리고 구약의 이스라엘 선지자들은 이스라엘에 막대한 영향을 끼치는 사역을 했다. 왕과 선지자들은 대부분 서로 밀접한 관계를 이루며 협력하였다. 예수께서 오셨을 때 이스라엘의 상황은 왕과 대제사장들과 서기관들과 바리새인들이 늘 함께 통치하였다. 그들은 이스라엘을 통치하는 지도자들이며 선지자 역할을 겸하여 해왔던 것이다.

선지자는 이스라엘 백성을 이끌고 가르치는 선생(랍비)의 위치에 있었다. 이스라엘의 랍비(선생)들은 선지자의 지위에 있는 자들이다. 그러나 이스라엘의 지도자인 선지자 선생들이 타락하여 거짓 선지자가 되었다. 그러면서도 백성들로부터 선지자 랍비(선생)라고 불리기를 원했다. 예수께서 이들을 향해 "시장에서 문안 받는 것과 사람에게 랍비라 칭함을 받는 것을 좋아하느니라"(마 23:7)고 말씀하시면서 그들을 자칭 랍비라 칭하는 "거짓 선지자들"이라고 말씀하시는 것이다(마 23:1-13).

거짓 선지자는 이스라엘의 지도자이며 선생이면서도 하나님의 반대편에 서는 자들이며, 예수를 대적하고, 성도들을 우둔하게 만드는 자들을 말한다. 여기서 "거짓 선지자가 많이 일어나"는 것은 십자가 때에만 갑자기 거짓 선지자가 많이 일어난다는 것이 아니다. 대제사장들과 서기관들과 바리새인들의 거짓 선지자들은 예수께서 출생하셨을 때에도 있었다. 그래서 그들이 아기 예수를 죽이려 했다(마 2:16). 그러나 이 거짓 선지자들이 예수를 십자가에 못 박을 때에 가장 극성을 부린다는 의미이다. 그들은 예수를 죽이기 위해 모두 한 패가 되어 일어났다(마 27:1, 막 15:1, 눅 22:4). 그러므로 예수께서 십자가에 죽으실 때 "거짓 선지자가 많이 일어"난다고 말씀하신 것이다. 그래서 예수께서 십자가를 지시기 전에 마 23장에서 자칭 랍비라 칭하기를 좋아하는 거짓 선지자들에게 "화 있을진저"라고 말씀하시면서 십자가의 피로 심판하실 것을 예고하셨다 (마 23:15-39).

3. '거짓 그리스도들'의 '표적과 기사'는 거짓 마술이다.

하나님의 이적에 대적들은 거짓 마술로 대항한다. 모세가 애굽에서 지팡이로 뱀이 되게 하는 이적을 행했을 때(출 7:8-10), 바로의 세력들은 거짓 마술의 속임수로 지팡이가 뱀이 되게 하였다. "바로도 현인들과 '마술사'들을 부르매 그 애굽 '요술사'들도 그들의 요술로 그와 같이 행하되 각 사람이 지팡이를 던지매 뱀이 되었으나 아론의 지팡이가 그들의 지팡이를 삼키니라"(출 7:11,12). 그리고 모세가 지팡이로 모든 물을 피로 변하게 하였고(출 7:17-21), 그들이 또 거짓 마술로 물이 피가 되게 하였다. "애굽 '요술사'들도 자기들의 요술로 그와 같이 행하므로 바로의 마음이 완악하여 그들의 말을 듣지 아니하니 여호와의 말씀과 같더라"(출 7:22). 이렇게 대적들은 거짓 마술로 하나님을 대적하며 사람들을 현혹한다. 신약의 초대교회 때에도 이와 같이 거짓 마술사들이 판을 쳤다.

예수 그리스도께서 십자가에 죽으신 후 제자들이 복음을 전파하기 시작할 때에, 한편에서는 마술을 행하는 시몬이라 하는 사람이 있었다. 그는 마술로 "표적과 기사"를 보여 사마리아 백성을 놀라게 하며 큰 자라는 칭함을 받았다. 그는 입에 기름을 넣고 불을 붙여 불을 뿜어내는 마술을 하였다. 그러면서 그것이 하나님의 능력이라고 말하였다. 그는 쇠꼬챙이로 혀를 뚫고 피 한 방울 나지 않는 차력술을 선보이고 그것 또한 하나님의 능력이라고 속였다.

그는 속임수로 갖가지 기이한 일들을 만들어내 하나님의 능력이라 속이고 자칭 큰 자라 하였다. 그래서 낮은 사람부터 높은 사람까지 다 그를 따랐으며 그들은 시몬을 하나님의 능력을 나타내는 사람이라고 칭송하였다. "그 성에 시몬이라 하는 사람이 전부터 있어 마술을 행하여 사마리아 백성을 놀라게 하며 자칭 큰 자라 하니 낮은 사람부터 높은 사람까지 다 따르며 이르되 이 사람은 크다 일컫는 하나님의 능력이라 하더라"(행 8:9,10).

예수께서 십자가에 죽으신 후 거짓 선지자들은 이렇게 시몬처럼 마술로 "큰 표적과 기사를 보여 할 수만 있으면 택하신 자들도 미혹하"고 있었다. 예수 그리스도의 제자들의 복음 전파에 동조하며 따르는 사람들은 소수였고, 마술로 "큰 표적과 기사"를 보이는 시몬을 따르며 추종하는 자들이 훨씬 많았다. 시몬을 따르는 자들은 "낮은 사람부터 높은 사람까지 다 따"랐으며, 그를 따르는 자들이 시몬을 향하여 "이 사람은 크다 일컫는 하나님의 능력이라 하"였다. 시몬은 자신의 마술을 하나님의 능력으로 속이는 "거짓 그리스도"였던 것이다. 예수께서 죽으신 후 이러한 거짓 그리스도들은 우후죽순처럼 나타나며 최고조에 이른다.

거짓 그리스도들의 '표적과 기사'는 하나님의 표적과 기사에 비하면 하찮은 것이다. 마술로 가짜 "표적과 기사"를 나타냈던 시몬은 나중에 예수 그리스도의 제자들이 전하는 복음을 믿고 세례를 받았으며 제자들이 나타내는 진정한 "표적과 기사"를 보고 지난날 자기가 거짓으로 나타냈던 "표적과 기사"가 얼마나 하찮은 것이었는지를 깨달으며 놀라게 되었다. "시몬도 믿고 세례를 받은 후에 전심으로 빌립을 따라다니며 그 나타나는 표적과 큰 능력을 보고 놀라니라"(행 8:13). 하나님께서 거짓 그리스도였던 시몬을 회심시켜 거짓 그리스도가 진정한 예수 그리스도 앞에 무릎꿇는 증거를 보여주셨다.

4. '거짓 그리스도들'이 가장 많이 나타나는 때는 십자가 때이다.

이렇게 가짜인 "거짓 그리스도들"이 많이 등장하는 이유는 진정한 "그리스도"께서 십자가에 죽으시고 사라졌기 때문이다. "진정한 그리스도"가 사라진 자리에 대신 "거짓 그리스도들"이 앉았다. 예수 그리스도께서 십자가에 죽으신 후 사람들은 예수를 하나님의 아들로 인정하지 않았으며 그리스도로 믿지 않았다. 그리고 예수께서 살아계실 때 따라다녔던 많은 사람들까지도 모두 흩어지고 말았다. 그들은 이제 예수대신 마술로 "표적과 기사"를 행하는 시몬 같은 마술사들을 따라다니며 그러한 거짓 "표적과 기사"들을 '하나님의 능력'(행 8:10)으로 믿고 따랐다. 그래서 십자가 때에 시몬의 인기가 하늘을 찔렀다(행 8:9,10).

이러한 거짓 그리스도들이 가장 극성을 부린 때는 재림 때가 아니라 진정한 그리스도께서 죽으시는 십자가 때이다. 그래서 예수께서 자신이 죽으면 "그리스도가 여기 있다 혹은 저기 있다" 할 것이라고 예고하신 것이다.

거짓 그리스도들의 "표적과 기사"는 종말에는 별 효력이 없다. 종말에는 신구약이 거의 다 끝나가는 때이다. 종말에 살아 있는 자들은 전 인류의 몇 퍼센트나 될까? 그때는 거의 모든 인류가 죽고 극소수의 몇 사람만 살아 있는 때이다. 그때는 창세로부터 구원받을 사람들은 거의 다 구원을 받은 상태이다. 그리고 종말의 극소수의 사람들 중에 예수 그리스도를 영접한 성도가 몇 명 섞여 있을 것이지만 그들마저도 이미 구원이 확정된 상태이다.

그 마지막 남은 극소수의 사람들 앞에서 거짓 그리스도들이 거짓 "표적과 기사"를 나타낸들 무슨 효과가 있겠는가. 인류의 가장 끝에 몇 안 되는 사람들을 상대로 온 힘을 쏟아 부어 핍박한들 무슨 효율이 있겠는가. 이러한 사실을 교활하고 영악한 거짓 그리스도들은 잘 알고 있다. 그러므로 거짓 그리스도들이 종말에는 별로 관심이 없다. 그들은 종말보다는 초림 십자가 때에 집중적으로 관심을 갖는다.

십자가 때는 예수 그리스도도 십자가에 못 박아 죽일 수도 있고, 그를 따르는 사람들을 거짓 "표적과 기사"로 속여 미혹을 극대화시킬 수 있다. 십자가 때에 예수를 죽이고 성도들을 핍박하면 그 후 신약시대 전체에 복음을 가로막을 수가 있는 것이다. 십자가 때에 그들의 거짓 "표적과 기사"가 가장 큰 효과를 낼 수 있는 것이다. 그래서 마귀들은 십자가 때에 예수를 죽이고 성도들을 미혹하기 위하여 모든 힘을 쏟아 붓는 것이다.

역시 십자가 때에 많은 사람들이 미혹을 받아 흩어질 것이라고 예언한 스가라 선지자의 예언이 적중하였다. "만군의 여호와가 말하노라 칼아 깨어서 내 목자, 내 짝 된 자를 치라 목자를 치면 양이 흩어지려니와 작은 자들 위에는 내가 내 손을 드리우리라"(슥 13:7). 그러므로 거짓 그리스도들이 가장 많이 나타나는 때는 십자가 때이다.

5. 십자가 때에 흩어지지 말 것을 강조하신다.

예수께서 "보라 그리스도가 여기 있다 혹은 저기 있다 하여도 믿지 말라"고 말씀하신 것은 십자가 때에 미혹을 당하여 흩어지지 말 것을 강조하신 것이다. 스가랴 선지자는 예수 그리스도의 십자가 때에 많은 사람들이 흩어질 것이라고 예언하였다(슥 13:7). 예수께서는 이 스가랴 선지자의 말을 잘 기억하고 계셨으며, 십자가를 지시기 직전에 제자들에게 이 스가랴의 말을 인용하시며 흩어지지 말 것을 강조하셨다.

예수께서 제자들에게 흩어지지 말 것을 강조하신 이유는 삼일 만에 부활하여 다시 오실 것이기 때문이라고 말씀하셨다. "그 때에 예수께서 제자들에게 이르시되 오늘 밤에 너희가 다 나를 버리리라 기록된 바 내가 목자를 치리니 양의 떼가 흩어지리라 하였느니라 그러나 내가 살아난 후에 너희보다 먼저 갈릴리로 가리라"(마 26:31,32). 예수께서 십자가에서 죽으실 때에 제자들이 거짓 그리스도들이나 거짓 선지자들의 핍박이나 미혹에 넘어져 흩어지지 말 것을 거듭 강조하시며 당부하신 것이다.

6. 제자들의 시대에 일어날 일을 말씀하고 계신다.

이 "보라 내가 너희에게 미리 말하였노라"라는 말씀은 먼 미래에 이루어질 일이 아니고, 당장 제자들에게 이루어질 일임을 강조하시는 말씀이다. 이 말씀의 강조점은 "너희에게"이다. 지금까지 말씀하신 것은 십자가 때에 이루어질 일들을 미리 말씀하신 것이고, 그러한 십자가의 사건이 "너희에게" 일어날 것이라는 말씀이다. 이 말씀을 다시 말하면 다음과 같다. "보라 내가 너희 자신들에게 일어날 일을 미리 말하였노라 그러므로 내가 십자가에 죽는 것을 볼지라

도 흩어지지 말라. 그리고 내가 죽음으로 거짓 그리스도 우상들이 많이 나타
날 것이다. 그들이 거짓 표적과 기사로 너희를 미혹할 것이다. 그러나 너희는
절대 나를 떠나 흩어지지 말라."

　이 말씀은 지금 예수 앞에 있는 베드로, 요한, 야고보 등 제자들에게 해당하
는 말씀임을 강조하시는 것이다. 조금 있으면 앞에 있는 제자들이 당할 일을
말씀하시고 있는 것이다. 만일 제자들이 죽은 후 먼 미래의 종말에 일어날 환
난이라면 그들에게 그 환난에서 도망하라고 명할 수 없다. 제자들에게 도망하
라고 명하시는 것은 당장 그들에게 해당하는 일임을 증거하신다. 마 24장의
내용은 재림 때가 아니라 십자가 때에 이루어질 일을 말씀하시는 것이다. 곧
제자들의 시대에 일어날 일을 말씀하고 계신다.

마 24:26 _ 그러면 사람들이 너희에게 말하되 보라 그리스도가 광야에 있다 하여도 나가지 말고 보라 골방에 있다 하여도 믿지 말라

　1. 진정한 그리스도가 죽고, 거짓 그리스도가 판을 친다.
　여기의 "그리스도"는 거짓 그리스도이다(5,11,24절 참조). "광야"는 집 밖이
고, "골방"은 집 안이다. 집 안팎에서 거짓 그리스도들이 서로 자기에게 오라
고 미혹한다는 것이다. 이것은 집 안팎, 곧 온 세상에 거짓 그리스도들만 있고
진정한 그리스도는 없다는 말씀이다. 그 이유는 진정한 그리스도가 십자가에
못 박혀 죽었기 때문이다. 사람들이 보기에는 진정한 그리스도는 안 보이고
살아 있는 거짓 그리스도들만 보인다. 죽은 예수 대신 거짓 그리스도들이 자
기들이 진정한 그리스도라고 속이며 세상을 장악한다. 진정한 그리스도가 죽
고, 거짓 그리스도가 판을 친다.

　2. 진정한 그리스도는 온 세상에 임하신다.
　"그리스도가 광야에 있다" 하거나 "그리스도가 골방에 있다" 하면 거짓이므
로 믿지 말라는 말씀이다. 진정한 그리스도는 광야에만 임하시거나 골방에만

임하시지 않는다. 진정한 그리스도는 온 세상에 임하시는 것이다. 예수 그리스도의 십자가 심판은 국지적으로 임하시지 않고 온 세상에 임하신다. 그래서 예수께서 이어 27절에서 "번개가 동편에서 나서 서편까지 번쩍임같이 인자의 임함도 그러하리라"고 말씀하신 것이다.

3. 진정한 그리스도는 영으로 임하신다.

여기서 "광야"나 "골방"은 눈으로 볼 수 있는 장소를 의미하며, 그 장소에 눈으로 볼 수 있는 그리스도가 있다고 미혹하는 것이다. 예수께서 십자가에 죽으시기 전에는 이스라엘의 여러 장소에 나타나셨다. 십자가 전에는 "광야"에 가신 적도 있으시고 때로는 "골방"에 오신 적도 있으시다. 그때는 모든 사람들이 눈으로 예수를 볼 수 있었다.

그러나 육체가 십자가에 죽으신 후에는 보이는 육체로 임하시지 않고 영으로 임하신다(고전 3:16). 진정한 그리스도는 눈으로 보이지 않는 영으로 온 세상에 임하신다. 그러므로 십자가 이후에는 누가 "광야"에 눈에 보이는 그리스도가 있다 하여도 나가서는 안 되며, "골방"에 있다 하여도 믿지 말아야 한다.

4. 진정한 그리스도는 성도의 심령 속에 임하신다.

진정한 그리스도의 영은 "광야"나 "골방"으로 임하시지 않는다. 성도의 심령 속에 임하신다. 그러나 예수께서 십자가에 죽으시기 전에는 "광야"로 오시고 때로는 "골방"으로 오셨다. 그때는 육체를 입으셨기 때문에 당연히 사람 속으로는 임하실 수가 없다. 그래서 택한 백성들을 만나시기 위해서는 어쩔 수 없이 그들 근처의 "광야"와 "골방"으로 오실 수밖에 없었다.

그러나 육체가 십자가에 죽으신 후에는 그의 영이 육체의 제약을 받지 않으신다. 그러므로 시공을 초월하시는 그의 영은 십자가를 지시기 전처럼 "광야"나 "골방"에 임하시지 않고 성도의 심령 속에 임하신다. 그리고는 심령 속에 내주하시고 성도가 성전이 되게 하신다(고전 3:16). 진정한 그리스도는 성도의 심령 속에 임하신다. 그러므로 십자가 이후에는 누가 "광야"에 그리스도가 있다 하여도 나가서는 안 되며, "골방"에 있다 하여도 믿지 말아야 한다.

마 24:27 _ 번개가 동편에서 나서 서편까지 번쩍임 같이 인자의 임함도 그러하리라

예수의 무덤의 3일간 사역

	인자의 임함	
기름부음	십자가	예수와 성도 부활
3년 반	3일 반	
육체로 사역	영으로 사역	
걸어 다니심	번개같이 임하심	
육체의 제한	시공 초월	
심판사역 준비	마귀, 불신자 심판	
구원사역 준비	성도 구원	
이스라엘에 임하심	온 세상에 임하심	
예수 그리스도의 사역		

1. '인자의 임함'은 예수의 무덤의 3일간 사역이다.

예수 그리스도의 임하심은 총 세 번 있다. "인자"로 임하시기도 하고, "하나님의 본체"로 임하시기도 하는데, "인자의 임함"은 두 번 있고 "하나님의 본체(빌 2:6, 히 1:3)의 임함"은 한 번 있다. 첫 번째 "인자의 임함"은 예수 그리스도께서 마리아의 몸을 통하여 사람의 몸으로 출생하셨을 때이고, 두 번째 "인자의 임함"은 십자가에 육체가 죽으시고 그의 피로 세상을 심판하시기 위해 임하실 때이다.

"인자"는 사람의 아들을 뜻하며, 사람의 모양을 말한다. 예수께서 사람의 육체를 입으셨기 때문에 인자라 칭한다. 그리고 부활 후에는 신령한 몸을 입으셨으나 손에 못 자국의 상처가 있는 몸이므로 역시 인자라 칭한다. 십자가의 복음이 전파되어야 하는 종말까지는 그의 손에 있는 못 자국으로 십자가를 증거하신다. 그러므로 "인자"이실 때는 마리아의 몸을 통하여 출생하신 때부터 십자가 증거를 마치는 종말까지이다.

그러나 재림하실 때에는 십자가 복음을 온전히 끝마치셨기 때문에 그리스도의 손에 있던 못 자국의 상처가 없는 "하나님의 본체"로 회복되어 오신다. 천국에서 영원히 살아가실 본체로 오시는 것이다. 그러므로 예수께서 이 절에서 그냥 "내가" 온다고 하시지 않고 "인자"를 강조하여 "인자의 임함"이라고 표현하신 것은, '오심'이 재림 때의 '하나님의 본체로 오심'이 아니라는 것을 증거하시는 것이며, "오심"의 때가 십자가의 피로 세상을 심판하시기 위해 임하시는 때임을 명확히 하신 것이다(3,30절 참조). 예수의 핵심적인 십자가 사역은 무덤의 3일간에 하신다. 본절의 '인자의 임함'은 예수의 무덤의 3일간 사역이다.

2. '인자의 임함'은 사람이 볼 수 없다.

재림 때에는 모든 자들이 예수 그리스도를 본다. 그때는 성도든, 불신자든, 마귀든, 모든 자들이 그리스도를 직접 본다. 혹 보기 싫어하는 자가 있을지라도 볼 수밖에 없도록 오신다. 그러나 이 본문 "번개가 동편에서 나서 서편까지 번쩍임 같이 인자의 임함도 그러하리라"는 장면은 아무도 볼 수 없는 장면이다. 왜냐하면 예수께서 이 번개 같이 임하는 "인자의 임함"은 아무도 볼 수 없다고 말씀하셨기 때문이다. 본절의 말씀을 누가는 다음과 같이 기록하였다.

(눅 17:20) 바리새인들이 하나님의 나라가 어느 때에 임하나이까 묻거늘 예
　　　　　 수께서 대답하여 이르시되 하나님의 나라는 볼 수 있게 임하는 것
　　　　　 이 아니요
(눅 17:21) 또 여기 있다 저기 있다고도 못하리니 하나님의 나라는 너희 안
　　　　　 에 있느니라
(눅 17:22) 또 제자들에게 이르시되 때가 이르리니 너희가 인자의 날 하루를

　　　　보고자 하되 보지 못하리라

(눅 17:23) 사람이 너희에게 말하되 보라 저기 있다 보라 여기 있다 하리라
　　　　그러나 너희는 가지도 말고 따르지도 말라

(눅 17:24) 번개가 하늘 아래 이쪽에서 번쩍이어 하늘 아래 저쪽까지 비침같
　　　　이 인자도 자기 날에 그러하리라

(눅 17:25) 그러나 그가 먼저 많은 고난을 받으며 이 세대에게 버린 바 되어
　　　　야 할지니라

(눅 17:26) 노아의 때에 된 것과 같이 인자의 때에도 그러하리라

　위의 눅 17:22에서 예수께서 제자들에게 "너희가 '인자의 날' 하루를 보고
자 하되 보지 못하리라"고 말씀하셨다. 예수께서 "인자의 날"을 왜 볼 수 없
다고 말씀하셨을까? 그렇다면 제자들이 볼 수 없는 "인자의 날"은 무슨 날인
가? 이 눅 17:22의 볼 수 없는 "인자의 날"은 바로 이어서 말씀하신 눅 17:24
의 인자가 임하는 날이다. 곧 눅 17:24의 "번개가 하늘 아래 이쪽에서 번쩍이
어 하늘 아래 저쪽까지 비침같이" 인자가 임하는 날이다. 그러므로 눅 17:24
의 "번개가 하늘 아래 이쪽에서 번쩍이어 하늘 아래 저쪽까지 비침같이" 임하
는 인자의 모습을 볼 수 없다는 것이다. 이 누가가 기록한 눅 17:24은 마태
가 기록한 본절 마 24:27과 같은 구절이다. 그러므로 마태가 기록한 본절의
"번개가 동편에서 나서 서편까지 번쩍임 같이" 임하는 "인자의 임함"은 아무
도 볼 수 없는 것이다.

　혹자는 "인자의 날"을 재림의 날로 해석하는 경우가 있으나, 재림의 날에는
사람들과 마귀들을 포함한 모든 피조물들이 그리스도를 보는 날이다. 그러므
로 본문의 아무도 볼 수 없는 날은 재림의 날이 아님은 분명하다. 혹자는 보이
지 않는 "인자의 날"을 예수 그리스도의 보이지 않는 영으로 활동하시는 신약
시대로 해석하는 경우도 있다. 그러나 "인자의 날"을 눅 17:26에서 "인자의 때"
로 표현하시면서 "'노아의 때'에 된 것과 같이 '인자의 때'에도 그러하리라"고

말씀하심으로써 "인자의 날"은 "인자의 때"이며 "노아의 때"와 같은 날임을 밝혀주셨다. 그러므로 "인자의 날"은 평범한 신약시대를 말하는 것이 아니라 "노아의 때"와 같이 특별히 심판하시는 구별된 날임을 증거해주셨다. 그러므로 볼 수 없는 "인자의 날"은 신약시대의 평범한 날들도 아니다. 그렇다면 볼 수 없는 "인자의 날"은 무슨 날인가?

볼 수 없는 "인자의 날"은 예수 그리스도께서 십자가에서 죽으시고 무덤에 묻히신 3일간이다. 예수께서 제자들에게 다음과 같이 말씀하셨다. "조금 있으면 너희가 나를 보지 못하겠고 또 조금 있으면 나를 보리라 하시니"(요 16:16). 이 말씀은 예수께서 십자가에 죽으실 것을 예고하시면서 하신 말씀이다. 십자가에 죽으시면 제자들이 볼 수 없다는 말씀이다. 그러나 3일만에 부활하실 것을 예고하시면서 다시 볼 것이라고 말씀하셨다. 그러므로 제자들이 볼 수 없는 "인자의 날"은 십자가에 죽으실 때부터 부활하실 때까지의 무덤 속의 3일간이다.

예수께서 자신이 십자가에서 죽으시는 날을 앞의 눅 17:20-26에서 살펴본 대로 "인자의 날", "자기 날", "인자의 때"라고 표현하셨다. 또 "인자의 날"을 "내 때"라고 말씀하셨다. "내 때"는 예수께서 십자가에 죽으시는 날을 말한다. "너희는 명절에 올라가라 '내 때'가 아직 차지 못하였으니 나는 이 명절에 아직 올라가지 아니하노라"(요 7:8). 또 예수께서 "인자의 날"을 "나의 장례할 날"이라고 표현하셨다. "예수께서 이르시되 그를 가만 두어 '나의 장례할 날'을 위하여 그것을 간직하게 하라"(요 12:7). 그러므로 십자가에 죽으시는 날을 "인자의 날", "자기 날", "인자의 때", "내 때", "나의 장례할 날"로 표현하신 것이다.

이러한 표현들은 예수 그리스도께만 해당하는 고유한 사역의 날을 의미한다. 곧 "인자"만 하실 수 있는 사역이며, "자기"(눅 17:24)만 하실 수 있는 유일한 사역을 의미한다. 그러한 그리스도만의 고유한 사역은 십자가 사역이다. 다른 모든 사역들은 하나님과 예수님과 성령님께서 유기적으로 공유하시며 사역하신다. 물론 삼위 하나님께서 서로 고유한 사역이 있으시지만 같이 공유하신다. 그러나 십자가에 못 박히시고 피를 흘리시며 죽으시는 사역은 오직 예수 그리스도만의 사역이다. 인자 곧 사람의 아들로 오셔서 사역하시는 분은 하나님과 성령이 아니라, 오직 예수 그리스도만의 사역이다. 이 사역은 누구도 대체할 수 없는 사역이며 공유할 수 없는 죽음의 사역이다. 그러므로 십자가 사역은 "인자"만 짊어지시고, "자기"만 죽으시는 고유한 사역이다. 그래서 십자가에 죽으시는 날을 "인자의 날", "자기 날", "인자의 때", "내 때", "나의 장례할 날"이라고 표현하신 것이다.

　"인자의 날"은 십자가에 죽으시고 무덤에 묻히신 3일간이다. 예수께서 무덤 속에 있는 3일 동안에 사람은 상상할 수 없는 놀라운 일을 하신다. 이때 육체가 죽으시고 다시 사신 영으로 죄와 마귀를 멸하시고, 죽은 불신자들을 심판하시며, 죽은 성도들을 부활시키시는 사역을 하신다. 이러한 무덤 속의 사역은 경이로운 기사와 이적이다. 이러한 무덤 속 3일간의 사역은 제자들은 볼 수가 없다. 제자들이 그 3일 중 하루의 이적을 보고 싶어도 볼 수 없다. 이러한 사역은 사람의 눈으로 볼 수 없는 영적 사역이기 때문이다. 그래서 예수께서 제자들에게 "때가 이르리니 너희가 '인자의 날' 하루를 보고자 하되 보지 못하리라"(눅 17:22)고 말씀하신 것이다.

　그러므로 본절의 "번개가 동편에서 나서 서편까지 번쩍임 같이 인자의 임함도 그러하리라"는 장면은 모든 자들이 보는 재림의 장면이 아니며, 제자들이 볼 수 없는 무덤 속의 3일간의 장면이다. 제자들이 볼 수 없는 무덤 속의 "인자의 날"에 "번개가 동편에서 나서 서편까지 번쩍임 같이" 하시는 그리스도의 사역은 다음과 같다.

　3. '인자의 임함'은 무덤의 3일간 심판과 구원의 일을 하는 것이다.

　1) 예수께서 무덤의 3일간 마귀를 심판하신다(29절에서 상세 설명).

　2) 예수께서 무덤의 3일간 옥에 있는 영들을 심판하신다.

　예수께서 무덤에 있는 3일간 옥에 있는 구약불신자들의 영들에게 영으로 가서 지옥 불못이 확정되었음을 선포하신다. "그리스도께서도 단번에 죄를 위하여 죽으사 의인으로서 불의한 자를 대신하셨으니 이는 우리를 하나님 앞으로 인도하려 하심이라 육체로는 죽임을 당하시고 영으로는 살리심을 받으셨으니 그가 또한 영으로 가서 옥에 있는 영들에게 선포하시니라"(벧전 3:18,19). 이러한 사역을 제자들은 볼 수 없다(눅 17:22).

3) 예수께서 무덤의 3일간 하늘에 있는 영들을 구원하신다.

예수께서 무덤에 있는 3일간 하늘에 있는 구약 성도들의 영들을 영으로 찾아가셔서 그의 피로 죄를 씻어주시고 천국을 확정하는 복음을 전하신다. "이를 위하여 죽은 자들에게도 복음이 전파되었으니 이는 육체로는 사람으로 심판을 받으나 영으로는 하나님을 따라 살게 하려 함이라"(벧전 4:6). 이러한 사역을 제자들은 볼 수 없다(눅 17:22).

4) 예수께서 무덤의 3일간 죽은 성도들을 부활시키신다.

예수께서 3일 만에 부활하실 때 죽었던 성도들을 함께 부활시키셨다. "예수께서 다시 크게 소리 지르시고 영혼이 떠나시니라 이에 성소 휘장이 위로부터 아래까지 찢어져 둘이 되고 땅이 진동하며 바위가 터지고 무덤들이 열리며 자던 성도의 몸이 많이 일어나되 예수의 부활 후에 그들이 무덤에서 나와서 거룩한 성에 들어가 많은 사람에게 보이니라"(마 27:50-53). 죽은 성도들을 무덤 속에 있는 3일 동안 살리신 것이다. 이것은 예수 그리스도의 영으로 살리신 것이다. 예수께서 무덤 속에 있는 3일간 영으로 놀라운 일을 하신 것이다.

예수께서 무덤에 있는 3일 동안 영으로 죄와 마귀를 멸하시고, 죽은 성도들을 부활시키셨다. 그러므로 무덤에 있는 3일은 예수께서 가장 큰 사역을 하신 시간이다. 이 심판과 구원의 십자가 사역을 위해 하늘에서 이 땅에 오신 것이며, 그리스도께서는 목적하신 사역을 완수하셨다. 이러한 사역을 제자들은 볼 수 없다(눅 17:22).

4. 예수 그리스도의 십자가의 효력은 하늘과 땅에 '번개같이' 임한다.

1) 예수 그리스도의 피는 하늘과 땅에 번개같이 임한다.

마귀들은 온 우주에 편재해 있다. 별들과 하늘에도 마귀가 있으며 온 땅에도 있다. 마귀가 없는 곳은 없다. 그렇게 광범위하게 널리 퍼져 있는 마귀들을 멸하기 위해서는 오랜 시간이 걸릴 것이다. 그러나 예수께서 마귀들을 심판하실 때 시간이 그리 오래 걸리시지 않았다. 예수께서 십자가에 못 박히시고 피를 흘리실 때 마귀들을 번개같이 심판하셨다(29절 참조). 예수 그리스도의 피는 사람의 피와 달라서 번개같이 하늘과 땅에 임하시는 피이기 때문이다. 온 우주에 있는 마귀들을 그의 피로 번개같이 심판하신 것이다.

2) 예수 그리스도의 영은 하늘과 땅에 번개같이 임하신다.

예수께서 마리아의 몸을 통하여 사람의 육체를 입고 오셨을 때와, 십자가에 육체를 못 박아 육체를 벗으신 후 영으로 오시는 때는 차이가 있다. 사람의 육체로 오셨을 때는 베들레헴으로 오시고 이스라엘 밖으로 나가신 적이 없으셨으나, 십자가로 육체를 벗으신 후에는 영으로 하늘과 땅의 온 세상에 임하셨다. 육체를 입으셨을 때는 걸어 다니시면서 복음을 전파하셨지만, 십자가로 육체를 벗으신 후에는 영으로 "번개같이" 복음을 전파하셨다. 십자가 전에는 육체의 제약을 받으셨지만, 십자가 후에는 시공을 초월하셨다.

그래서 예수께서 십자가에 못 박히시면 번개같이 사역을 하실 것이라고 다음과 같이 말씀하셨다. "번개가 하늘 아래 이쪽에서 번쩍이어 하늘 아래 저쪽까지 비침같이 인자도 자기 날에 그러하리라 그러나 그가 먼저 많은 고난을 받으며 이 세대에게 버린 바 되어야 할지니라"(눅 17:24,25).

이 눅 17:24,25을 다시 말하면 다음과 같다. "번개가 하늘 아래 이쪽에서 번쩍이어 하늘 아래 저쪽까지 비침같이 인자도 자기 날에 곧 자기의 십자가의 피로 심판하시는 날에 그러하리라 그러나 그가 먼저 많은 고난을 받으며 이 세대에게 버린 바 되어 십자가에 육체가 죽어야 그의 영이 육체의 제약을 받지 않고 시공을 초월하여 번개같이 죄와 마귀와 세상을 모두 순식간에 심판할 수 있느니라"

앞에서 설명한 바와 같이 예수께서 십자가에 육체를 죽이시고 영으로 "번개같이" 옥에 있는 영들에게 가서 지옥 불못이 확정되었음을 선포하셨고(벧전 3:18,19), 하늘에 있는 성도들의 영들에게 영으로 "번개같이" 찾아가셔서 그의 십자가의 피로 그들의 죄를 씻어주시고 최종적으로 천국을 확정해주신다(벧전 4:6). 그리고 영으로 죽은 성도들을 부활시키시는 일을 하셨다(마 27:50-53). 예수께서 십자가에 육체가 죽으신 후 영으로 옥과 하늘에 있는 죽은 사람들의 영들을 "번개같이" 찾아가서 심판과 구원을 하신 것이다. 그러므로 무덤의 3일간은 예수 그리스도의 영이 옥과 하늘에 자유롭게 번개같이 오가며 심판과 구원을 이루신 시간이다.

십자가에서 육체가 죽으시고 영으로 하늘과 땅의 온 세상에 임하신 것이다. 이런 현상은 오랜 시간에 걸쳐 일어나지 않았다. 이것은 십자가에 죽으시는 순간 "번개가 동편에서 나서 서편까지 번쩍임 같이" 이루어진 일이다(저자의 주석 '다니엘'의 단 9:27에서 상세히 주해하였으므로 참조할 것). 이러한 사역을 제자들은 볼 수 없다(눅 17:22).

마 24:28 _ 주검이 있는 곳에는 독수리들이 모일 것이니라

1. '주검'은 십자가에 못 박힌 예수의 육체이고, '독수리'는 마귀이다.

여기서 "주검"은 예수 그리스도의 육체의 주검을 말한다. "주검"은 그의 육체가 십자가에 못 박혀 죽으심을 뜻한다. "독수리"는 마귀들과 그들을 따르는 무리들을 상징한다. 여기의 "독수리들"은 천사들을 말하지 않는다. 천사들은 주검을 먹으려고 달려들지 않기 때문이다. 마귀들은 죽은 것과 더러운 것과 썩은 것을 좋아한다. 그러므로 "독수리들"은 마귀들을 말한다. 주린 독수리들은 주검을 보면 그것을 먹기 위해 사방에서 미친 듯이 모여든다. 마치 우는 사자처럼 달려드는 것과 같다. "근신하라 깨어라 너희 대적 마귀가 우는 사자 같이 두루 다니며 삼킬 자를 찾나니"(벧전 5:8).

예수 그리스도의 육체 위에 모든 죄와 마귀들이 사방에서 다 모인다. 땅에 있는 마귀들과 별들에 있는 마귀들과 공중에 있는 마귀들이 다 모인다. 온 우주에 있는 마귀들이 예수 그리스도의 십자가 위에 한 마리도 예외 없이 모두 모인다. 이 장면은 용이 모든 마귀들을 총집결시켜 예수 그리스도를 십자가에 못 박아 죽이는 장면이다. 이 절은 15절에서 말씀하신 "멸망의 가증한 것이 거룩한 곳에 선 것"이다(15절 참조). 멸망의 가증한 죄와 마귀가 예수 그리스도를 죽이기 위해 거룩한 그의 십자가 위에 모두 달려드는 것이다. 이들은 29절에서 예수의 피로 멸망을 당한다.

2. 마귀들이 예수 그리스도를 죽이는 이유

1) 창세기 3:15에 뱀이 예수를 죽일 것을 예언하셨기 때문이다.

언뜻 보기에는 유대인들과 로마 병사들이 예수 그리스도를 십자가에 못 박아 죽이는 것처럼 보인다. 그러나 실상은 마귀들이 죽이는 것이다. 마귀들이 예수 그리스도를 죽이는 이유는 창세기에 마귀가 예수를 죽이는 것으로 예언되었기 때문이다. 하나님께서 예수 그리스도와 뱀이 서로 원수가 되게 하셨다. 뱀이 십자가에서 예수 그리스도의 발꿈치를 상하게 하여 그의 육체를 죽인다고 예언하셨다. "내가 너로 여자와 원수가 되게 하고 네 후손도 여자의 후손과 원수가 되게 하리니 여자의 후손은 네 머리를 상하게 할 것이요 너는 그의 발꿈치를 상하게 할 것이니라 하시고"(창 3:15).

이렇게 예언되었기 때문에 뱀이 유대인들과 로마 병사들을 도구로 예수를 십자가에 못 박아 죽이는 것이다. 예수를 죽이는 주체는 마귀이고, 유대인들과 로마 병사들은 도구에 불과하다. 그래서 마귀는 예수를 죽인 주체이므로 죄 사함이 불가하여 불못에 던져지게 되고, 유대인들과 로마 병사들은 도구에 불과하였으므로 회개하면 구원을 받을 수 있는 길이 열려 있다. 그래서 예수께서 십자가 위에서 자신에게 못 박은 유대인들과 로마 병사들을 위해서는 하나님께

용서해달라고 기도하셨으나, 마귀를 위해서는 기도하시지 않았다(눅 23:34).

2) 예수께서 마귀를 멸하시려고 이 땅에 오셨기 때문이다.

마귀들이 예수 그리스도를 죽이는 이유는 예수께서 마귀를 멸하시려고 이 땅에 오셨기 때문이다. "죄를 짓는 자는 마귀에게 속하나니 마귀는 처음부터 범죄함이라 하나님의 아들이 나타나신 것은 마귀의 일을 멸하려 하심이라"(요일 3:8). 그래서 마귀들은 자기들을 멸하려고 오시는 예수 그리스도를 원수로 여겨 죽이려 달려드는 것이다.

3) 예수께서 택하신 자들을 구원하시려고 이 땅에 오셨기 때문이다.

마귀들은 아담의 후손들을 포로로 잡고 종으로 삼았다. 마귀들의 유일한 낙은 사람들을 괴롭히고 지옥으로 끌고 가는 것이다. 그 중에는 하나님께서 영원 전에 택하신 백성들도 포함되어 있다. 그런데 예수 그리스도께서 오셔서 그 택하신 백성들을 구원하시려 한다. 마귀의 입장에서는 자기의 노예들을 빼앗기게 된 것이다. 마치 애굽의 바로 왕이 이스라엘 백성들을 노예로 쓰다가 그들을 빼앗기지 않으려고 안간힘을 쓰는 것과 같다. 그래서 마귀들은 예수를 죽이면 그 노예들을 영원히 자기의 소유로 삼을 수 있다고 여겼다. 마귀들은 택하신 자들을 구원하시려는 예수를 죽이려고 십자가로 일제히 달려든다.

4) 마귀들이 성도들을 시기하기 때문이다.

마귀들은 성도들이 하나님의 아들이 되는 것을 시기한다. 그리고 성도들이 천국의 상속자가 되는 것을 시기한다. 자신들은 하나님의 아들이 될 수 없으며, 상속자가 될 수 없음을 잘 알고 있으므로 시기가 발동하여 성도들의 은총을 용납하지 않는다. 그래서 예수 그리스도를 죽이면 성도들의 행복을 막을 수 있다고 여겨 죽이려고 십자가로 일제히 달려든다.

3. 예수께서 십자가 위에서 마귀들을 멸하신다.

그러나 십자가 위에 모든 마귀들이 달려들어 예수를 죽이도록 하는 것은 바로 예수 그리스도의 의도였다. 예수께서 이 땅에 오신 목적이 마귀를 멸하시는 것이다(요일 3:8). 그리고 마귀를 멸하시는 때는 그리스도께서 십자가에 죽으실 때이다. 죽음으로 마귀를 멸하시기 때문이다. "자녀들은 혈과 육에 속하였으매 그도 또한 같은 모양으로 혈과 육을 함께 지니심은 죽음을 통하여 죽음의 세력을 잡은 자 곧 마귀를 멸하시며"(히 2:14).

마귀들을 멸하시기 위하여 십자가에 총집결하도록 하신다. 온 우주에 있는 마귀들을 십자가 위에 세우신다. 예수께서는 자신이 십자가 위에 서시면 온 우주에 있는 마귀들이 모두 총집결할 줄을 알고 계셨다. 왜냐하면 예수 그리스도는 마귀들이 자신을 얼마나 죽이기를 원하고 있는지, 또 그들이 얼마나 사악한지를 잘 알고 계셨기 때문이다.

그가 십자가에 못 박히시는 순간 다시 사신 영으로 마귀들을 십자가에 못 박아 멸하신다. 마귀는 예수의 손에 못을 박는 순간 자신도 함께 십자가에 못 박히는 것을 알지 못했다. 그래서 십자가에는 예수 그리스도의 육체만 매달려 있는 것이 아니다. 십자가 위에는 예수 그리스도의 육체와 함께 죄와 마귀들도 같이 못 박혀 매달린 것이다. 마귀는 무지하여 자신도 함께 죽는 자충수를 둔 것이다.

마 24:29-31 _ ²⁹그 날 환난 후에 즉시 해가 어두워지며 달이 빛을 내지 아니하며 별들이 하늘에서 떨어지며 하늘의 권능들이 흔들리리라 ³⁰그 때에 인자의 징조가 하늘에서 보이겠고 그 때에 땅의 모든 족속들이 통곡하며 그들이 인자가 구름을 타고 능력과 큰 영광으로 오는 것을 보리라 ³¹그가 큰 나팔 소리와 함께 천사들을 보내리니 그들이 그의 택하신 자들을 하늘 이 끝에서 저 끝까지 사방에서 모으리라

죽음 예고	부활 예고	잡혀가심	죽음	부활
24장	25장	26장	27장	28장

마태복음 순서

24장 : 예수 그리스도의 죽음 예언

25장 : 예수 그리스도의 부활 예언

26장 : 예수 그리스도의 잡힘

27장 : 예수 그리스도의 죽음 성취

28장 : 예수 그리스도의 부활 성취

십자가로 마귀와 불신자를 심판하고, 성도를 구원한다.

못 박힘	죽음		부활
마귀 심판(29)	구약의 불신자 심판(30), 구약의 성도 구원(31)		
십자가의 피	무덤		
6시간	3일		
십자가 사역			

29-31절 분해

1. 29절 : 십자가로 마귀 심판

2. 30절 : 십자가로 불신자 심판

3. 31절 : 십자가로 성도 구원

지금 예수께서 자신의 죽음을 예고하신다. 자신이 십자가에 죽을 때 영으로 무엇을 하실지 예고하신다. 곧 십자가에 육체가 죽으신 후 무덤의 3일간 영으로 하실 일을 예고하신다.

본 29-31절은 예수께서 십자가에 못 박히는 시점부터 부활하실 때까지 무덤의 3일간의 일이다. 그 무덤의 3일간 다음과 같이 3가지의 일을 하신다. 첫째,

마귀들을 심판하고(29), 둘째, 불신자들을 심판하고(30), 셋째, 성도들을 구원하신다(31).

"그 날 환난 후에 즉시 해가 어두워지며 달이 빛을 내지 아니하며 별들이 하늘에서 떨어지며 하늘의 권능들이 흔들리리라"(29)

마귀 심판

못 박힘		죽음
십자가의 피(6시간)		
별들이 빛을 냄	별들이 어두워지고 핏빛이 되어 떨어짐	
예수 못 박힘	마귀 못 박힘	
마귀 승리	예수 승리	
3시간	3시간	
오전 9시	정오	오후 3시

1. '그 날 환난'은 예수의 십자가 환난이다.

"그 날"은 예수 그리스도께서 십자가에 못 박혀 죽으시는 날이다. 여기의 "환난"은 예수께서 십자가에 죽는 환난이다. 이 "환난"은 21절에서 예수께서 말씀하신 "창세 이래 없던 환난"이며, 요엘 선지자가 예언한 "옛날에도 없었고 이후에도 대대에 없"(욜 2:1,2)을 환난이며, 다니엘 선지자가 예언한 "개국 이래 없던 환난"(단 12:1)으로서, 예수 그리스도께서 십자가에 못 박혀 피를 흘리시며 죽으시는 단 한 번밖에 없는 환난이다. 사람이 죽는 환난은 창세 이래 항상 있어왔고 앞으로도 계속되어질 일이지만 하나님의 본체(빌 2:6, 히 1:3)께서 친히 피를 흘리시며 죽으시는 환난은 인류 역사상 단 한 번밖에 없는 환난이다(21절 주해 참조).

2. '별들'은 마귀들이다.

"후에 즉시 해가 어두워지며 달이 빛을 내지 아니하며"는 뒤의 30절의 '인자의 징조'에서 주해하였으므로 참조할 것.

"별들이 하늘에서 떨어지며"는 마귀들이 하늘에서 떨어지는 장면이다. 예수께서 이 땅에 오신 목적이 마귀들을 멸하시는 것이다. "죄를 짓는 자는 마귀에게 속하나니 마귀는 처음부터 범죄함이라 하나님의 아들이 나타나신 것은 마귀의 일을 멸하려 하심이라"(요일 3:8).

오셔서 그 마귀들을 멸하시는 시점은 십자가에 못 박히시고 피를 흘리실 때이다. 창 3:15에서 마귀를 멸하시는 때는 십자가에 죽으실 때 멸하신다고 예언하셨기 때문이다. 십자가 위에서 예수 그리스도는 발꿈치를 상하시고, 뱀은 머리를 상하는 것이다(28절 참조). "내가 너로 여자와 원수가 되게 하고 네 후손도 여자의 후손과 원수가 되게 하리니 여자의 후손은 네 머리를 상하게 할 것이요 너는 그의 발꿈치를 상하게 할 것이니라 하시고"(창 3:15).

그래서 성경은 예수께서 사람과 같이 혈과 육을 지니시고 십자가에 죽으심을 통하여 마귀를 멸하셨다고 기록하였다. "자녀들은 혈과 육에 속하였으매 그도 또한 같은 모양으로 혈과 육을 함께 지니심은 죽음을 통하여 죽음의 세력을 잡은 자 곧 마귀를 멸하시며 또 죽기를 무서워하므로 한평생 매여 종 노릇 하는 모든 자들을 놓아 주려 하심이니 이는 확실히 천사들을 붙들어 주려 하심이 아니요 오직 아브라함의 자손을 붙들어 주려 하심이라"(히 2:14-16).

모든 영적 존재를 별로 상징한다. 예수 그리스도는 자신을 '별'이라고 칭하셨다(민 24:17, 계 22:16). "나 예수는 교회들을 위하여 내 사자를 보내어 이것들을 너희에게 증언하게 하였노라 나는 다윗의 뿌리요 자손이니 곧 광명한 '새벽 별'이라 하시더라"(계 22:16). 그리고 예수께서 성도들을 별로 칭하셨다. "네가 본 것은 내 오른손의 일곱 '별'의 비밀과 또 일곱 금 촛대라 일곱 '별'은 일곱 교회의 사자요 일곱 촛대는 일곱 교회니라"(계 1:20). 그리고 천사를 별로 상징하였다. "그 때에 '새벽 별들'이 기뻐 노래하며 하나님의 아들들이 다 기뻐 소리를 질렀느니라"(욥 38:7).

그리고 성경은 불신자도 별로 칭했다. "자기 수치의 거품을 뿜는 바다의 거친 물결이요 영원히 예비된 캄캄한 흑암으로 돌아갈 유리하는 '별들'이라"(유

1:13). 그리고 마귀를 별로 상징하였다. "그 꼬리가 하늘의 '별' 삼분의 일을 끌어다가 땅에 던지니라 용이 해산하려는 여자 앞에서 그가 해산하면 그 아이를 삼키고자 하더니"(계 12:4). "셋째 천사가 나팔을 부니 횃불같이 타는 큰 '별'이 하늘에서 떨어져 강들의 삼분의 일과 여러 물샘에 떨어지니"(계 8:10). "너 아침의 아들 '계명성'이여 어찌 그리 하늘에서 떨어졌으며 너 열국을 엎은 자여 어찌 그리 땅에 찍혔는고"(사 14:12).

별로 상징되는 것은 예수 그리스도, 성도, 천사, 불신자, 마귀들이다. 예수 그리스도는 빛나는 별로 기록되고(계 22:16), 성도는 예수 그리스도의 오른손에서 보호받는 별로 묘사되었다(계 1:20). 그리고 천사들은 하나님을 찬양하는 별들로 기록되었다(욥 38:7). 그러나 불신자의 별들과 마귀의 별들은 다르다. 불신자의 별들을 "영원히 예비된 캄캄한 흑암으로 돌아갈 유리하는 별들이라"고 기록함으로써 지옥으로 떨어지는 별로 나타낸다(유 1:13). 그리고 마귀 별들은 '하늘에서 떨어지는 별'로 기록한다(사 14:12, 마 24:29, 눅 17:8, 계 6:13, 8:10,11, 9:1, 12:4). 그래서 예수께서 마귀가 "하늘로부터 번개 같이 떨어지는 것을 내가 보았노라"고 말씀하셨다. "예수께서 이르시되 사탄이 하늘로부터 번개 같이 떨어지는 것을 내가 보았노라"(눅 10:18).

본절에서 예수께서 "별들이 하늘에서 떨어"진다고 표현하심으로써 이 별들은 마귀들을 지칭하시는 것이다. 마귀들이 하늘에서 떨어지는 이유는 예수 그리스도의 피 때문이다. 예수께서 마귀들을 어떻게 멸하시는지 그 방법을 창 3:15절에서 미리 예고해 놓으셨다. 창 3:15절의 말씀은 예수께서 십자가에 못박혀 피를 흘리심으로 발꿈치를 상하시고, 그 피로 마귀의 머리를 상하게 하여 멸하시는 것이다.

마귀 별들이 하늘에서 떨어지는 것은 예수 그리스도의 십자가의 피가 하늘까지 임하여 공중의 권세를 잡고 있던 마귀들을 모두 멸하시는 것이다. 예수 그리스도의 피의 효력은 하늘과 땅의 모든 피조물들에게 임하기 때문이다. "하늘에 있는 자들과 땅에 있는 자들과 땅 아래 있는 자들로 모든 무릎을 예수의 이름에 꿇게 하시고"(빌 2:10).

그러므로 이 절은 예수 그리스도께서 십자가에 못 박혀 죽으심으로 마귀들을 멸하시는 장면이다. 곧 창 3:15에서 예언한 대로 예수 그리스도께서 십자가로 발꿈치를 상하시고, 그 피로 마귀의 머리를 상하게 하심으로 마귀의 "별들이 하늘에서 떨어지며" 심판을 받는다.

"하늘의 권능들이 흔들리리라"

"하늘"은 공중을 의미하며, "권능"은 마귀의 권세를 의미한다. 곧 공중의 권세를 잡은 마귀들의 권세를 의미한다. 마귀들이 공중의 권세를 잡았다는 것은 시공을 초월하여 어디든 갈 수 있고, 능력을 행사하는 영적 존재라는 뜻이다. "그 때에 너희는 그 가운데서 행하여 이 세상 풍조를 따르고 공중의 권세 잡은 자를 따랐으니 곧 지금 불순종의 아들들 가운데서 역사하는 영이라"(엡 2:2).

그리고 "하늘의 권능"은 하늘 나라를 출입할 수 있는 권능을 말한다. 마귀가 욥을 참소할 때 천사들과 함께 하늘 나라에서 참소한다. 마귀가 하늘 나라에 출입하는 것이다. "하루는 하나님의 아들들이 와서 여호와 앞에 섰고 사탄도 그들 가운데에 온지라 여호와께서 사탄에게 이르시되 네가 어디서 왔느냐 사탄이 여호와께 대답하여 이르되 땅을 두루 돌아 여기 저기 다녀왔나이다"(욥 1:6,7).

"하늘의 권능들이 흔들리리라"는 것은 마귀의 권세가 심판을 받고 하늘을 더 이상 출입할 수 없게 됨을 의미한다. 본문은 십자가 때에 마귀들이 하늘에서 쫓겨나는 장면이다(마 6:10, 계 12:7-10, 17:8,11). "하늘에 전쟁이 있으니 미가엘과 그의 사자들이 용과 더불어 싸울새 용과 그의 사자들도 싸우나 이기지 못하여 다시 하늘에서 그들이 있을 곳을 얻지 못한지라 큰 용이 내쫓기니 옛 뱀 곧 마귀라고도 하고 사탄이라고도 하며 온 천하를 꾀는 자라 그가 땅으로 내쫓기니 그의 사자들도 그와 함께 내쫓기니라"(계 12:7-9). 예수 그리스도의 십자가의 피로 마귀를 하늘 나라에서 추방하시는 것이다. 그리고 "하늘의 권능들이 흔들리리라"는 것은 마귀가 예수 그리스도의 십자가로 사망의 권세를 빼앗김을 의미한다.

여기의 "흔들리다"(4531 살류오 saleuo)는 '흔들리다, 요동하다, 불안하다, 진동시키다(바다, 땅을)'를 의미한다. "흔들리다"의 의미는 약간 흔들리고 마는 그런 상태를 의미하지 않는다. 완전히 무너지도록 흔들리는 상태를 의미한다. 예수께서 이 '살류오'('흔들리다')라는 단어를 눅 6:48에서도 사용하셨다. 반석 위에 지은 집은 요동치 않고, 흙(모래 : 마 7:26) 위에 지은 집은 요동하여 무너진다고 말씀하셨다.

"집을 짓되 깊이 파고 주추를 반석 위에 놓은 사람과 같으니 큰 물이 나서 탁류가 그 집에 부딪치되 잘 지었기 때문에 능히 '요동하지' 못하게 하였거니와". 여기의 "요동하지"라는 단어는 본절의 '살류오'('흔들리다')와 같은 단어이다. 큰 물이 덮칠 때에 반석 위에 지은 집은 요동하지(흔들리지) 않으나, 흙 위에 지은 집은 요동하여(흔들려) 완전히 파괴된다고 말씀하신 것이다. 여기의 "요동하다"의 의미는 큰 물이 덮칠 때에 흙 위에 지은 집이 약간 요동하고 마는 정도가 아니라 완전히 파괴되도록 근원이 요동한다는 의미이다.

그러므로 본절의 "흔들리리라(요동하리라)"는 말씀은 예수 그리스도의 십자가로 마귀들이 완전히 멸망하도록 흔들린다는 의미이다. "하늘의 권능들이 흔들리리라"는 의미는 "공중의 권세를 잡고 있는 마귀들이 완전히 권세를 빼앗기고 멸망을 받으리라"는 의미이다(앞 권의 단 7:26 참조).

"그 때에 인자의 징조가 하늘에서 보이겠고"(30)
인자의 징조

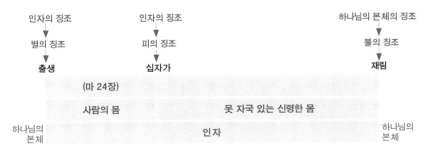

인자

1. '인자'는 사람의 이름이다.

'인자'는 '사람의 아들'을 지칭한다. '인'(444 안드로포스 anthro-pos)은 '사람 man, 인간'을 의미한다. 그리고 '자'(5207 휘오스 huios)는 '아들 son, 후손, 손자'를 의미한다. 하나님께서 에스겔과 다니엘을 '사람의 아들' 곧 '인자'라고 부르셨다(겔 2:1, 3:1,25, 4:1,16, 5:1, 6:2, 7:2, 단 8:17).

2. '인자'는 성육신하신 예수의 이름이다.

'인자'는 성육신하신 예수 그리스도를 지칭한다(마 8:20, 9:6, 10:23, 11:19, 12:8, 12:32,40, 13:37,41, 16:13, 17:9,22, 19:28, 24:27, 24:30,44, 25:31, 26:2,64, 막 2:10,28, 8:31,38, 9:9,31, 10:33,45, 13:26,29, 14:21,41,62, 눅 5:24, 6:5,22, 7:34, 9:22, 11:30, 12:8,10,40, 17:22,30, 18:8,32, 19:10, 21:27,36, 22:22,69, 24:7, 요 1:51, 3:13,14, 5:27, 6:27,62, 8:28, 9:35, 12:23,34, 13:31, 행 7:56, 계 1:13, 14:14).

예수께서 마리아의 몸을 통하여 '마리아의 아들'로 출생하셨으므로 '인자'라 칭한다. 그래서 예수께서 자신을 '사람의 아들' 곧 '인자'라 칭하셨다.

'인자'는 예수께서 성육신하신 후부터 지칭되는 것이므로 구약에는 사용될 수 없다. 성육신하시기 전에는 '하나님의 본체'로 계셨기 때문이다. "그는 근본 하나님의 본체시나 하나님과 동등됨을 취할 것으로 여기지 아니하시고 오히려 자기를 비워 종의 형체를 가지사 사람들과 같이 되셨고 사람의 모양으로 나타나사 자기를 낮추시고 죽기까지 복종하셨으니 곧 십자가에 죽으심이라"(빌 2:6-8).

그런데 구약의 다니엘서에서 '인자'라는 칭호가 사용된 적이 있다. "내가 또 밤 환상 중에 보니 '인자 같은 이'가 하늘 구름을 타고 와서 옛적부터 항상 계신 이에게 나아가 그 앞으로 인도되매"(단 7:13). "'인자와 같은 이'가 있어 내 입술을 만진지라"(단 10:16). 그러나 다니엘에게 나타난 모습은 실제 '인자'가 아니다. 곧 '사람의 아들'을 닮은 것이지 실제로 '사람의 아들'이 아닌 것이다. 아직 마리아의 몸을 통하여 성육신하시지 않았기 때문에 실제 '사람의 아들'

곧 '인자'가 될 수 없다.

그렇다면 왜 성육신하시기 전에 다니엘에게 '하나님의 본체'로 나타나시지 않고 '인자 같은 이'로 나타나셨을까? 그 이유는 두 가지이다. 첫째, 죄인은 '하나님의 본체'를 직접 볼 수 없다. 만일 죄인이 하나님의 본체를 직접 보게 되면 죽음을 면치 못한다(출 19:22,24). 그래서 '사람의 모양'으로 나타나신 것이다(단 10:18). 둘째, 예수께서 다니엘에게 장차 도래할 십자가 복음을 예언하시는 중이기 때문에, 그 십자가의 일을 '사람의 아들' 곧 '인자'의 몸으로 이루실 것을 알리기 위함이다. 그래서 환상으로 '인자 같은 이'로 나타나신 것이다.

예수께서 다니엘에게 십자가에 죽으심으로 죄와 마귀를 심판하고 성도들을 구원하실 것을 예언하신다. 그런데 다니엘은 예수께서 십자가에 죽으실 때 어떤 몸으로 죽으시는지 알지 못한다. 그래서 예수께서 성육신하여 '사람의 아들의 몸' 곧 '인자의 몸'으로 죽으실 것을 알려주시기 위해 '사람의 아들 같은 이' 곧 '인자 같은 이'로 나타나 보여주신 것이다. 장래에 '사람의 아들' '인자'로 성육신하여 십자가에 죽으실 모습을 어렴풋하게 미리 보여주신 것이다.

그래서 다니엘은 장차 예수께서 백성들을 구원하기 위해 비천한 '사람의 아들' 곧 '인자'로 오실 것을 알게 되었다. 다니엘은 예수께서 환상으로 보여주신 십자가 예언을 본 후 바울과 같은 고백을 했을 것이다. "그는 근본 하나님의 본체시나 하나님과 동등됨을 취할 것으로 여기지 아니하시고 오히려 자기를 비워 종의 형체를 가지사 사람들과 같이 되셨고 사람의 모양으로 나타나사 자기를 낮추시고 죽기까지 복종하셨으니 곧 십자가에 죽으심이라"(빌 2:6-8).

그러므로 '사람의 아들' 곧 '인자'의 칭호는 예수 그리스도께서 마리아의 몸을 통하여 성육신하신 후부터 지칭할 수 있다. '인자'는 성육신하신 예수의 이름이다.

3. '인자'는 부활하신 예수의 이름이다.

'인자'는 마리아의 몸을 통하여 출생하신 이름만이 아니다. 부활하신 후에도 여전히 '인자'이다. 부활하신 몸에는 손에 못 자국의 상처가 있고 옆구리에 창자국의 상처가 있다. 부활하신 몸은 십자가에 죽으셨던 바로 그 몸이다. 그래서 무덤에 그의 시신이 없었던 것이다. 그러므로 그 몸은 여전히 '인자'이다.

단 그 '인자'의 몸이 신령한 몸으로 부활하였다. '인자'가 '신령한 인자'로 변한 것이다. 그러면 왜 '신령한 인자'로 부활하셨을까? 그것은 십자가 자국을 그대로 보존하기 위함이다. 신령해진 것은 늙지 않고, 죽지 않고, 썩지 않게 된 것이다. 그래서 그의 손에 있는 십자가 자국이 그대로 보존된다.

만일 손과 옆구리에 상처가 있는 몸이 신령해지지 않은 상태로 부활한다면, 그 상처에 병균이 침투하여 곪거나 다시 죽으실 수도 있다. 아니면 그 상처를 치료하여 그 자국이 메워지게 될 것이다. 그렇게 되면 십자가 자국을 그대로 보존하지 못하게 될 것이다.

그래서 예수께서 신령한 몸으로 부활하시는 것이다. 부활하여 제자들에게 오셨을 때 그 십자가 자국이 그대로 선명하게 있었다. 그 자국으로 자신의 죽음과 부활을 증거하셨다. 곧 그 자국으로 십자가 복음을 전하신 것이다.

"이 말씀을 하시고 손과 옆구리를 보이시니 제자들이 주를 보고 기뻐하더라"(요 20:20). "도마에게 이르시되 네 손가락을 이리 내밀어 내 손을 보고 네 손을 내밀어 내 옆구리에 넣어 보라 그리하여 믿음 없는 자가 되지 말고 믿는 자가 되라 도마가 대답하여 이르되 나의 주님이시요 나의 하나님이시니이다"(요 20:27,28).

예수께서 자신이 부활하여 오실 때 '인자'로 오신다고 다음과 같이 증거하셨다. "진실로 너희에게 이르노니 여기 서 있는 사람 중에 죽기 전에 '인자'가 그 왕권을 가지고 오는 것을 볼 자들도 있느니라"(마 16:28). 여기서 제자들이 "죽기 전에 인자가 그 왕권을 가지고 오"신다고 말씀하여 제자들이 살아 있을 때에 부활하여 오실 것을 말한다. 만일 이 말씀을 재림 때 오실 것으로 말씀하시려 했다면 다음과 같이 수정하셨어야 했다. "진실로 너희에게 이르노니 재림 때는 여기 서 있는 사람이 모두 죽은 후이므로 그 왕권을 가지고 재림하는 것을 한 사람도 볼 수 없느니라". 예수께서 '인자'가 올 것이라고 하신 것은 부활하여 오실 것을 말한다.

또 다음과 같이 말씀하셨다. "'인자'가 자기 영광으로 모든 천사와 함께 올 때에 자기 영광의 보좌에 앉으리니"(마 25:31). 여기서 '인자가 자기 영광으로 올 때'는 부활하여 오시는 때를 말한다(이 구절은 뒤의 마 25:31절에서 상세히 주해하였으므로 참조할 것).

또 다음과 같이 말씀하셨다. "내가 너희에게 이르노니 속히 그 원한을 풀어 주시리라 그러나 '인자'가 올 때에 세상에서 믿음을 보겠느냐 하시니라"(눅 18:8). 여기의 "인자가 올 때"도 부활하여 오시는 때이다. 여기서 "속히 원한을 풀어 주시리라"는 것은 창세의 아벨의 피로부터 예수께서 오신 때의 사가랴의 피까지 그 원수를 갚아주시겠다는 말씀이다. 이 마 24:30절의 말씀은 바로 전 23:35절에서 하신 말씀을 반복하신 것이다. "그러므로 의인 아벨의 피로부터 성전과 제단 사이에서 너희가 죽인 바라갸의 아들 사가랴의 피까지 땅 위에서 흘린 의로운 피가 다 너희에게 돌아가리라"(마 23:35). 이 말씀은 창세로부터 그리스도가 오신 때까지 곧 구약시대에 성도들을 괴롭힌 원수를 십자가 심판으로 갚아주시겠다는 말씀이다.

앞의 눅 18:8의 "인자가 올 때에 세상에서 믿음을 보겠느냐"는 말씀은 "구약시대에서 믿음을 보겠느냐"는 말씀이다. '믿음'은 세상이나 사람에게서 나오는 것이 아니다. 세상이나 사람에게는 본래 믿음이 없기 때문이다. 믿음은 하늘에서 오는 것이다. 곧 하나님께서 믿음을 선물로 주셔야 하는 것이다. "너희는 그 은혜에 의하여 믿음으로 말미암아 구원을 받았으니 이것은 너희에게서 난 것이 아니요 하나님의 선물이라"(엡 2:8).

구약시대는 하늘에서 '믿음'이 아직 오지 않은 때이다. '믿음'은 메시야이신 예수 그리스께서 십자가를 지신 후 부활하여 오실 때 함께 오는 것이다. 부활하신 그리스도로 말미암아 믿음을 선물로 받게 되는 것이다. 그래서 신약시대는 그리스도와 함께 '믿음'이 온 때이며, 그리스도를 '믿음'으로 구원받는 때이다.

'믿음'이 오기 전에는 구약의 율법 아래 매인 바 되고 갇혀 있게 된다. "믿음
이 오기 전에 우리는 율법 아래에 매인 바 되고 계시될 믿음의 때까지 갇혔느니
라"(갈 3:23). 그리고 율법은 장차 오실 그리스도께로 인도하는 초등교사이며,
믿음으로 말미암아 구원받는 신약시대를 소망하도록 하는 역할을 한다. "이
같이 율법이 우리를 그리스도께로 인도하는 초등교사가 되어 우리로 하여금
믿음으로 말미암아 의롭다 함을 얻게 하려 함이라"(갈 3:24). 그래서 예수 그리
스도와 함께 '믿음'이 온 후로는 구약의 초등교사 아래 있지 아니하고 예수 그
리스도를 믿음으로 말미암아 구원받는 신약시대가 되는 것이다. "믿음이 온
후로는 우리가 초등교사 아래 있지 아니하도다"(갈 3:25).

구약시대는 세상에 믿음이 오지 않는 때이며, 신약시대는 믿음이 온 때이다.
그러므로 구약의 세상에는 믿음이 없으며, 신약의 세상에는 믿음이 있다. 하늘
에서 땅을 보면 구약의 세상은 캄캄하게 보일 것이며, 신약의 세상은 믿음을
받아 살아가는 성도들의 빛이 여기저기에 보일 것이다. 믿음을 받은 성도들은
빛의 자녀들이기 때문이다. "너희가 전에는 어둠이더니 이제는 주 안에서 빛이
라 빛의 자녀들처럼 행하라"(엡 5:8). 그러므로 구약은 세상에서 믿음을 볼 수
없으며, 신약은 세상에서 믿음을 볼 수 있다.

만일 예수께서 이 눅 18:8을 재림 때에 오시는 것으로 말씀하시려 했다면 다
음과 같이 수정하여 말씀하셨을 것이다. "내가 재림할 때에 세상에서 믿음을
많이 볼 수 있을 것이다. 믿음으로 말미암아 산 그들을 사방에서 모아 구원하
리라." 예수께서 말씀하실 때 부활하여 오실 때는 '인자'로 오신다고 표현하시
지만, 재림 때는 '인자'로 오신다고 표현하시지 않는다.

4. '인자'는 신약시대의 예수의 이름이다.

예수께서 부활 후에 승천하셔서 하늘에 계신다. 그러나 하늘에 계시는 때에
도 십자가 복음이 계속 전파되어져야 하기 때문에 그 십자가 복음이 온 세상
에 전파되기까지는 손에 못 자국을 지우실 수가 없다. 십자가 복음이 전파되

는 신약시대에 예수 그리스도의 십자가의 못 자국이 복음을 증거하기 때문이다. 그러므로 십자가 복음 전파가 끝나는 신약시대 끝까지 "인자"로 계시는 것이다.

그러므로 스데반 집사가 순교하면서 하늘에 계신 "인자"를 본다고 말하였다. "말하되 보라 하늘이 열리고 '인자'가 하나님 우편에 서신 것을 보노라 한대"(행 7:56). 예수께서 승천하신 후 하나님 우편에서 하나님의 본체로 계시는 것이 아니라 "인자"로 계시는 것이다.

사도 요한도 하늘에 계시는 예수 그리스도의 모습을 묘사할 때 "인자"로 표현했다. "촛대 사이에 '인자' 같은 이가 발에 끌리는 옷을 입고 가슴에 금띠를 띠고"(계 1:13). 그리고 요한은 그 하늘에 있는 인자가 일찍이 죽임을 당한 모습으로 보였다. "내가 또 보니 보좌와 네 생물과 장로들 사이에서 한 어린 양이 서 있는데 일찍이 죽임을 당한 것 같더라"(계 5:6). 여기서 요한이 그리스도의 어떤 모습을 보았길래 일찍이 죽임을 당한 것 같다고 표현했을까? 그것은 당연히 그의 손에 있는 못 자국과 옆구리에 있는 창 자국을 보았기 때문이다. 곧 승천하신 후에도 인자로 계신다. 그래서 다니엘도 예수께서 부활 후 승천하셔서 하늘의 하나님께 "인자"로 인도된다고 기록하였다(저자의 주석 '다니엘'의 단 7:13 참조).

그러나 재림하실 때는 "인자"의 몸에서 "하나님의 본체"로 회복되어 오신다. 재림하실 때는 십자가 복음이 완전히 끝난 때이기 때문이다. 그러므로 재림하실 때에는 "하나님의 본체"로 회복되어 손에 십자가의 못 자국이나 옆구리의 창자국이 없다. 원래의 "하나님의 본체"는 상처나 흠이 없는 몸이시기 때문이다. 제자들이 부활하여 오신 예수 그리스도를 보았을 때는 손에 십자가의 못 자국과 옆구리에 창 자국을 볼 수 있었지만, 재림하실 때에는 그 "하나님의 본체"에서 손에 십자가의 못 자국이나 옆구리에 창 자국을 볼 수 없다.

만일 어떤 사람이 재림하시는 하나님의 본체를 보고 그에게 자기도 천국에 갈 수 있도록 해달라고 간청한다면 그는 구원을 받지 못하고 심판을 받는다.

왜냐하면 재림하시는 "하나님의 본체"에는 그 손에 십자가의 못 자국이 사라지고 없으시기 때문이다. 그리스도의 십자가 외에는 구원을 받을 수 없으므로 십자가의 못 자국이 없는 "하나님의 본체"를 보고는 구원이 불가능하다. 십자가의 피 없이 "하나님의 본체"를 보게 되면 구원은 커녕 멸망을 한다(출 19:22,24, 사 6:5, 롬 3:25, 5:10,11, 골 1:20, 히 10:19). "그러므로 형제들아 우리가 예수의 피를 힘입어 성소에 들어갈 담력을 얻었나니"(히 10:19).

그러므로 반드시 예수 그리스도의 손에 십자가의 못 자국이 있을 때 그를 믿어 영접하지 않으면 구원의 기회를 놓치고 마는 것이다. 재림하실 때 믿는 것은 이미 늦은 것이며 아무 소용이 없다. 예수 그리스도의 손에 십자가의 못 자국이 있는 "인자"로 계실 때에 곧 신약시대에 믿어 구원받아야 한다.

예수께서 출생하실 때 '인자'로 오시고, 십자가에 죽으신 후 부활하셔서 '인자'로 오시고, 재림 때는 '하나님의 본체'로 오신다. 예수께서 '인자'로 계시는 신약시대가 십자가의 피로 구원받을 수 있는 기간이다.

인자의 징조

1. '징조'는 세 가지가 있다.

맨앞의 그림처럼 예수 그리스도는 세 번 임하시고, 임하실 때마다 징조가 다르다. 그러므로 그의 징조가 세 가지가 있는 것이다. 마리아의 몸을 통하여 세상에 "인자"로 임하실 때에 하늘에 별의 징조가 있었다. 그래서 동방박사들이 그 별의 징조를 따라 아기 예수께 경배를 드렸다. "유대인의 왕으로 나신 이가 어디 계시냐 우리가 동방에서 그의 별을 보고 그에게 경배하러 왔노라 하니"(마 2:2).

그리고 십자가에 죽으시고 "인자"로 임하실 때에 피의 징조가 있다. 요엘 선지자가 예언한 대로 십자가 때에 해가 어두워지고 피와 불과 연기 기둥의 징조가 있었다(욜 2:30,31, 행 2:19, 눅 23:44). 예수 그리스도의 피로 온 세상에 임하시는 것이다. 본절이 십자가의 피의 징조이다.

그리고 "하나님의 본체"로 재림하실 때는 불의 징조가 나타난다. "천 년이 차매 사탄이 그 옥에서 놓여 나와서 땅의 사방 백성 곧 곡과 마곡을 미혹하고 모아 싸움을 붙이리니 그 수가 바다의 모래 같으리라 그들이 지면에 널리 퍼져 성도들의 진과 사랑하시는 성을 두르매 하늘에서 불이 내려와 그들을 태워 버리고 또 그들을 미혹하는 마귀가 불과 유황 못에 던져지니 거기는 그 짐승과 거짓 선지자도 있어 세세토록 밤낮 괴로움을 받으리라"(계 20:7-10).

재림 때 하늘에서 불이 내려와 마귀들과 그를 따르는 자들이 그 불에 타고 불못에 던져진다. 이 불의 징조는 예수께서 "하나님의 본체"로 재림하실 때에 나타나는 징조이다. 재림 때 있는 불의 징조는 성도들에게는 해를 주지 않는 징조이며, 악한 자들에게만 멸망이 임하는 징조이다. 이 세 징조 중 본 마 24:30의 '인자의 징조'는 십자가의 피의 징조이다.

2. '인자의 징조'는 '인자'이실 때 나타나는 징조이다.

십자가는 '하나님의 본체'가 지시는 게 아니라, '인자'가 지시는 것이다. "인자"는 사람의 모양으로 오셔서 십자가를 지시고, 그 십자가 복음이 온 세상에 전파되는 종말까지의 이름이다. "인자의 징조"는 "인자"로 계실 때 나타나는 징조이다. 만일 예수께서 "하나님의 본체"로 오시는 재림 때에 나타나는 징조를 말씀하시려 했다면 "하나님의 본체의 징조"라고 하셨을 것이다. 그런데 예수께서 여기서 "인자의 징조"라고 표현하신 것은 "하나님의 본체"가 임하시는 재림 때에 나타나는 징조가 아니라, "인자"가 임하시는 십자가 때에 나타나는 징조임을 명확히 구분해 주신 것이다.

3. '인자의 징조'는 재림 때에는 없다.

재림 때는 당연히 "인자의 징조"가 있을 수 없다. 재림 때는 "인자"로 오시지 않기 때문이다. 곧 재림 때는 예수께서 십자가의 못 자국의 상처가 있는 신령한 몸의 "인자"로 오시지 않고, 온전하신 "하나님의 본체"로 오시기 때문이다.

그러므로 재림 때에는 "인자의 징조"가 아니라 "하나님의 본체의 징조"가 나타난다. 그러므로 재림 때는 당연히 "인자의 징조"가 없다.

4. '인자의 징조'는 십자가 때에 나타나는 피와 불과 연기의 징조이다.

요엘 선지자를 통하여 초림 십자가 심판 때 무슨 징조가 있을지를 알리셨다. "내가 이적을 하늘과 땅에 베풀리니 곧 피와 불과 연기 기둥이라 '여호와의 크고 두려운 날'(부활의 날)이 이르기 전에 해가 어두워지고 달이 핏빛 같이 변하려니와"(욜 2:30,31). 여기서 요엘 선지자가 말한 "여호와의 크고 두려운 날"은 예수 그리스도의 '부활의 날'을 말한다.

베드로는 이 요엘 선지자가 기록한 "여호와의 크고 두려운 날"을 "주의 크고 영화로운 날"이라고 해석하여 그것이 예수 그리스도의 '부활의 날'임을 증거한다. "또 내가 위로 하늘에서는 기사를 아래로 땅에서는 징조를 베풀리니 곧 피와 불과 연기로다 '주의 크고 영화로운 날'(부활의 날)이 이르기 전에 해가 변하여 어두워지고 달이 변하여 피가 되리라"(행 2:19,20). 부활의 날을 요엘이 "두려운 날"로 표현한 것은 십자가로 악한 자들을 심판하기 때문이며, 베드로가 "영화로운 날"로 표현한 것은 십자가로 택한 성도들을 구원하기 때문이다.

"주의 크고 영화로운 날(부활의 날)이 이르기 전에" 해가 어두워지고 달이 피가 되는 징조가 나타난다는 것은 예수 그리스도의 부활이 이르기 전에 징조가 있다고 말하는 것이다. 이 말은 부활 전 십자가에 죽으실 때에 징조가 나타난다는 말이다. 곧 "인자의 징조"는 부활 전 십자가에 죽으실 때에 나타난다.

징조는 "피와 불과 연기기둥"이다. 피는 예수 그리스도의 십자가의 피를 말하고, 불은 성령의 불기둥이며, 연기기둥은 하나님의 구름기둥을 말한다. 이것은 예수의 십자가 때에 불기둥과 구름기둥이 함께 동행함을 나타낸다. 피 속에 예수께서 계시고, 불기둥 속에 성령이 계시고, 구름기둥 속에 하나님이 계신다. 예수 그리스도의 십자가 때에 삼위 하나님께서 총출동하시는 것이다.

5. '인자의 징조'는 홍해와 광야에서 나타난 징조와 같다.

(홍해) (십자가)

"인자의 징조"는 "피와 불과 연기기둥"이다. 피는 예수 그리스도의 십자가의 피를 말하고, 불은 성령의 불기둥이며, 연기기둥은 하나님이 계시는 구름기둥을 말한다. 곧 십자가 때에 "피와 불과 연기기둥"의 "인자의 징조"가 나타난다는 것이다.

십자가 때의 "인자의 징조"는 홍해의 징조로 예표하였다. 베드로는 홍해의 물은 그리스도의 피의 세례를 예표한다고 기록하였다. "그들은 전에 노아의 날 방주를 준비할 동안 하나님이 오래 참고 기다리실 때에 복종하지 아니하던 자들이라 방주에서 물로 말미암아 구원을 얻은 자가 몇 명뿐이니 겨우 여덟 명이라 물은 예수 그리스도께서 부활하심으로 말미암아 이제 너희를 구원하는 표니 곧 세례라 이는 육체의 더러운 것을 제하여 버림이 아니요 하나님을 향한 선한 양심의 간구니라"(벧전 3:20,21).

모세와 백성들이 홍해를 건널 때 유월절 양의 피와 불기둥과 구름기둥이 함께 한 것은, 장차 십자가 때 그리스도의 피와 불기둥과 구름기둥이 함께 할 것을 예표한 것이다. 이스라엘 백성들이 양의 피로 유월절을 지키고(출 12:1-51) 홍해를 건널 때 불기둥과 구름기둥이 함께 했다. 곧 피와 불과 구름기둥이 함께 한 것이다.

"여호와께서 그들 앞에서 가시며 낮에는 구름기둥으로 그들의 길을 인도하시고 밤에는 불기둥을 그들에게 비추사 낮이나 밤이나 진행하게 하시니"(출 13:21). "이스라엘 진 앞에 가던 하나님의 사자가 그들의 뒤로 옮겨가매 구름기둥도 앞에서 그 뒤로 옮겨"(출 14:19). "새벽에 여호와에서 불과 구름 기둥 가운데서 애굽 군대를 보시고 애굽 군대를 어지럽게 하시며"(출 14:24).

그 양의 피와 불기둥과 구름기둥은 이스라엘 백성들이 홍해를 건너 광야를 걸을 때에도 계속 함께 했다. 그때 이스라엘 백성들 중앙에는 성소가 있었다. 그 성소 위에 불기둥과 구름기둥이 함께 있었다. "낮에는 여호와의 구름이 성막 위에 있고 밤에는 불이 그 구름 가운데에 있음을 이스라엘의 온 족속이 그 모든 행진하는 길에서 그들의 눈으로 보았더라"(출 40:38).

그 성소 안에서는 양을 잡아 그 피로 제사를 드리는 일을 하였다. 그러므로 성소 안에는 양의 피가 있는 것이다. 그 성소의 피 위에 불기둥과 구름기둥이 있다. 이것은 양의 피가 있는 곳에 불기둥과 구름기둥이 함께 동행함을 보여주는 것이다. 곧 양의 피 위에 성령과 하나님이 함께 동행하시며 홍해와 광야 길을 이끌어가셨다.

양의 피와 불기둥과 구름기둥은 삼위 하나님의 신비한 이적과 기사이다. 이러한 이적과 기사로 이스라엘 백성들을 구원하고 인도하셨던 것이다. 이것은 장차 예수 그리스도의 십자가 때에 그의 피와 성령의 불기둥과 하나님의 구름기둥이 심판과 구원의 이적을 일으키실 것을 예표한다.

그래서 십자가 때에 그러한 이적과 기사가 예수 그리스도의 십자가 위에 다시 나타난다. 예수 그리스도의 십자가의 피 위에 불기둥과 구름기둥이 함께한다. 홍해와 광야에서처럼 십자가 때에도 삼위 하나님이 총출동하시는 것이다. 택하신 이스라엘 백성들을 구원하시기 위해 양의 피 위에 하나님과 성령께서 함께 하신 것처럼, 십자가 때에도 택하신 백성들을 구원하시기 위해 그리스도의 십자가의 피 위에 하나님과 성령께서 함께 하신다.

이 징조를 요엘은 "이적"이라고 예언하였고, 베드로는 "기사와 징조"라고 표현하였다. "내가 '이적'을 하늘과 땅에 베풀리니 곧 피와 불과 연기기둥이라 여호와의 크고 두려운 날이 이르기 전에 해가 어두워지고 달이 핏빛 같이 변하려니와"(욜 2:30,31). "또 내가 위로 하늘에서는 '기사'를 아래로 땅에서는 '징조'를 베풀리니 곧 피와 불과 연기로다"(행 2:19).

이스라엘 백성들이 홍해를 건널 때와 광야를 걸을 때 가장 큰 이적과 기사는 반석에서 물을 내거나 쓴 물을 단 물로 바꾼 것보다 양의 피와 불기둥과 구름기둥이었다. 마찬가지로 예수 그리스도의 십자가 때의 가장 큰 이적과 기사도 그리스도의 피와 불기둥과 구름기둥이다. 놀라운 이적과 기사를 나타내는 이는 삼위 하나님밖에 없으시기 때문이다. 삼위 하나님께서 총출동하실 때 가장 큰 이적과 기사와 징조가 나타나는 것이다.

이렇게 초림 십자가 심판 날에 그리스도의 피와, 성령의 불기둥과, 하나님의 구름기둥의 삼위 하나님의 이적과 기사와 징조가 있다. 예수께서 이러한 기사와 이적과 징조를 "인자의 징조"라고 말씀하신 것이다. "인자의 징조"는 홍해와 광야에서 나타난 징조와 같다.

6. '인자의 징조'(피, 불, 연기) 중에 피의 징조만 보인다.

징조는 "피와 불과 연기기둥"이다. 여기서 피의 징조는 예수 그리스도의 피로서 눈으로 직접 볼 수 있는 징조이다. 예수 그리스도는 원래 보이지 않는 하나님의 본체신데 십자가 때는 사람의 육체를 입고 오셨으므로 그가 피를 흘리는 모습을 모든 자들이 눈으로 직접 볼 수 있다. 이것이 피의 징조이다.

원래 하나님의 본체께서는 피를 흘리시지 않는다. 그러나 하나님의 본체께서 사람의 모양으로 오셔서 피를 흘리는 징조를 보게 되면 "주의 임하심"(3)이며 심판의 때가 왔음을 알아야 한다고 말씀하신 것이다. 만일 피의 징조가 없으면 그것은 메시야가 아니며 심판자와 구원자가 아니라는 것이다. 반드시 피의 징조가 나타나야 "주의 임하심"이며 심판과 구원을 이루는 메시야임이 증거된다. 피 없는 심판과 구원은 있을 수 없으므로 피의 징조는 필수적으로 있어야 하는 징조이다.

그리고 성령의 불기둥과 하나님의 구름기둥의 징조가 있다. 그러나 성령의 불기둥과 하나님의 구름기둥은 보이지 않는다. 이것은 성령과 하나님은 사람의 육체로 오시지 않고 영으로 오셨기 때문이다. 영으로 오셔서 예수 그리스도의 십자가의 이적과 기사를 함께 이루신다. 하나님과 성령이 함께 하심으로 죽었던 예수 그리스도의 영을 다시 살리셨다. "하나님이 주를 다시 살리셨고 또한 그의 권능으로 우리를 다시 살리시리라"(고전 6:14). "예수를 죽은 자 가운데서 살리신 이의 영(성령)이 너희 안에 거하시면 그리스도 예수를 죽은 자 가운데서 살리신 이가 너희 안에 거하시는 그의 영으로 말미암아 너희 죽을 몸도 살리시리라"(롬 8:11).

예수께서 십자가에 못 박혀 죽으실 때에 하나님과 성령께서 함께 합력하여 예수 그리스도의 영을 살리시고, 그리스도의 영이 죄와 마귀와 그를 따르는 자들을 심판하시고 성도들을 구원하시는 일에 합력하신다.

그러나 사람들이 십자가 때에 예수 그리스도의 피만 보고 성령의 불기둥과 하나님의 구름기둥이 동행하심을 보지 못한다. 그러므로 예수의 십자가의 피에 성령과 하나님이 관여하시지 않은 것으로 여겨 예수는 하나님과는 아무런 상관없는 평범한 인간으로 격하시키며, 그의 죽음은 영원한 죽음으로 간주하여 그를 구주로 영접하지 않는다. 곧 사람들이 성령과 하나님의 역사는 보지 못하고 예수의 죽음만 보기 때문에 그의 죽음을 일반 사람의 죽음과 같이 치부하는 것이다. 예수의 십자가 때에 이 요엘 선지자가 예언한 징조들이 있을 것을 알지 못한다면 죽은 예수를 모두 떠나게 될 것이다.

십자가 때의 세 징조 곧 예수 그리스도의 피의 징조와, 성령의 불기둥의 징조와, 하나님의 구름기둥의 징조가 함께 나타나므로 이 징조의 명칭은 사실 "하나님의 징조와 성령의 징조와 인자의 징조"라고 해야 맞는다. 그러나 하나님과 성령의 징조는 드러내지 않고 마치 예수 그리스도의 징조만 있는 것처럼 "인자의 징조"라고 표현하신다. 이것은 삼위 하나님의 징조가 모두 있으나 사람들이 눈으로 볼 수 있는 징조는 예수 그리스도의 피의 징조뿐이므로 이렇게 "인자의 징조"라고 표현하신 것이다. 예수 그리스도의 말씀을 듣는 대상이 바로 사람인 제자들이기 때문이다. 역시 예수 그리스도의 표현대로 제자들은 그의 피의 "인자의 징조"만 보았고, 성령의 불기둥과 하나님의 구름기둥의 징조는 보지 못했다. "인자의 징조"(피, 불, 연기) 중에 피의 징조만 보인다.

7. '인자의 징조'는 십자가의 피가 마귀 별들을 어두워지게 하고 핏빛이 되게 하는 징조이다.

예수 그리스도의 십자가 때에 나타나는 징조가 또 있다. 그것은 해가 어두워지고 달이 핏빛이 되는 징조이다. 요엘이 십자가 때에 "해가 어두워지고 달이 핏빛 같이 변하"는 징조가 있을 것이라고 예언하였다(욜 2:30,31). 요엘의 예언을 베드로는 "해가 변하여 어두워지고 달이 변하여 피가 되리라"(행 2:19,20)고 해석하였다. 여기의 별들은 마귀들을 상징한다(29절 '별들이 하늘에서 떨어지며' 참조).

여기서 해가 어두워졌다는 것은 하늘의 천체 중에 해만 어두워지는 것이 아니다. 해가 어두워졌다는 것은 달도 함께 어두워졌다는 의미이며 하늘에 있는 모든 별들도 함께 어두워졌음을 의미한다. 그리고 달이 핏빛이 된 것도 달만 핏빛이 되었다는 것이 아니다. 해를 비롯하여 모든 별들이 핏빛이 되었음을 의미한다. 하늘에 있는 별들을 대표하여 해와 달로 표현한 것뿐이다.

그리고 29절에서 "별들이 하늘에서 떨어지며"라는 말씀도 해와 달은 그대로 떠 있고 별들만 떨어진다는 말씀이 아니다. 해와 달을 포함한 모든 별들이 떨어짐을 의미한다. 그러므로 하늘의 모든 별들이 어두워지고, 모든 별들이 핏빛으로 변하고, 모든 별들이 떨어지는 것이다(29). 이것이 "인자의 징조"이다.

이렇게 별들이 어두워지고, 핏빛으로 변하고, 떨어지는 것(29)은 예수 그리스도의 십자가의 피가 별들에 임하여 나타나는 현상이다. 십자가의 피는 예수 그리스도만 그냥 피를 흘리시고 마는 그런 피가 아니다. 십자가의 피는 하늘의 별들에까지 미치는 피이다. 이렇게 별들이 어두워지고 핏빛으로 변하여 떨어지는 것은 그리스도의 피가 별들에 임하여 오는 현상으로서 피가 임하여 별들이 어두워지고, 피가 임하여 핏빛으로 변하고, 피가 임하여 떨어지는 것이다.

　여기서 피가 임하여 별들이 어두워진다는 것과 피가 임하여 핏빛으로 변한다는 것은 같은 말이다. 어두워진다는 것은 핏빛이 되기 때문에 어두워지는 것이며, 핏빛이 되었다는 것은 어두워졌다는 것을 의미하기 때문이다. 예를 들어 집안을 밝히는 전구에 빨간 색의 물감으로 칠하면 상당히 어두워질 것이다. 그러므로 어두워졌다고 표현하는 것과 핏빛으로 변했다라고 표현하는 것은 별들이 그리스도의 피로 물든 장면을 어둠과 핏빛으로 다르게 표현한 것뿐이다. 그러므로 어둠과 핏빛은 같은 의미이다.

　그러므로 예수께서 "해가 어두워지며 달이 빛을 내지 아니하며"(29)라고 말씀하신 것은 요엘 선지자가 예언한 "해가 어두워지고 달이 핏빛 같이 변하려니와"(욜 2:30,31)를 인용하신 것으로서 "해가 핏빛으로 변하여 어두워지고 달이 핏빛으로 변하여 빛을 내지 아니하며"라고 말씀하신 것과 같다.

　예수 그리스도의 피가 나타나기 전에는 별들이 하늘과 땅을 비추었다. 그러나 예수 그리스도의 십자가의 피가 나타난 후에는 그의 피가 하늘과 땅에 임하게 된다. 그의 피가 임하기 전에는 하늘의 별들이 세상을 비추었다. 별들은 마귀들을 상징한다(29절 참조). 곧 마귀 별들이 공중의 권세를 잡고 있었다. 그러나 예수 그리스도의 피가 나타나면서부터는 그 피가 하늘의 마귀 별들에 임하여 그 마귀 별들이 빛을 잃고 핏빛으로 변하여 떨어지는 것이다. 예수 그리스도의 피로 마귀 별들이 멸망을 당하는 것이다. 십자가에서 흐르는 그리스도의 피가 하늘에까지 뿌려지는 것이다. 그리스도의 피가 온 우주에 임하는 것이다. 그리스도의 피가 온 우주에 임할 때 더럽고 악한 자들에게는 화와 멸망으로 임하고, 의로운 자들에게는 복과 구원으로 임한다. 이것이 "인자의 징조"이다(29절 참조).

"인자의 징조"는 29절의 하늘의 마귀 별들에게 나타나는 심판의 징조를 말
하는 것이다. 곧 그리스도께서 십자가에서 흘리신 피의 효력이 하늘의 별들에
임하여 그 마귀 별들이 빛을 잃고 핏빛이 되어 하늘에서 떨어지는 징조이다.
다시 말하면 그리스도께서 십자가에서 피를 흘리시고, 그 피가 하늘에 있는 마
귀 별들에게 뿌려지고, 그 별들이 핏빛으로 변하고, 하늘에서 땅으로 떨어져
멸망을 당하는 것이 "인자의 징조"이다. 이것은 공중의 권세(엡 2:2)를 잡고 있
는 모든 마귀들을 그리스도의 피로 심판하여 멸하시는 것을 의미한다.

베드로가 이 별들이 어두워지고 핏빛으로 변하는 "인자의 징조"가 십자가 때
에 일어났다고 다음과 같이 증언하였다. "그 때에 내가 내 영을 내 남종과 여종
들에게 부어 주리니 그들이 예언할 것이요 또 내가 위로 하늘에서는 기사를 아
래로 땅에서는 징조를 베풀리니 곧 피와 불과 연기로다 주의 크고 영화로운 날
이 이르기 전에 해가 변하여 어두워지고 달이 변하여 피가 되리라 누구든지 주의
이름을 부르는 자는 구원을 받으리라 하였느니라 이스라엘 사람들아 이 말을
들으라 너희도 아는 바와 같이 하나님께서 나사렛 예수로 큰 권능과 기사와 표
적을 너희 가운데서 베푸사 너희 앞에서 그를 증언하셨느니라"(행 2:18-22).

요엘 선지자의 예언대로 십자가 때에 해가 어두워지는 징조가 실제로 나타
났다. 예수께서 오전 9시에 십자가에 못 박히시고 오후 3시까지 6시간 동안
매달려 있으셨다. 낮 12시 정오에 해가 어두워졌다. 그리고 그 어둠이 오후 3
시까지 이어졌다. "때가 제삼시가 되어 십자가에 못박으니라"(막 15:25). "때
가 제육시쯤 되어 해가 빛을 잃고 온 땅에 어둠이 임하여 제구시까지 계속하
며"(눅 23:44).

십자가에 못 박히시고 죽으실 때가지 6시간을 십자가에 매달려 피를 흘리셨
다. 6시간 중 앞의 3시간 동안은 별들이 빛을 냈고, 후의 3시간은 별들이 빛을
잃고 핏빛으로 변했다. 그것은 앞의 3시간 동안은 별들이 승리하고, 후의 3시
간 동안은 별들이 멸망을 당하는 장면이다. 그것은 앞의 3시간은 마귀 별들이
예수를 십자가에 못 박고 승리하는 시간이다. 그러나 후의 3시간은 예수 그리

스도의 피로 별들이 어두워지고 핏빛으로 변하며 하늘에서 떨어져 멸망하는
시간이다(29). 그러므로 앞의 3시간은 예수의 못 박힘과 마귀의 승리를 보여
주고, 후의 3시간은 마귀의 멸망과 예수의 승리를 보여준다. 그러므로 예수께
서 십자가에 못 박히신 순간부터 죽으시기까지 십자가에 피를 흘리시며 매달
려 계신 6시간은 마귀들을 멸하시는 중대하고 역사적인 시간이다.

그런데 여기서 짚고 넘어가야 할 것이 있다. 그것은 십자가 때에 어두워졌던
해는 실제 마귀는 아니라는 사실이다. 해와 별들은 단지 마귀들을 상징하는
천체일 뿐이다. 그런데 이렇게 실제로 해가 빛을 잃고 어둠이 임했다. 그 이유
는 무엇일까? 그것은 그리스도의 십자가의 피로 영적인 마귀들이 멸망하는 상
황을 사람의 눈으로 볼 수 없기 때문에 그 표징으로 실제 해를 어둡게 하여 나
타내주시는 것이다. 해를 어둡게 하여 그리스도의 십자가의 피로 마귀들을 멸
하고 있다는 사실을 증거하시는 것이다. 당연히 그 어두워졌던 해는 3시간 만
에 다시 밝아졌다. 해는 마귀들의 멸망을 표징으로 나타내기 위한 도구로만
사용하셨기 때문이다. 그러나 실제 마귀들은 그리스도의 십자가의 피로 영원
히 멸망을 당하게 되었다(유 1:6).

8. '인자의 징조'는 구약 끝날에 있는 십자가 피의 징조이다.

세상 끝의 징조

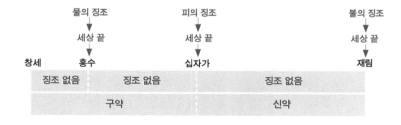

1) "세상 끝"은 세 번 있다.

(1) 노아의 홍수 때

하나님께서 노아의 홍수 때를 "세상 끝"이라고 하셨다. "하나님이 노아에게 이르시되 모든 혈육 있는 자의 포악함이 땅에 가득하므로 그 '끝날'이 내 앞에 이르렀으니 내가 그들을 땅과 함께 멸하리라"(창 6:13).

(2) 그리스도의 십자가 때

성경은 예수 그리스도의 십자가 때를 "세상 끝"이라고 기록하였다. "그리 하면 그가 세상을 창조한 때부터 자주 고난을 받았어야 할 것이로되 이제 자 기를 단번에 제물로 드려 죄를 없이 하시려고 '세상 끝'에 나타나셨느니라"(히 9:26). 여기서 예수께서 "자기를 단번에 제물로 드려 죄를 없이 하시"는 때가 "세상 끝"이므로 그리스도의 십자가 때가 "세상 끝"인 것이다.

(3) 재림 때

예수께서 재림 때를 "세상 끝"이라고 말씀하셨다. "내가 너희에게 분부한 모 든 것을 가르쳐 지키게 하라 볼지어다 내가 '세상 끝날'까지 너희와 항상 함께 있으리라 하시니라"(마 28:20).

2) '세상 끝날' 전에는 징조가 없다.

"세상 끝" 전에는 징조가 없다. 홍수 전과, 십자가 전과, 재림 전에 징조가 없 다. 예수께서 세 번의 "세상 끝" 전에 징조는 없다고 말씀하셨다. 예수께서 주 의 심판 곧 "주의 임하심"이 노아의 때와 같이 임한다고 말씀하시면서 홍수 전 과 십자가 전과 재림 전에 아무런 징조가 없다고 말씀하셨다. "노아의 때와 같 이 인자의 임함도 그러하리라 홍수 전에 노아가 방주에 들어가던 날까지 사람 들이 먹고 마시고 장가들고 시집가고 있으면서 홍수가 나서 그들을 다 멸하기 까지 깨닫지 못하였으니 인자의 임함도 이와 같으리라"(37-39).

노아의 홍수 전에 아무런 징조가 없었다. 아무런 징조가 없었기 때문에 전 혀 깨닫지 못하고 멸망을 당하였다고 말씀하셨다. 아무 예고 없이 어느 날 갑자기 홍수가 쏟아지기 시작한 것처럼 "주의 임하심" 전에 징조가 없다고 말씀하신 것이다. 그와 같이 십자가 때의 "주의 임하심"과 재림 때의 "주의 임하심" 전에는 일상 평일과 똑같을 것이라고 말씀하셨다. 홍수 때에 "세상 끝"을 알지 못하는 자들에게 갑자기 홍수 심판이 임한 것과 같이 십자가 때에 갑자기 피의 심판이 임할 것과, 재림 때에도 갑자기 불 심판이 임할 것을 말씀하시고 있다. 그러므로 홍수 직전까지 아무런 징조가 없었고, 십자가 직전까지 아무런 징조가 없고, 재림 직전까지 아무런 징조가 없는 것이다.

3) '인자의 징조'는 구약 끝날에 있는 십자가 피의 징조이다.

그러나 위 그림과 같이 "세상 끝날"에는 징조가 있다. 첫 번째 끝날인 노아의 때에 물의 징조가 있고, 두 번째 끝날인 십자가 때에 피의 징조가 있으며(욜 2:30,31, 행 2:18-22)(본절), 세 번째 끝날인 재림 때에 불의 징조가 있다(계 20:9). 곧 노아의 때는 물이 내리고, 십자가의 날은 피가 내리고(본절), 재림의 날은 불이 내린다.

홍수 전 사람들이 구약의 "끝날"에 물이 쏟아지는 것을 볼 때에야 심판이 임하였음을 알고, 구약 사람들이 구약의 "끝날"에 그리스도께서 십자가에서 피를 흘리시는 것을 볼 때에야 심판이 임하였음을 알고(본절), 모든 사람들이 신약의 "끝날"에 하늘에서 불이 내리는 것을 보고서야 심판이 임하였음을 알게 될 것이다. 심판의 전날까지는 심판을 전혀 알 수 없고 재림 심판의 날이 당도해서야 징조를 보고 그때 심판이 임하였음을 알게 되는 것이다.

그래서 홍수 직전까지 심판을 모르고 있다가 물로 멸망을 당하였고, 예수께서 피를 흘리시기 직전까지 심판을 모르고 있다가 피로 멸망을 당하였고(본절), 재림 직전까지 심판을 모르고 장가가며 시집가다가 도둑같이 불이 내려 멸망을 당하게 될 것이다. 본절의 '인자의 징조'는 두 번째 '세상 끝'인 십자가 심판 날에 나타나는 예수 그리스도의 피의 징조이다.

9. '인자의 징조'는 하늘에 있는 구약성도들에게 나타나는 징조이다.

"그 때에 인자의 징조가 하늘에서 보이겠고": "인자의 징조"가 "하늘에서" 보인다. "하늘"에는 구약성도들이 있다. 인자의 징조가 "하늘에서" 보이므로 마땅히 하늘에 있는 구약성도들이 그 징조를 보게 된다. 여기서 "하늘에서 보이겠고"는 사실상 "하늘에 있는 구약성도들에게 보이겠고"이다. "인자의 징조"는 십자가 때에 하늘에 있는 구약성도들의 영들에게 나타나는 징조이다.

예수께서 십자가에 육체가 죽으시고 영으로 하늘에 있는 구약성도들의 영들에게 가신다. 예수께서 그들에게 가시는 이유는 그들이 예수 그리스도의 피로 씻기기를 기다리기 때문이다. 그래서 그들을 찾아가 피로 씻으심으로 그들에게 십자가 복음을 전파하신다. "이를 위하여 죽은 자들(구약성도들)에게도 복음(십자가의 피로 씻김)이 전파되었으니 이는 육체로는 사람으로 심판을 받으나 영으로는 하나님을 따라 살게(천국에서 영생) 하려 함이라"(벧전 4:6). 아브라함의 영은 하늘에서 그리스도의 오심을 기뻐하였다(요 8:56). 이 일은 반드시 있어야 하는 일이다. 구약성도들을 먼저 씻으신 후 신약성도들을 씻기 시작한다.

본 30절은 다음과 같이 세 부분으로 구분된다. 첫째, "그 때에 인자의 징조가 하늘에서 보이겠고", 둘째, "그 때에 땅의 모든 족속들이 통곡하며", 셋째, "그들이 인자가 구름을 타고 능력과 큰 영광으로 오는 것을 보리라"이다. 여기서 "그 때"는 십자가 때로서 "그 때에 인자의 징조가 하늘에서 보이겠고"는 십자가 때에 인자의 징조가 하늘에 있는 구약성도들에게 보이는 장면이고, "그 때에 땅의 모든 족속들이 통곡하며"는 십자가 때에 인자의 징조가 땅의 옥에 있는 구약불신자들의 영들에게 보이는 장면이다. "그들이 인자가 구름을 타고 능력과 큰 영광으로 오는 것을 보리라"에서 "그들"은 하늘과 옥에 있는 모든 영들을 말하고, 하늘에 있는 구약성도들이 "인자가 구름을 타고 능력과 큰 영광으로 오는 것을 보"고, 땅의 옥에 있는 구약불신자들의 영들이 "인자가 구름을 타고 능력과 큰 영광으로 오는 것을 보"는 것이다. 하늘과 옥에 있는 영들이 각각 자기들의 처소에서 "인자가 구름을 타고 능력과 큰 영광으로 오는 인자의 징조"를 본다.

십자가 때에 "인자의 징조"는 하늘과 땅에 동시에 나타난다. 하늘의 구약성도들에게 나타나는 "인자의 징조"는 구원의 징조이고, 땅의 옥에 있는 구약불신자들에게 나타나는 "인자의 징조"는 심판의 징조이다. 본문 "그 때에 인자의 징조가 하늘에서 보이겠고"를 풀어 말하면 "십자가 때에 인자의 구원의 징조가 하늘에 있는 구약성도들에게 보이겠고"이다.

"그 때에 땅의 모든 족속들이 통곡하며"(30)

1. '땅의 모든 족속'은 옥에 있는 구약불신자들이다.

29-31절은 예수 그리스도의 십자가로 구약을 끝마치시는 내용이다. 29절은 그의 십자가로 마귀 별들을 멸하시는 장면이고, 30절의 "그 때에 인자의 징조가 하늘에서 보이겠고"는 29절의 마귀 별들이 십자가의 피로 물들어 어두워지고 핏빛으로 변하여 떨어지는 장면이다. 여기 30절의 "땅의 모든 족속들"은 구약의 불신자들로서 옥에 있는 영들이다. 그 옥에 있는 영들은 율법을 버리고 하나님을 대적하며 메시야 예수 그리스도께서 오시기를 소원하지 않은 자들로서 옥에 갇힌 구약의 불신자들이다. 옥에서 그들이 "통곡"하는 일이 벌어진다.

여기의 "땅의 족속들"을 "통곡하는 자들"로 표현한다. 성도들은 그리스도를 보고 "통곡"하지 않고 찬양한다. 그러므로 여기서 그리스도를 보고 "통곡"하는 자들은 성도들이 아님이 분명하다. 이들은 불신자들이며 옥에 있는 영들임을 증거한다.

또 '땅의 족속' 중에 일부의 사람들만 "통곡"하는 것이 아니라, "모든 족속들이 통곡"한다고 말씀하셨기 때문에 이들은 단체로 옥에서 통곡하는 자들임을 증거한다. 만일 이들 중에 성도가 섞여 있다면 여기처럼 "땅의 '모든' 족속들이 통곡하며"라고 말씀하셔서는 안 된다. "모든"이라는 말 대신 "일부"라는 말로 다음과 같이 하셨어야 했다. "땅의 '일부' 족속이 통곡하며", "땅의 족속들 중 일부의 불신자들은 통곡하고, 나머지 성도들은 찬양하며".

지금 이 무리들은 성도가 섞여 있지 않은 곳, 곧 그들만 따로 모여 있는 옥에 있는 구약불신자들이다. 십자가 때 예수께서 영으로 이 옥에 있는 구약불신자들에게 가서 지옥 불못을 선고하심으로 이들이 통곡한다(벧전 3:18,19).

2. 십자가 심판 때와 재림 심판 때 '땅의 모든 족속들이 통곡'한다.

"땅의 모든 족속들이 통곡하"는 장면은 성경 두 곳에 기록되어 있다. 하나는 여기의 마 24:30이고, 하나는 계 1:7이다. "볼지어다 그가 구름을 타고 오시리라 각 사람의 눈이 그를 보겠고 그를 찌른 자들도 볼 것이요 땅에 있는 모든 족속이 그로 말미암아 애곡하리니 그러하리라 아멘"(계 1:7). 그런데 본절 마 24:30의 불신자들과 계 1:7의 불신자들은 다르다. 본절 마 24:30의 "땅의 모든 족속들"은 초림 십자가 때에 심판받는 구약의 불신자이고, 계 1:7의 "땅에 있는 모든 족속"은 재림 때에 심판받는 불신자이다.

이렇게 예수 그리스도의 심판은 십자가 심판과, 재림 심판 두 차례 있다. 초림 심판은 십자가의 피로 하시고(마 26:28, 요 5:27-29, 롬 3:25, 5:9, 엡 1:7, 히 9:12, 요일 1:7, 계 1:5), 재림 심판은 영원한 지옥으로 하신다(계 20:15). 초림 심판은 십자가에서 몸이 죽으시고 다시 사신 영으로 구약불신자들의 영들이 있는 옥으로 가서 심판하시고(벧전 3:18,19), 재림 심판은 영이 아니라 하나님의 본체의 신령한 몸을 입고 오셔서 심판하신다(계 1:7).

이렇게 두 차례의 심판이 있으므로 "땅의 모든 족속들이 통곡"하는 때도 당연히 초림 십자가 때와 재림 때 두 차례 있다. 그러므로 예수께서 두 차례의 심판을 예고하신다. 본절 마 24:30에서 십자가에 죽으시기 전에 십자가 심판을 예고하시고, 부활하신 후 승천하여 재림 심판을 예고해주셨다. 죽으시기 전에 십자가 심판을 예고하시고, 승천 후에 재림 심판을 예고하신 것이다.

아래 그림과 같이 마 24:30은 죽으시기 전에 십자가 심판을 예고하시고, 요한에게 주신 계 1:7은 승천하신 후에 재림 심판을 예고하신 것이다.

이것은 죽으시기 전에는 십자가 심판을 예고하시고, 승천 후에는 재림 심판을 예고하심을 나타낸다. 이로써 예수 그리스도는 제자들에게 십자가 심판과 재림 심판 두 심판을 모두 예고하신 것이다. 본 마 24:30은 죽으시기 전 십자가 심판을 준비하는 중에 하신 심판예고이므로 마땅히 십자가로 옥에 있는 구약불신자들을 심판하시는 장면이며, 계 1:7은 그리스도께서 승천하셔서 재림 심판을 준비하시는 중에 심판을 예고하신 것이므로 마땅히 재림 때 심판하시는 장면이다.

만일 그리스도의 심판이 단 한 차례만 있다면, 본절이 재림 심판으로 강제해석될 것이다. 그러나 분명히 두 차례의 심판이 있으므로 한 차례는 십자가 심판이고, 한 차례는 재림 심판인 것이다. 정리하면 죽으시기 전에 하신 심판예고(마 24:30)는 십자가 심판을 예고한 것이며, 죽으시고 승천하신 후 하신 심판예고(계 1:7)는 재림 심판을 예고하신 것이다. 결론으로 본 마 24:30은 십자가 심판이고, 계 1:7은 재림 심판이다.

3. '땅의 모든 족속'은 하늘로 올라가지 못한 구약불신자이다.

"땅의 모든 족속들"은 하늘로 올라가지 못하고 옥에 있는 구약불신자들의 영들이다. 구약에 죽은 성도들의 영들은 땅의 옥에 있지 않고 하늘에 있다. 예수께서 아브라함과 거지 나사로의 영이 천사들에게 받들려 하늘로 올라갔다고 말씀하셨다. "이에 그 거지가 죽어 천사들에게 받들려 아브라함의 품에 들어가고 부자도 죽어 장사되매"(눅 16:22).

이 말씀은 성도가 죽으면 그 영이 하늘로 올라가고, 불신자는 그대로 땅에 남아 있음을 밝히신 것이다. 그러므로 예수께서 지금 본문에서 말씀하시는

"땅의 모든 족속들"은 하늘로 올라가지 못하고 땅에 남아 있는 구약의 불신자들을 지칭하시는 것이다.

4. '땅의 모든 족속'은 지옥 불못을 선고받고 통곡한다.

베드로가 예수께서 십자가에 육체로는 죽임을 당하셨으나 영으로는 살리심을 받아 그 영으로 옥에 있는 구약불신자들의 영들에게 가서서 지옥 불못이 확정되었음을 선포하셨다고 증거하였다. "그리스도께서도 단번에 죄를 위하여 죽으사 의인으로서 불의한 자를 대신하셨으니 이는 우리를 하나님 앞으로 인도하려 하심이라 육체로는 죽임을 당하시고 영으로는 살리심을 받으셨으니 그가 또한 영으로 가서 옥에 있는 영들에게 선포하시니라"(벧전 3:18,19). 옥에 있는 영들이 그리스도로부터 지옥 불못이 확정되었음을 선포받는 순간 그들의 얼굴이 파래지며 충격을 받는다. 그러므로 옥에 있는 "땅의 '모든' 족속들이 통곡하며" 울부짖게 된다.

구약의 불신자들은 육체가 이미 죽었고 영으로 옥에 있다. 구약의 옥에 있는 영들은 예수께서 십자가로 육체가 죽으시고 영으로 자기들에게 오서서 지옥 불못이 확정되었음을 선포하시기 전까지는 자신들이 왜 옥에 갇혀 있는지를 모르고 있다. 그들은 자기들의 죄를 전혀 깨닫지 못하고 있으며, 자기들이 장래에 어떻게 되는지도 알지 못하고 있다.

그들은 자기들이 의롭다고 여기며 남을 업신여기며 하나님과 예수님을 모독하고 있다. 그러므로 그들은 자기들이 왜 옥에 갇혀 있어야 하는지 이해할 수 없으며, 오직 억울함으로 하나님을 원망하고 있다. 그들은 자신들의 죄악을 알지 못하므로 언젠가는 그 억울한 옥살이에서 해방될 수 있을 것으로 여기고 있었다. 그들은 깨달음과 회개가 불가능하기 때문에 이러한 어처구니 없는 착각 속에 빠져 악행을 자행하며 살아가는 것이다.

그러나 예수께서 십자가에서 육체가 죽으시고 영으로 그 옥에 있는 영들을 찾아가서서 지옥 불못이 확정되었음을 선포하실 때 그들은 경악하여 "통곡"하

는 것이다. 메시야의 십자가의 심판 날을 알지 못하고 대적한 자들이 "통곡"한
다. 노아의 홍수 심판 때에 그 심판의 날을 알지 못하고 패역한 길을 갔던 자
들이 갑자기 홍수가 내릴 때 통곡한 것과 같이, 십자가 심판 때에도 알지 못하
고 있다가 갑자기 그리스도의 피가 쏟아져 심판이 임할 때 통곡한다. 예수 그
리스도께서 말씀하신 바와 같이 심판은 노아의 때와 같이 임한다. "노아의 때
와 같이 인자의 임함도 그러하리라"(37).

5. '땅의 모든 족속'은 십자가 때에 예수의 음성을 듣는다.

예수께서 죽은 자들이 주의 음성을 들을 때가 "이 때라"고 말씀하시면서, 십
자가 때에 죽은 자들이 자기의 음성을 들을 것이라고 예고하셨다. 그리고 죽
은 자들이 십자가 때에 "선한 일을 행한 자는 생명의 부활로, 악한 일을 행한
자는 심판의 부활로 나오리라"고 예고하셨다.

"진실로 진실로 너희에게 이르노니 죽은 자들이 하나님의 아들의 음성을 들
을 때가 오나니 곧 '이 때라' 듣는 자는 살아나리라 아버지께서 자기 속에 생명
이 있음 같이 아들에게도 생명을 주어 그 속에 있게 하셨고 또 인자됨으로 말
미암아 심판하는 권한을 주셨느니라 이를 놀랍게 여기지 말라 무덤 속에 있는
자가 다 그의 음성을 들을 때가 오나니 선한 일을 행한 자는 생명의 부활로,
악한 일을 행한 자는 심판의 부활로 나오리라 내가 아무것도 스스로 할 수 없
노라 듣는 대로 심판하노니 나는 나의 뜻대로 하려 하지 않고 나를 보내신 이
의 뜻대로 하려 하므로 내 심판은 의로우니라"(요 5:25-30).

이 요 5:25-30에서 예수께서 죽은 자들이 그리스도의 음성을 들을 때가 "이
때라"고 말씀하셨다. "이 때"는 재림 때가 아니고, 자신이 지금 땅에 계시는 때
를 말하며, 십자가의 피로 심판하는 때를 지시한다. 예수께서 예고하신 대로
본 마 24:30,31에서 십자가 때에 구약에 죽은 자들이 모두 그리스도의 음성을
듣는다. 구약에 죽은 불신자들 곧 "땅의 모든 족속들이" 예수의 심판의 음성
을 듣고 통곡하게 되고(30절)(벧전 3:19), 구약에 죽은 성도들이 예수의 구원의

음성을 듣고 그에게로 모이며(31절)(벧전 4:6), 그 구약성도들 중 일부를 표본으로 부활시키셨다(마 27:50-53). "땅의 모든 족속"은 십자가 때에 예수의 심판의 음성을 듣는다.

"그들이 인자가 구름을 타고 능력과 큰 영광으로 오는 것을 보리라"

1. '그들'은 하늘에 있는 구약성도들과 땅에 있는 구약불신자들이다.

"그들"은 하늘에 있는 구약성도들과 땅의 옥에 있는 구약불신자들을 모두 포함한다. 앞서 설명한 대로 30절의 "그 때에 인자의 징조가 하늘에서 보이겠고"는 십자가 때에 인자의 징조가 하늘에 있는 구약성도들에게 보이는 장면이고, "그 때에 땅의 모든 족속들이 통곡하며"는 십자가 때에 인자의 징조가 땅의 옥에 있는 영들에게 보이는 장면이다. 그래서 본문의 "그들"은 하늘과 옥의 모든 영들이다. "그들이" 각각 하늘과 옥에서 "인자가 구름을 타고 능력과 큰 영광으로 오는 것을 보"는 것이다.

다시 말하면 십자가 때에 육체가 죽으신 인자가 영으로 하늘의 구약성도들에게 구름을 타고 올라오시고, 땅의 구약불신자들에게 구름을 타고 내려가신다. 예수님의 영이 구름을 타고 양쪽을 가시는 것이다. 하늘로 오셔서는 구약성도들을 피로 씻어 흰 옷을 입히시고(벧전 4:6), 옥으로 가셔서는 구약불신자들에게 지옥 불못을 선고하신다(벧전 3:18).

2. 십자가 때 하늘의 구약성도들과 옥의 구약불신자들에게 인자가 구름 타고 오신다.

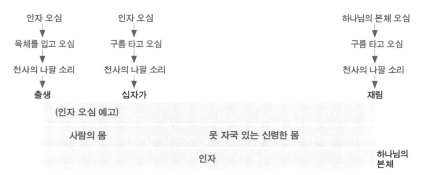

구름을 타고 오시는 때는 위의 그림처럼 두 번 있다. 곧 "인자"로 구름을 타고 오시는 십자가 때와, "하나님의 본체"로 구름을 타고 오시는 재림 때이다. 본절은 앞에서 설명한 바와 같이 예수께서 십자가 후 왕권을 가지고 영광으로 오실 때 구름을 타고 천사들과 함께 오시는 때를 말한다. 스가랴 선지자가 슥 9:9-17에서 메시야 예수 그리스도께서 십자가 때에 나팔 소리가 나며 구름을 타고 오신다고 예언하였다. 슥 9:9-17을 자세히 살펴본다.

스가랴 선지자가 메시야 예수 그리스도가 오셔서 십자가를 지시기 위해 예루살렘으로 들어가실 때 나귀새끼를 타고 가실 것을 예언하였다. "시온의 딸아 크게 기뻐할지어다 예루살렘의 딸아 즐거이 부를지어다 보라 네 왕이 네게 임하시나니 그는 공의로우시며 구원을 베푸시며 겸손하여서 나귀를 타시나니 나귀의 작은 것 곧 나귀 새끼니라"(슥 9:9). 그리고 이어서 십자가의 피로 악한 자들을 심판하시고 택한 백성들을 구원하실 것을 예언하였다(슥 9:10-13). 그리고 이어서 십자가 때에 나팔 소리가 날 것과 구름(회오리바람)을 타고 오실 것이라고 예언하였다. "여호와께서 그들 위에 나타나서 그들의 화살을 번개같이 쏘아 내실 것이며 주 여호와께서 나팔을 불게 하시며 '회오리바람'(구름)을 타고 가실 것이라"(슥 9:14).

"회오리바람"은 "구름"을 의미한다. 여기서 하나님이 "회오리바람"(구름)을 타고 오신다고 예언한 것은, 장차 예수께서 십자가의 피로 심판하실 때 "구름"을 타고 오실 것을 말한다. 여기서 십자가 때에 하나님이 구름을 타고 오시는 것은 예수 그리스도께서도 함께 구름을 타고 오심을 말한다. 구름은 하나님만 타시거나, 예수님만 타시거나 하지 않는다. 하나님과 예수님은 함께 구름을 타신다.

예수께서 타시는 '회오리바람'을 엘리야도 탄다. 엘리야가 '회오리바람'을 타고 하늘로 올라갔다. "여호와께서 '회오리바람'으로 엘리야를 하늘로 올리고자 하실 때에 엘리야가 엘리사와 더불어 길갈에서 나가더니"(왕하 2:1). "두 사람이 길을 가며 말하더니 불수레와 불말들이 두 사람을 갈라놓고 엘리야가

'회오리바람'으로 하늘로 올라가더라"(왕하 2:11).

여기서 엘리야가 타고 올라간 '회오리바람'은 '구름'이다. 그 증거는 성경에 성도가 승천할 때는 구름을 타고 올라간다고 기록되었기 때문이다. "그 후에 우리 살아남은 자들도 그들과 함께 '구름' 속으로 끌어 올려 공중에서 주를 영접하게 하시리니 그리하여 우리가 항상 주와 함께 있으리라"(살전 4:17). "하늘로부터 큰 음성이 있어 이리로 올라오라 함을 그들이 듣고 '구름'을 타고 하늘로 올라가니 그들의 원수들도 구경하더라"(계 11:12).

그러므로 앞의 슥 9:14의 메시야 예수께서 타고 오실 '회오리바람'도 '구름'을 의미한다. 곧 예수께서 십자가의 피로 심판하실 때 '구름'을 타고 오실 것을 예고한 것이다.

그리고 십자가 때뿐 아니라 예수께서 재림하실 때에도 구름을 타고 오신다. "볼지어다 그가 '구름'을 타고 오시리라 각 사람의 눈이 그를 보겠고 그를 찌른 자들도 볼 것이요 땅에 있는 모든 족속이 그로 말미암아 애곡하리니 그러하리라 아멘"(계 1:7). 이 계 1:7절의 구름을 타고 오시는 경우는 "인자"로 오시는 것이 아니라 "하나님의 본체"로 오시는 재림 때이다(앞의 '인자의 징조' 참조). 그러므로 본 마 24:30의 "인자"가 구름을 타고 오시는 때는 십자가 때이고, 계 1:7의 "하나님의 본체"로 구름을 타고 오시는 때는 재림 때이다.

십자가 피로 구약성도들을 씻고 흰 옷을 입히기 위해 "인자가 구름을 타고" 하늘로 올라가시고, 옥에 있는 구약불신자들을 심판하기 위해 "인자가 구름을 타고" 옥으로 내려가신다. 그래서 하늘과 옥에서 각각 "인자가 구름을 타고" 오는 모습을 본다. 하늘에서는 죄 씻음 받고 새 노래를 부르고, 옥에서는 지옥 불못을 선고받고 통곡한다. 그때 지상에 살아 있는 제자들은 "인자가 구름을 타고" 오시는 모습을 볼 수 없다. 그러나 재림하실 때는 살아 있는 자들도 그가 구름 타고 오시는 모습을 본다.

3. 예수께서 '영광으로 오는' 때는 십자가 때이다.

본절의 "영광으로 오는 것을 보"게 되는 때가 언제인가에 대하여 예수께서 친히 십자가 때라고 밝혀주셨다. 예수께서 "인자가 영광"을 받으시는 때는 십자가에 죽으실 때라고 말씀하셨다.

"그리스도가 이런 고난(십자가의 죽음)을 받고 자기의 '영광'에 들어가야 할 것이 아니냐 하시고"(눅 24:26). "예수께서 대답하여 이르시되 '인자가 영광을 얻을 때'(십자가 때)가 왔도다 내가 진실로 진실로 너희에게 이르노니 한 알의 밀이 땅에 떨어져 죽지 아니하면 한 알 그대로 있고 죽으면(십자가에 죽으면) 많은 열매를 맺느니라"(요 12:23,24). "이는 그를 믿는 자들이 받을 성령을 가리켜 말씀하신 것이라 예수께서 아직 '영광'을 받지 않으셨으므로(아직 십자가에 죽지 아니하였으므로) 성령이 아직 그들에게 계시지 아니하시더라"(요 7:39). 그러므로 "인자가 영광"으로 오시는 때는 십자가 때이다.

그리고 예수께서 영광의 왕권을 가지고 천사들과 함께 오시는 때가 부활 때임을 밝히셨다. 예수께서 영광의 왕권을 가지고 천사들과 함께 오시는 것을 제자들이 볼 것이라고 말씀하셨기 때문이다. "인자가 아버지의 '영광'으로 그 천사들과 함께 오리니 그 때에 각 사람이 행한 대로 갚으리라 진실로 너희에게 이르노니 여기 서 있는 사람 중에 죽기 전에(제자들이 살아 있을 때에) 인자가 그 '왕권'을 가지고 오는 것을 볼 자들도 있느니라"(마 16:27,28).

이 마 16:28에서 제자들이 "죽기 전에" 인자가 그 왕권을 가지고 오는 것을 볼 자들도 있을 것이라고 말씀하심으로써 왕권을 가지고 오시는 때가 제자들이 살아 있을 때 곧 부활 때임을 밝히시고 있다. 재림 때는 제자들이 모두 죽은 후이므로 어떻게 말씀하실 수 없다. 예수께서 부활 후 왕권을 가지고 오시므로 "큰 영광"이다.

예수 그리스도의 '부활의 영광'은 특별한 영광이다. 원래 삼위 하나님은 영원히 영광이시다. 특별히 어느 때를 정하여 영광의 때라고 하실 필요가 없으시다. 삼위 하나님, 곧 하나님과 예수님과 성령님은 모두 영광이 영원하신데 예수 그리스도에게만 특별한 영광이 하나 더 첨가된다. 그 이유는 무엇일까? 삼위 하나님 중 하나님과 성령님은 죽으셨다가 부활하신 적이 없으시다. 유일하게 예수 그리스도께서만 십자가에 죽으셨다가 부활하셨다. 이것이 예수 그리스도만의 특별한 영광이시다. 본절에서 예수께서 "영광"이라고 말씀하신 것은 십자가에 죽으셨다가 "부활하신 예수 그리스도만의 영광"임을 증거하시는 것이다.

물론 예수 그리스도께서 재림 때에도 영광으로 오신다. 재림의 영광은 이미 하늘의 영광 중에 계시다가 오시는 영광이다. 그러나 부활의 영광은 채찍을 맞으시며 고난 받고 십자가에 못 박혀 피를 흘리시고 죽었다가 삼 일만에 다시 부활하시는 영광으로서, 그 무엇과도 비길 데 없는 감격의 영광인 것이다. 예수께서 죽었다가 부활하셨을 때의 영광보다 더 큰 영광이 어디 있으시겠는가. 그러므로 예수 그리스도의 가장 큰 기쁨 역시 부활 때일 것이다.

그러므로 예수께서 왕권을 가지시는 것은 재림 때가 아니라 부활 때가 되는 것이다. 하나님께서 예수 그리스도를 가장 높이시는 때는 부활 때이다. 그래서 바울은 예수께서 십자가로 죽으셨다가 부활하여 왕권을 가지고 오실 때를 다음과 같이 기술하였다. "사람의 모양으로 나타나사 자기를 낮추시고 죽기까지 복종하셨으니 곧 십자가에 죽으심이라 이러므로 하나님이 그를 지극히 높여 모든 이름 위에 뛰어난 이름(왕권)을 주사 하늘에 있는 자들과 땅에 있는 자들과 땅 아래 있는 자들로 모든 무릎을 예수의 이름에 꿇게 하시고 모든 입으로 예수 그리스도를 주라 시인하여 하나님 아버지께 영광을 돌리게 하셨느니라"(빌 2:8-11).

누가도 역시 부활 때에 인자가 영광으로 천사들과 함께 오실 것을 기록하였다. "누구든지 나와 내 말을 부끄러워하면 인자도 자기와 아버지와 거룩한 천사들의 '영광으로 올 때에'(부활하여 왕권을 가지고 올 때에) 그 사람을 부끄러워하리라 내가 참으로 너희에게 이르노니 여기 서 있는 사람 중에 죽기 전에(제자들이 살아 있을 때에) 하나님의 나라(예수께서 부활하신 후 왕권을 가지고 오셔서 통

치하시는 나라)를 볼 자들도 있느니라"(눅 9:26,27). 여기서 제자들이 "죽기 전
에" 인자가 영광으로 오신다고 말씀하심으로써 재림 때가 아니라 부활 때에
오실 것을 말씀하셨다. 그리고 "하나님의 나라"는 예수께서 부활하신 후 왕권
을 가지고 오서서 통치하는 나라를 의미한다.

마가도 같은 내용으로 기록하였다. "누구든지 이 음란하고 죄 많은 세대에
서 나와 내 말을 부끄러워하면 인자도 아버지의 영광으로 거룩한 천사들과 함
께 올 때에 그 사람을 부끄러워하리라 또 그들에게 이르시되 내가 진실로 너희
에게 이르노니 여기 서 있는 사람 중에는 죽기 전에(제자들이 살아 았을 때에) 하
나님의 나라(예수께서 부활하신 후 왕권을 가지고 오서서 통치하시는 나라)가 권능
으로 임하는 것을 볼 자들도 있느니라 하시니라"(막 8:38-9:1).

여기서 제자들이 "죽기 전에 하나님의 나라가 권능으로 '임하는' 것을 볼 자
들도 있느니라"는 말씀은 재림 때에 하나님의 나라로 입성하는 것이 아니라,
제자들이 살아 있을 때에 하나님의 나라가 이 땅에 "임하는" 것을 의미한다.
하나님의 나라가 "임하는 것"은 성도가 하늘에 있는 하나님의 나라 쪽으로 들
림 받아 올라가는 것이 아니라, 하나님의 나라가 성도쪽으로 "임하는 것"을 의
미한다. 이것은 재림의 때가 아니라 십자가 때에 그리스도의 피로 성도에게 구
원이 "임하는 것"을 말한다. 그러므로 본 마 24:30에 예수께서 왕권을 가지고
영광으로 오시는 때는 재림 때가 아니라 십자가 때이다.

4. 십자가 때 인자가 구름 타고 오시는 모습을 육체의 눈으로는 볼 수 없다.

구약성도들이 죽어 그 영들이 하늘에 있고, 구약불신자들이 죽어 그 영들이
옥에 갇혀 있다. 그때 예수께서 십자가에 죽으시고 영으로 그 하늘에 있는 영들
과 옥에 있는 영들에게 가서서 그의 피로 구원과 심판을 하신다. 구원의 내용
은 구약성도들을 그의 피로 씻어 흰 옷을 입히는 것이고(벧전 4:6), 심판의 내용
은 구약불신자들의 영들에게 지옥 불못이 확정되었음을 선포하시는 것이다(벧전
3:18,19). 이런 일은 구약에 육체가 죽은 영들에게 일어나는 일이다. 이런 일은 예

수 그리스도의 영과, 구약성도들의 영들과, 구약불신자들의 영들만 볼 수 있다.

예수께서 십자가에 죽으시고 무덤 속에 들어가신 3일 동안 그의 영으로 어떠한 일을 하시는지 사람들의 육체의 눈으로는 볼 수 없다. 예수 그리스도의 핵심 사역은 십자가에 육체가 죽으신 후 그의 영으로 구원과 심판을 하시는 일이다. 그 구원과 심판 사역은 육체를 입고 하시지 않는다. 십자가에 육체가 죽으시고 육체의 제약을 받지 않는 영으로 하신다.

그러므로 십자가 후에는 영으로 무한한 사역을 하실 수 있다. 예수께서 십자가에 육체가 죽으시고 영으로 구약성도들을 구원하기 위해 하늘로 가신 "그때에 인자의 징조가 하늘에서 보이겠고" "그들이 인자가 구름을 타고 능력과 큰 영광으로 오는 것을 보"게 된다. 그리고 영으로 구약불신자들을 심판하기 위해 옥으로 가신 "그 때에 땅의 모든 족속들이 통곡하며 그들이 인자가 구름을 타고 능력과 큰 영광으로 오는 것을 보"게 된다. 이 장면은 육체가 죽으신 그리스도의 영이 육체가 죽은 영들을 만나는 순간이다. 곧 영들만 만나는 일이다. 그러므로 육체의 눈으로는 볼 수 없는 것이다.

그러므로 본 마 24:30의 "인자가 구름을 타고 능력과 큰 영광으로 오는 것을 보"는 자들은 육체가 죽은 영들만 볼 수 있으며, 육체가 살아 있는 자들은 볼 수 없다. 그래서 예수 그리스도를 십자가에 못 박은 로마 병사들이나 유대인들, 그리고 육체가 살아 있는 베드로와 요한 등 그리스도의 제자들의 눈에는 "인자가 구름을 타고 능력과 큰 영광으로 오는 것"이 보이지 않는다.

"그가 큰 나팔 소리와 함께 천사들을 보내리니 그들이 그의 택하신 자들을 하늘 이 끝에서 저 끝까지 사방에서 모으리라"(31)

십자가로 성도 구원

1. 십자가 때에 '나팔소리와 함께 천사들을 보내'신다.

예수 그리스도께서 십자가에 못 박히신 후 그의 피와 영으로 세 가지 일을 하신다. 첫째는 29절에서 마귀 별들을 심판하시고, 둘째는 30절에서 구약의 불신자들을 심판하신다. 그리고 셋째로 이 31절에서 구약의 "택하신 자들을 하늘 이 끝에서 저 끝까지 사방에서 모으"시고 구원하신다.

하나님께서 출동하실 때 항상 천사들이 함께 하며 나팔 소리가 난다(출 19:16,19). 그리고 예수께서 마리아의 몸으로 출생하실 때에도 수많은 천군 천사들이 함께 했다(눅 2:15). "홀연히 수많은 천군이 그 천사들과 함께 하나님을 찬송하여 이르되 지극히 높은 곳에서는 하나님께 영광이요 땅에서는 하나님이 기뻐하신 사람들 중에 평화로다 하니라 천사들이 떠나 하늘로 올라가니 목자가 서로 말하되 이제 베들레헴으로 가서 주께서 우리에게 알리신 바 이 이루어진 일을 보자 하고"(눅 2:13-15).

예수 그리스도의 출생을 축하하기 위해 수많은 천사들이 찬양을 하였다. 그들이 찬양할 때에 당연히 나팔을 불었을 게 틀림없다. 백성들도 찬양할 때 나팔 소리로 찬양하는데 하물며 천사들이야 당연히 나팔을 불며 찬양하는 것이다. "나팔 소리로 찬양하며 비파와 수금으로 찬양할지어다'(시 150:3).

본 30절에 예수께서 십자가로 "택하신 자들을 하늘 이 끝에서 저 끝까지 사방에서 모"아 구원하실 때에 "나팔 소리"가 나는 것은, 구약에 요엘이 장차 십자가 때에 시온에서 "나팔 소리"가 날 것을 예언하였기 때문이다. "시온에서 '나팔을 불며' 나의 거룩한 산에서 경고의 소리를 질러 이 땅 주민들로 다 떨게 할지니 이는 여호와의 날(십자가 날)이 이르게 됨이니라 이제 임박하였으니"(욜 2:1).

또 앞의 "인자가 구름을 타고"(30절)에서 주해하였듯이 스가랴 선지자가 십자가 때에 "나팔 소리"가 날 것과, 하나님이 구름(회오리바람)을 타고 가실 것이라고 예언하였다. "(장차 십자가 때에) 여호와께서 그들 위에 나타나서 그들의 화살을 번개 같이 쏘아 내실 것이며 주 여호와께서 '나팔을 불게' 하시며 남방 회오리바람(구름)을 타고 가실 것이라"(슥 9:14).

십자가 때에 들리는 "나팔 소리"는 영적인 소리로서 사람의 육체의 귀로는 들리지 않는다. 육체가 죽은 자들의 영들만 들을 수 있다. 그러므로 이 나팔 소리는 땅의 옥에 있는 구약불신자들의 영들과, 하늘에 있는 죽은 구약성도들의 영들만 들을 수 있는 소리이다. 그리고 십자가 심판 때 영으로 구름을 타고 오시는데 그 구름 역시 육체의 눈으로는 볼 수 없다. 그러므로 구름도 옥에 있는 영들과, 하늘에 있는 영들만 볼 수 있다.

"나팔"은 천사들이 부는 것이다. 예수께서 출생하셨을 때와(눅 2:13-15), 십자가 때와(마 28:1-7, 행 1:9-11), 재림하실 때에(고전 15:51,52) 나팔 부는 천사들이 함께 한다. 그래서 그 세 경우 모두 나팔 소리가 들린다. 본 31절의 "나팔 소리"는 십자가 때에 들리는 소리이다. 십자가 때에 "나팔소리와 함께 천사들을 보내"신다.

2. 구약선지자가 장차 그리스도께서 십자가 때에 택하신 자들을 모을 것이라고 예언하였다.

1) 이사야의 예언

이사야가 예수 그리스도의 십자가를 예언하였다. "이새의 줄기에서 한 싹이 나며 그 뿌리에서 한 가지가 나서 결실할 것이요"(사 11:1). 이것은 장차 이새의 자손 예수께서 십자가로 심판과 구원을 결실할 것을 예언한 것이다. 이어서 십자가 때에 진리로 안식과 자유를 얻게 될 것이라고 예언하였다. "그 때에 이리가 어린 양과 함께 살며 표범이 어린 염소와 함께 누우며 송아지와 어린 사자와 살진 짐승이 함께 있어 어린 아기에게 끌리며 암소와 곰이 함께 먹으며 그것들의 새끼가 함께 엎드리며 사자가 소처럼 풀을 먹을 것이며 젖 먹는 아기가 독사의 구멍에서 장난하며 젖 뗀 어린 아기가 독사의 굴에 손을 넣을 것이라"(사 11:6-8).

혹자는 앞의 사 11:6-8의 예언을 재림 후의 낙원으로 해석하는 경우도 있으나 그렇지 않다. 그 이유는 여기서 "어린 아기에게 끌리며", "젖 먹는 아기가 독사의 구멍에서 장난하며 젖 뗀 어린 아기가 독사의 굴에 손을 넣을 것이라"고 예언하였는데, 재림 후에는 "젖 뗀 어린 아기"가 없기 때문이다. 그때는 "아기"

를 낳지 않는다.

예수께서 성도들이 부활한 후에는 결혼을 하지 않으며 천사들과 같이 된다고 말씀하셨다. "부활 때에는 장가도 아니 가고 시집도 아니 가고 하늘에 있는 천사들과 같으니라"(마 22:30). "예수께서 이르시되 이 세상의 자녀들은 장가도 가고 시집도 가되 저 세상과 및 죽은 자 가운데서 부활함을 얻기에 합당히 여김을 받은 자들은 장가 가고 시집 가는 일이 없으며 그들은 다시 죽을 수도 없나니 이는 천사와 동등이요 부활의 자녀로서 하나님의 자녀임이라"(눅 20:34-36). 그러므로 앞의 사 11:6-8의 예언은 재림 때가 아니라, 십자가 때에 예수 그리스도의 십자가로 말미암아 안식과 자유를 누리게 될 것을 상징적으로 예언한 것이다.

이사야는 이어 12절에서 십자가 때 택하신 자들을 사방에서 모으실 것이라고 예언하였다. "여호와께서 열방을 향하여 기치(십자가)를 세우시고 이스라엘(택하신 자들)의 쫓긴 자들을 모으시며 땅 사방에서 유다의 흩어진 자들을 모으시리니"(사 11:12). 여기서 "여호와께서 열방을 향하여 기치를 세우시"는 때는 예수 그리스도의 십자가 때이며, "이스라엘"은 "택하신 자들"이다. "이스라엘의 쫓긴 자들을 모으시며 땅 사방에서 유다의 흩어진 자들을 모으시리니"는 십자가 때에 '택하신 자들을 사방에서 모으리라'는 예언이다.

이사야는 사 49장에서도 장차 십자가 때 택하신 자들을 사방에서 모을 것이라고 예언하였다. "내가 나의 모든 산을 길로 삼고 나의 대로를 돋우리니 어떤 사람은 먼 곳에서, 어떤 사람은 북쪽과 서쪽에서, 어떤 사람은 시님 땅에서 오리라 … 네 눈을 들어 사방을 보라 그들이 다 모여 네게로 오느니라 나 여호와가 이르노라 내가 나의 삶으로 맹세하노니 네가 반드시 그의 모든 무리를 장식처럼 몸에 차며 그것을 띠기를 신부처럼 할 것이라"(사 49:11-18). 여기의 "네 눈을 들어 사방을 보라 그들이 다 모여 네게로 오느니라"는 십자가 때에 '택하신 자들을 사방에서 모으리라'는 예언이다.

이사야는 계속해서 사 60장에서도 똑같은 예언을 한다. "네 눈을 들어 사방을 보라 무리가 다 모여 네게로 오느니라 네 아들들은 먼 곳에서 오겠고 네 딸들은 안기어 올 것이라"(사 60:4). 여기의 "네 눈을 들어 사방을 보라 무리가 다 모여 네게로 오느니라"도 장차 십자가 때 '택하신 자들을 사방에서 모으리라'는 예언이다.

예수께서 이 이사야의 예언(사 11:12, 49:18, 60:4)을 인용하여 본 마 24:31에서 십자가 때 "택하신 자들을 하늘 이 끝에서 저 끝까지 사방에서 모으리라"고 예고하신 것이다.

2) 에스겔의 예언

에스겔은 장차 십자가 때 택하신 자들을 사방에서 모을 것이라고 예언하였다. "그들에게 이르기를 주 여호와께서 이같이 말씀하시기를 내가 이스라엘 자손을 잡혀 간 여러 나라에서 인도하며 그 사방에서 모아서 그 고국 땅으로 돌아가게 하고 그 땅 이스라엘 모든 산에서 그들이 한 나라를 이루어서 한 임금이 모두 다스리게 하리니 그들이 다시는 두 민족이 되지 아니하며 두 나라로 나누이지 아니할지라"(겔 37:21,22).

이 예언은 일차로 바벨론에 잡혀간 이스라엘 백성들을 고국 땅으로 돌아가게 할 것을 예언한 것이나, 궁극적으로는 메시야 그리스도의 나라로 들어가게 할 것을 예언한 내용이다. 여기의 "한 임금"은 메시야 그리스도를 지칭하며, "한 임금이 모두 다스리게 하리니"는 그리스도가 통치하는 나라 안으로 택한 백성들을 들어가게 하실 것을 예언한 것이다. "내가 이스라엘 자손을 잡혀 간 여러 나라에서 인도하며 그 사방에서 모아서 그 고국 땅으로 돌아가게 하고"는 십자가 때에 '택하신 자들을 사방에서 모으리라'는 예언이다. 예수께서 이 에스겔의 예언을 인용하여 본 마 24:31에서 십자가 때 "택하신 자들을 하늘 이 끝에서 저 끝까지 사방에서 모으리라"고 예고하신 것이다.

3) 스가랴의 예언

스가랴는 예수 그리스도의 십자가를 예언하였다(슥 9:9-17). "시온의 딸아 크게 기뻐할지어다 예루살렘의 딸아 즐거이 부를지어다 보라 네 왕이 네게 임하시나니 그는 공의로우시며 구원을 베푸시며 겸손하여서 나귀를 타시나니 나귀의 작은 것 곧 나귀새끼니라"(슥 9:9). 여기서 "겸손하여서 나귀를 타시나니"의 뜻은 예수께서 십자가에 죽으시기 위해 나귀를 타시고 예루살렘에 입성할 것을 예언한 것이다.

이어 스가랴는 예수께서 십자가 때에 택한 백성들을 양떼같이 구원하실 것이라고 예언하였다. "이 날에 그들의 하나님 여호와께서 그들을 자기 백성의 양떼 같이 구원하시리니 그들이 왕관의 보석 같이 여호와의 땅에 빛나리로다"(슥 9:16). 여기서 "그들을 자기 백성들의 양떼 같이 구원하시리니"라고 말한 것은 십자가 때에 '흩어진 백성들을 사방에서 모으리라'는 말이다.

이어 스가랴는 예수 그리스도께서 십자가에 못 박혀 죽으실 때 많은 성도들이 흩어질 것이라고 예언했다. 그러나 그 흩어진 자들을 다시 모으실 것이라고 예언하였다. "만군의 여호와가 말하노라 칼아 깨어서 내 목자, 내 짝 된 자를 치라 목자를 치면 양이 흩어지려니와 작은 자들 위에는 내가 내 손을 드리우리라"(슥 13:7).

여기서 "목자를 치"는 것은 예수 그리스도를 십자가에 못 박는 것이고, "양이 흩어지"는 것은 제자들이 두려워 흩어지는 것이며, "작은 자들"은 "택하신 자들"이며, "내가 내 손을 드리우리라"는 흩어진 자들을 다시 모으시겠다는 뜻이다. "작은 자들 위에는 내 손을 드리우리라"는 십자가 때에 '택하신 자들을 사방에서 모으리라'는 예언이다. 예수께서 이 스가랴의 예언을 인용하여 본 마 24:31에서 "택하신 자들을 하늘 이 끝에서 저 끝까지 사방에서 모으리라"고 예고하신 것이다.

3. 예수께서 십자가 때에 택하신 자들을 모을 것이라고 예고하셨다.

앞에서 설명한 대로 이사야, 에스겔, 스가랴 등의 선지자들이 장차 그리스도께서 십자가 때 택하신 자들을 모을 것이라고 예언하였다. 그 예언에 따라 예수께서 본 마 24:31에서 자기가 십자가에 죽으면 "택하신 자들을 하늘 이 끝에서 저 끝까지 사방에서 모으리라"고 하셨다. 이렇게 예수께서 구약선지자들의 예언을 성취하시는 이유는, 자기가 이 땅에 온 것은 구약성경을 응하게 하려 함이라고 말씀하셨기 때문이다(요 13:8, 15:25).

이 본 마 24:31의 말씀을 요한도 똑같이 기록하였다. 요한은 예수께서 자기가 십자가에 죽으면 "모든 사람을 내게로 이끌겠노라"고 말씀하셨다고 기록하였다. "내가 땅에서 들리면(십자가에 죽으면) 모든 사람을 내게로 이끌겠노라 하시니 이렇게 말씀하심은 자기가 어떠한 죽음으로 죽을 것(십자가 죽음)을 보이심이러라"(요 12:32,33). 여기서 요한이 기록한 "땅에서 들리면"은 승천을 말하는 것이 아니라, 십자가에 못 박혀 높이 매달릴 것을 말한다. 요한은 이것이 십자가의 죽음임을 증거하기 위해 "이렇게 말씀하심은 자기가 어떠한 죽음으로 죽을 것을 보이심이러라"고 설명을 덧붙였다.

요한과 마태의 기록을 비교해보면 "모든 사람"(요한)은 "택하신 자들"(마태)이고, "내게로 이끌겠노라"(요한)는 "하늘 이 끝에서 저 끝까지 사방에서 모으리라"(마태)이다. 곧 십자가 때에 "모든 사람을 내게로 이끌겠노라"(요한)는 "택하신 자들을 하늘 이 끝에서 저 끝까지 사방에서 모으리라"(마태)이다. 예수께서 마태와 요한에게 똑같은 말씀을 하신 것이다.

정리하면 예수께서 "택하신 자들을 하늘 이 끝에서 저 끝까지 사방에서 모으리라"(마 24:31)고 하신 말씀은 구약선지자들의 십자가 예언(사 11:12, 60:4, 겔 37:21,22, 슥 9:16, 13:7)을 인용하신 것이다.

4. 예수께서 십자가 때에 '하늘 이 끝에서 저 끝까지 사방에서 모으'고 그의 피로 속량하신다.

마태가 기록한 본 24:30,31을 누가도 똑같이 눅 21:27,28에서 기록하였다. 두 제자의 기록을 살펴본다.

먼저 마태의 기록이다. "그 때에 인자의 징조가 하늘에서 보이겠고 그 때에 땅의 모든 족속들이 통곡하며 그들이 인자가 구름을 타고 능력과 큰 영광으로 오는 것을 보리라 그가 큰 나팔소리와 함께 천사들을 보내리니 그들이 그의 택하신 자들을 하늘 이 끝에서 저 끝까지 사방에서 모으리라"(30,31).

다음은 누가의 기록이다. "그 때에 사람들이 인자가 구름을 타고 능력과 큰 영광으로 오는 것을 보리라 이런 일이 되기를 시작하거든 일어나 머리를 들라 너희 속량이 가까웠느니라 하시더라"(눅 21:27,28).

여기서 마태와 누가가 같은 사건을 각각 다른 면으로 기록하고 있다. 마태는 "인자가 구름을 타고" 오셔서 "하늘 이 끝에서 저 끝까지 사방에서 모으리라"고 기록하고, 누가는 "인자가 구름을 타고" 오셔서 "너희 속량이 가까웠"다고 기록하였다. 이들은 "인자가 구름을 타고" 오리라고 똑같이 기록하였는데, 마태는 오셔서 택하신 성도들을 모으시는 측면을 기록하고, 누가는 오셔서 성도들을 속량하는 일에 방점을 두고 기록하였다. 곧 마태는 성도들을 모으는 일을 나타내고, 누가는 성도들을 속량하는 일을 나타낸다. 이 둘을 하나로 묶어 표현하면 "인자가 구름 타고" 오셔서 택하신 자들을 '모아' '속량하'신다는 뜻이다. 곧 "사방에서 모으'는 목적이 '속량'에 있음을 나타낸 것이다.

여기의 "속량"(629 아폴뤼트로시스 apolutrosis)은 '구속 redemption, 구조 deliverance, 해방 release, 몸값, 속전, 속전을 받고 놓아주다'를 의미한다. 이것은 예수 그리스도의 십자가 피로 죄 사함을 받는 것을 뜻한다. "우리는 그리스도 안에서 그의 은혜의 풍성함을 따라 그의 피로 말미암아 '속량' 곧 죄 사함을 받았느니라"(엡 1:7). 이 "속량"이라는 단어는 그리스도의 십자가의 피로 씻겨 죄 사함을 받는 경우에만 사용하고, 재림 때는 이 단어를 사용하지 않는다. 재림 때는 죄 사함을 받는 게 아니라, 이미 죄 사함을 받은 성도들이 천국에 입성하는 일만 있기 때문이다. 곧 재림 때는 이미 그리스도의 피로 속량이 이루어진 성도들이 천국에 입성하는 것이다. 그러므로 재림 때는 "속량"이라는 단어를 사용할 수 없다.

그러므로 예수께서 '택하신 자들을 모아 속량할 것'이라고 예언한 본 마 24:30,31과 눅 21:27,28은 십자가 때에 일어날 일로 해석해야 하며, 재림 때 일어날 일로 해석해서는 안 된다.

예수께서 십자가 때에 "하늘 이 끝에서 저 끝까지 사방에서 모으"고 그의 피로 속량하실 것을 예고하셨다. 이런 사실을 많은 자들이 다음과 같이 증거하였다.

1) 사가랴의 증거

이 예수 그리스도의 십자가 "속량"은 사가랴가 세례요한의 출생 때에 미리 예언한 것이다. "그 부친 사가랴가 성령의 충만함을 받아 예언하여 이르되 찬송하리로다 주 이스라엘의 하나님이 그 백성을 돌보사 '속량'하시며 우리를 위하여 구원의 뿔을 그 종 다윗의 집에 일으키셨으니 이것은 주께서 예로부터 거룩한 선지자의 입으로 말씀하신 바와 같이 우리 원수에게서와 우리를 미워하는 모든 자의 손에서 구원하시는 일이라"(눅 1:67-71). 사가랴는 아기 예수가 백성을 "속량"하기 위해 이 땅에 출생하셨다고 예언한 것이다.

2) 안나의 증거

선지자 안나가 이스라엘 백성들이 "속량"을 바라고 있다고 말하며, 그 일을 아기 예수께서 하실 것이라고 예언하였다. "마침 이 때에 나아와서 하나님께 감사하고 예루살렘의 '속량'을 바라는 모든 사람에게 그(아기 예수)에 대하여 말하니라"(눅 2:38). 안나는 아기 예수가 백성을 "속량"하기 위해 이 땅에 출생하셨다고 예언한 것이다.

3) 제자들의 증거

예수께서 십자가에 죽으신 후 엠마오로 가던 제자들이 자기들은 예수 그리스도가 "이스라엘을 '속량'할 자라고 바랐노라"고 말하였다. "우리는 이 사람(예수 그리스도)이 이스라엘을 '속량'할 자라고 바랐노라 이뿐 아니라 이 일이 일어난 지가 사흘째요"(눅 24:21). 제자들은 예수께서 이스라엘을 "속량"할 자라는 것을 알고 있었다. 그들은 재림 때가 아니라 자기들 시대에 예수께서 이스라엘을 "속량"할 것이라고 믿었다.

4) 예수의 증거

앞에서 설명한 것처럼 엠마오로 가던 제자들이 자기들 시대에 예수께서 "이스라엘을 '속량'할 자라고 바랐"다(눅 24:21). 그런데 그들이 예수께서 이스라엘을 "속량"할 것이라는 사실을 어떻게 알았을까? 그것은 당연히 예수께서 제자들에게 자기가 "속량"할 때가 가까웠다고 예고하셨기 때문이다. "그 때에 사람들이 인자가 구름을 타고 능력과 큰 영광으로 오는 것을 보리라 이런 일이 되기를 시작하거든 일어나 머리를 들라 너희 '속량'이 가까웠느니라 하시더라"(눅 21:27,28).

여기서 "일어나 머리를 들라"고 하신 것은 죽었던 자를 살리시는 것으로서, 십자가 피로 죄를 "속량"하여 생명을 주시겠다는 뜻이다. "너희 '속량'이 가까웠느니라"고 하신 것은 십자가의 죽음이 가까웠다는 뜻이다. 여기서 "가까웠"다는 것은 재림이 가까웠다는 게 아니다. 이 "가까웠"다는 말씀을 하시는 시점은 십자가를 앞둔 시점이므로 당연히 죽음이 "가까웠"다는 말씀이다. 본 마 24:31의 "택하신 자들을 하늘 이 끝에서 저 끝까지 사방에서 모으리라"는 말씀은 예수께서 십자가 때에 그의 피로 죄를 속량하기 위해 택하신 자들을 모으실 것을 예고한 것이다. 예수께서 십자가 때에 택하신 자들을 '하늘 이 끝에서 저 끝까지 사방에서 모으'고 그의 피로 죄를 씻어 '속량'하심으로 구원하신다.

5. 그리스도의 피로 구약성도를 속량하신다.

본 마 24:31의 "택하신 자들"은 구약 성도들이다(31절 참조). 예수 그리스도께서 십자가를 지실 당시에 구약시대의 성도와 불신자들은 모두 죽었다. 구약의 죽은 불신자들 곧 30절의 통곡하는 "땅의 모든 족속들"은 영으로 땅의 옥에 있고(벧전 3:18,19), 구약의 죽은 성도들 곧 본 31절의 "택하신 자들"은 영으로 아브라함과 함께 하늘에 있다(눅 16:22-26). "이에 그 거지가 죽어 천사들에게 받들려 아브라함의 품에 들어가고 부자도 죽어 장사되매"(눅 16:22).

예수께서 십자가에 육체가 죽으신 후 영으로 옥에 있는 구약 불신자들의 영들을 찾아가시고, 또 하늘에 있는 구약 성도들의 영들을 찾아가신다. 그렇게 옥과 하늘을 찾아가시는 이유는 십자가의 피로 구약의 불신자들의 죄를 심판하여 지옥 불못을 확정하고 선포하시기 위함이며(벧전 3:18,19), 구약의 성도들의 죄를 속량하고 구원을 확정하시기 위함이다(벧전 4:6).

하늘에 있는 구약 백성들의 영들은 살아 있을 때 율법대로 동물의 피로 제사를 드렸으나 그 동물의 피로 죄 사함 곧 속량을 받지는 못하였다. 왜냐하면 동물의 피로는 속량을 받을 수 없기 때문이다. "이는 황소와 염소의 피가 능히 죄를 없이 하지 못함이라"(히 10:4).

그러나 그들은 택하심을 받은 자들이므로 예수 그리스도의 피로 씻김 받을 것이 예약되어 하늘에서 그리스도의 피를 기다리고 있는 상태였다. 구약의 아벨이나 노아나 아브라함도 예수 그리스도께서 오셔서 그의 피로 죄를 씻어 구원을 최종 확정 받기를 하늘에서 고대하고 있었다. 그래서 예수께서 아브라함이 구약의 택한 백성들과 함께 자기를 기다리다가 자기가 온 것을 보고 기뻐하였다고 말씀하셨다. "너희 조상 아브라함은 나의 때 볼 것을 즐거워하다가 보고 기뻐하였느니라"(요 8:56).

예수께서 십자가에 육체가 죽으신 후 영으로 하늘에 있는 구약 성도들을 찾아가신다. 찾아가셔서 십자가의 피로 그들의 죄를 속량하고 구원을 확정하는 "복음을 전파"하신다. 복음이란 예수 그리스도의 십자가의 피로 죄 씻음을 받고 구원받음을 말한다. 그러므로 구약에 죽은 성도들에게 복음을 전파하신다는 것은 그들이 십자가의 피로 죄 씻음을 받아 구원받게 되었음을 알리신다는 뜻이다. "이를 위하여 죽은 자들에게도 '복음이 전파되었으니' 이는 육체로는 사람으로 심판을 받으나 영으로는 하나님을 따라 살게 하려 함이라"(벧전

4:6). 이 벧전 4:6의 "이를 위하여 죽은 자들"은 죽은 후에 하늘에 있는 자들로 서, 음란과 정욕과 술취함과 방탕과 향락과 무법한 우상 숭배를 하지 않은 자 들이며 이방인의 뜻을 따라 행하지 않고 오직 믿음을 지키기 위하여 죽은 구약 성도들이다(벧전 4:3,4).

베드로가 이 벧전 4:6에서 구약에 죽은 성도들에게 복음이 전파되었다고 기 록한 것은, 예수께서 본절 31절에서 말씀하신 "택하신 자들을 하늘 이 끝에서 저 끝까지 사방에서 모으리라"는 말씀이 성취되었음을 증거하는 것이다. 곧 예수 그리스도께서 이 마 24장을 말씀하시고 그의 피로 친히 성취하셨음을 베 드로가 증거한 것이다. 그러므로 예수께서 이 마 24장은 14절에서 "천국 복 음"이라고 분명히 밝히신 것이다.

예수께서 십자가에 육체가 죽으신 후 영으로 하늘에 있는 구약 백성들에게 복음을 전파하시는 상황을 "하늘 이 끝에서 저 끝까지 사방에서 모으리라"고 말씀하신 것이다. 여기서 "하늘 이 끝에서 저 끝까지 사방에서 모으"신다는 것 은 택하신 구약 백성들을 한 성도도 빠짐 없이 모두 그리스도의 피로 죄를 속 량하여 구원하시겠다는 것을 강조하신 것이다. 사방에서 모은다는 것은 단지 모으는 것으로 그치는 것이 아니라 모아서 그리스도의 피로 씻어 구원하신다 는 뜻이다. 그러므로 이 말씀은 죽은 구약 백성들에게 십자가의 피로 속량하 실것을 예고하신 말씀이다.

6. 그리스도의 피로 구약성도를 먼저 속량하시고, 다음에 신약성도를 속량하신다.

구약 백성들이 먼저 죄 씻음을 받고 후에 신약 백성들이 죄 씻음을 받는다. 십자가에서 피를 흘리신 예수께서 그 피를 가장 먼저 구약 백성들에게 뿌리시 고 그들의 죄를 씻으신다. 그 다음에 신약 백성들에게 뿌리셔서 죄를 사하시고 구원하신다. 예수께서 십자가에서 피를 흘리신 후 신약 백성들은 믿는 사람마 다 즉시즉시 죄를 씻어 구원하시면서 구약 백성들만 죄 씻음을 종말 때까지 유 보하신다는 것은 말이 안 된다.

그래서 십자가에서 피를 흘리시자마자 가장 먼저 그 피를 가지시고 하늘에 있는 구약 백성들을 찾아가셔서 그들을 씻으시고 예정되었던 구원을 확정하신다. 그 다음에 신약 백성들의 죄를 씻어 구원하신다. 이것이 속량의 공평한 차례이다. 죽은 성도들보다 살아 있는 성도들이 앞서지 못하는 것이다. 그것은 재림 때에도 마찬가지로 살아 있는 성도들이 죽은 성도들을 앞서지 못한다. "우리가 주의 말씀으로 너희에게 이것을 말하노니 주께서 강림하실 때까지 우리 살아 남아 있는 자도 자는 자보다 결코 앞서지 못하리라"(살전 4:15).

이 절의 "하늘 이 끝에서 저 끝까지 사방에서 모으리라"는 말씀은 십자가에서 피를 흘리신 후 그 피로 아브라함과 함께 메시야가 오시기를 학수고대하고 있는 하늘의 구약 백성들을 제일 먼저 찾아가 그들의 죄를 속량하여 구원을 최종 확정하시겠다는 말씀이다. 이것은 아브라함이 우리보다 먼저 죄 씻음을 받는 장면이다. 역시 예수 그리스도는 육체가 십자가에 죽으신 후 영으로 가장 먼저 그를 찾아가신 것이다. 그래서 믿음으로 구원받는 모든 성도들의 조상이 되게 하신다. 그러므로 신약 성도들의 모델은 아브라함이 되는 것이다.

만일 여기서 예수께서 십자가를 지신 후 그 피를 가지고 구약의 아브라함과 그와 함께 있는 구약의 택한 백성들을 먼저 속량하여 구원하시지 않고 그대로 두신 채 신약의 백성들을 먼저 구원하신다면, 아브라함은 언제까지 그리스도의 피를 기다려야 하는 것인가. 신약 백성들은 그리스도의 피로 죄 씻음을 받으면서 구약 백성들은 언제까지 죄 씻음을 보류해야 하는가. 그렇게 되면 아브라함은 성도들의 믿음의 조상이 될 수 없다. 본절의 "그의 택하신 자들을 하늘 이 끝에서 저 끝까지 사방에서 모으"시고 구원하시는 일은 아브라함을 비롯한 구약의 선배 성도들을 귀하게 여기시고 먼저 구원하시는 장면이다. 그리스도의 피로 아브라함과 구약 백성을 먼저 속량하시고, 후에 신약 백성들 속량하신다.

7. 예수께서 십자가 때 흩어진 제자들을 모으신다.

스가랴 선지자는 예수 그리스도께서 십자가에 못 박혀 죽으실 때 많은 성도들이 흩어질 것이라고 예언하였다. "만군의 여호와가 말하노라 칼아 깨어서 내 목자, 내 짝 된 자를 치라 목자를 치면 양이 흩어지려니와 작은 자들 위에는 내가 내 손을 드리우리라"(슥 13:7). 예수께서도 자신이 십자가에 죽을 때 제자들이 자기를 부인하고 도망할 것이라고 예고하셨다. 특히 가장 사랑하는 베드로에게 닭이 울기 전에 그리스도를 세 번 부인할 것이라고 말씀하셨다. "예수께서 이르시되 내가 진실로 네게 이르노니 오늘 밤 닭 울기 전에 네가 세 번 나를 부인하리라"(마 26:34). 베드로는 예수님의 말씀대로 예수를 부인하였다. 가장 핵심 제자인 베드로가 이 정도니 나머지 성도들은 얼마나 예수 그리스도를 떠나 흩어졌겠는가. 그러므로 스가랴 선지자와 예수 그리스도의 예언은 맞았던 것이다.

이제 예수 그리스도께서 부활하셔서 그들을 다시 불러 모으신다. 흩어졌던 성도들은 그리스도께로 모이기 시작했고, 부활하신 예수 그리스도를 보고 큰 믿음을 갖게 된다. 그들은 감람산에 모여 예수 그리스도의 승천을 보았고, 죽을 때까지 목숨을 다하여 그리스도의 십자가 복음을 온 세상에 전파하였다.

"하늘 이 끝에서 저 끝까지 사방에서 모으리라"는 말씀은 예수 그리스도께서 십자가에 죽으심으로 사방으로 흩어졌던 성도들을 다시 불러 모으신다는 말씀으로서, 자신을 배신한 그들을 포기하지 않고 끝까지 구원하시겠다는 사랑의 다짐이시다. 이 말씀대로 예수께서는 제자들을 친히 찾아가 그들을 만나시고 그들에게 손의 못 자국과 부활의 모습을 보여주시며 영생의 복음을 전파하심으로 끝까지 그들의 구원을 이루셨다.

결론적으로 예수 그리스도께서 십자가에 죽으신 후 하늘에 있는 구약 성도들과 땅에 있는 신약의 제자들을 사방에서 모아 그의 피로 씻어 구원하신다. "하늘 이 끝에서 저 끝까지"의 의미는 하늘만 한정하는 것이 아니라 하늘과 땅의 온 우주를 말하는 것이다. 그래서 마태가 기록한 본절의 "그의 택하신 자들을 하늘 이 끝에서 저 끝까지 사방에서 모으리라"는 말씀을 마가는 "자기가 택하신 자들을 땅 끝으로부터 하늘 끝까지 사방에서 모으리라"(막 13:27)고 기록한 것이다.

예수 그리스도께서 십자가에 죽으신 후 그의 피로 하늘과 땅의 택하신 백성들의 죄를 씻어 구원하신다. 이러한 십자가의 복음이 없이 재림은 있을 수 없다. 그러므로 구원은 재림으로 이루는 것이 아니라 그리스도의 십자가의 피로 이루는 것이다. 예수께서 이 핵심적인 십자가의 도에 대하여 본 마 24장을 말씀하신 것이다. 그래서 예수께서 이 마 24장을 십자가의 "천국 복음"(14)이라고 말씀하시고, "이 세대가 지나가기 전에 이 일이 다 일어나리라"(34)고 말씀하신 것이다. 그러므로 이 24장이 십자가의 천국 복음이며, 제자들이 살아 있을 때에 이루어지는 일이라고 분명히 밝히신 것이다. 예수께서 십자가 때 흩어진 제자들을 사방에서 모으신다.

마 24:32,33 _ 32무화과나무의 비유를 배우라 그 가지가 연하여지고 잎사귀를 내면 여름이 가까운 줄을 아나니 33이와 같이 너희도 이 모든 일을 보거든 인자가 가까이 곧 문 앞에 이른 줄 알라

1. 십자가를 보거든 '인자'의 심판과 구원이 이른 줄 알아야 한다.

무화과의 비유는 단순한 비유이다. 예수께서 이 땅에 오셔서 십자가 복음을 전파하셨다. 그는 유대인들에게 그들이 가지고 있는 구약 성경의 예언의 말씀을 이루시기 위해 자기가 왔다고 말씀하셨다(눅 4:21, 18:31, 요 13:18, 15:25, 18:9). 이 말씀을 들은 유대인들은 예수께서 메시야이심을 알아챘어야 했다. 그런데 그들은 예수를 메시야로 알아보지 못했다. 그리고 이제 십자가의 날이 얼마 남지 않은 때에 그들에게 자신이 죽으실 것과 부활하실 것을 말씀하셨다(마 16:21, 17:23, 20:19, 막 10:34, 눅 9:22, 요 2:20). 죽으실 것과 부활하실 것을 말씀하시는 것은 그가 메시야임을 말씀하신 것이다. 그러나 유대인들은 그를 메시야로 인정하지 않았다. 오히려 그를 잡아 죽이려 했다.

이제 예수께서 자신이 십자가에 죽는 것을 보거든 내가 메시야임을 알아챌 것이며(15), 이제 심판과 구원이 이른 줄 알라고 말씀하신다. 심판과 구원은 예수 그리스도의 피로 이루어지는 것이다. 그러므로 그리스도의 피의 징조를 보게 되면 구원과 심판이 이른 줄 알라는 것이다(30). 우주에 나타나는 징조들 중에 가장 중요하고 큰 징조는 그리스도의 십자가의 피의 징조 곧 '인자의 징조'(30)이다. 이 징조보다 우주에서 더 위대한 징조는 없다.

예수 그리스도 곧 하나님의 본체께서 십자가에서 피를 흘리시는 모습은 우주에서 일어나는 일 중에 가장 충격적인 일이다. 하나님의 본체는 죽으실 수도 없으며 피를 흘리실 수도 없기 때문이다. 그의 피의 징조는 우주가 거꾸로 되는 정도의 징조이다. 그러므로 그리스도께서 십자가에서 피를 흘리시는 징조를 보거든 우주에 크고 놀라운 심판과 구원이 이른 줄을 알아야 한다고 말씀하시는 것이다. 무화과나무의 "가지가 연하여지고 잎사귀를 내면 여름이 가까운 줄을" 알아야 하듯이 십자가에서 피를 흘리는 것을 보거든(15,30) 내가 메시야이며 심판과 구원이 임박하였음을 알아야 한다고 말씀하시는 것이다.

여기의 "이 모든 일"은 1-31절까지의 일들이다. "이 모든 일"은 천국 복음이라고 예수께서 14절에서 이미 말씀하셨다. 천국 복음은 예수 그리스도의 십자가 복음이다. 곧 1-31절의 십자가의 천국 복음이 이루어지는 것을 보거든 "인자가 가까이 곧 문 앞에 이른 줄 알라"고 말씀하신 것이다. "인자가 가까이 곧 문 앞에 이른" 것은 예수 그리스도의 피의 심판이 임박했음을 말하며, 예수 그리스도를 영접할 수 있도록 코앞에 오셨음을 의미한다. 곧 메시야 예수 그리스도가 오셔서 복음의 시대를 여시는 때가 왔음을 알리시는 것이다.

2. '인자'가 오시는 때는 십자 때이다.

예수께서는 메시야이신데 자신을 "인자"라고 칭하셨다. "인자"는 '사람의 아들'이란 뜻이다. 사람의 아들이란 마리아의 몸을 통하여 사람의 모양으로 오셨음을 나타낸다. 예수께서 사람의 육체를 입으시는 이유는 사람의 죄를 사하시기 위해서는 사람의 몸으로 십자가에 죽으셔야 하기 때문이다. 곧 사람 대신 십자가 형벌을 받으시기 위함이다. 그러므로 여기의 "인자"는 메시야 곧 구세주를 의미한다. 예수께서 자신을 "인자"로 부르심으로 말미암아 자신을 십자가의 피로 구원하실 메시야로 나타내신 것이다. "이 모든 일을 보거든 인자가 가까이 곧 문 앞에 이른 줄 알라"는 말씀은 내가 십자가에서 피를 흘리며 죽는 것을 보거든 메시야(구세주)가 사람의 모양으로 왔음을 곧 "인자"가 심판과 구원을 이루시는 때가 왔음을 알라는 말씀이다.

재림 때는 인자로 오시지 않고 하나님의 본체로 오신다(30,31절 참조). 그러므로 본절은 재림과는 상관 없는 말씀이다. 인자로 오시는 때는 앞서 30,31절에서 설명하였듯이 마리아의 몸을 통하여 인자로 오실 때와, 십자가의 피로 심판과 구원을 이루시기 위하여 인자로 오실 때이다. 그러므로 여기서 인자가 문앞에 이르시는 때는 십자가로 심판과 구원을 이루실 때이다.

3. 이스라엘에 복음이 전파되기 전에 '인자'가 부활하여 오신다.

예수께서 종말은 복음이 온 세상에 전파될 때 온다고 말씀하셨다. "이 천국 복음이 모든 민족에게 증언되기 위하여 온 세상에 전파되리니 그제야 끝이 오리라"(마 24:14). 그렇다면 이스라엘에도 복음이 온전히 전파되었을 때 종말이 오는 것이다. 바울도 궁극적으로는 이스라엘에 복음이 온전히 전파될 것이라고 기록하였다. "그리하여 온 이스라엘이 구원을 받으리라 기록된 바 구원자가 시온에서 오사 야곱에게서 경건하지 않은 것을 돌이키시겠고 내가 그들의 죄를 없이할 때에 그들에게 이루어질 내 언약이 이것이라 함과 같으니라"(롬 11:26,27).

그런데 예수께서 이스라엘에 복음이 아직 다 전파되기 전에 "인자가 오리라"고 말씀하셨다. 곧 "이스라엘의 모든 동네를 다 다니지 못하여서 인자가 오리라"고 다음과 같이 말씀하셨다. "이 동네에서 너희를 박해하거든 저 동네로 피하라 내가 진실로 너희에게 이르노니 이스라엘의 모든 동네를 다 다니지 못하여서 인자가 오리라"(마 10:23). 그러므로 이 마 10:23의 "인자가 오리라"는 말씀은 이스라엘에 복음이 다 전파되기 전에 오신다는 것으로서 종말에 "인자가 오리라"는 말씀이 아님이 분명하다. 그것은 당연히 십자가로 죽으신 후 부활하여 "인자가 오리라"는 말씀이다. 부활하여 오시는 "인자"를 영접할 준비를 하라는 경고의 말씀이다(30절 '인자' 참조).

4. '무화과나무'는 모든 나무이다.

누가는 "무화과나무"에 "모든 나무"를 첨가한다. "이에 비유로 이르시되 무화과나무와 모든 나무를 보라 싹이 나면 너희가 보고 여름이 가까운 줄을 자연히 아나니"(눅 21:29,30). 그러므로 예수께서 무화과나무만이 아니라 무화과나무를 포함한 모든 나무를 보라고 하신 것이다. 혹자는 본절의 무화과나무를 이스라엘로 해석하는 경우도 있으나, 그렇다면 다른 모든 나무들은 무엇을 비유한단 말인가. 그러므로 무화과나무는 어느 특정 민족을 비유하는 것이 아니라 단순히 모든 나무를 비유하는 것으로서, 모든 나무가 싹이 나면 여름이 가까운 것을 아는 것처럼, 예수 그리스도께서 십자가에 못 박혀 피를 흘리시는 모습을 보면, 심판과 구원이 임박하였음을 알라는 말씀이다. 곧 십자가의 징조(15,30)를 보면 '인자'가 악한 자를 심판하고, "택하신 자들을 하늘 이 끝에서 저 끝까지 사방에서 모으"는 때가 이른 줄 알라는 것이다. 십자가의 피를 보면 "인자가 가까이 곧 문 앞에 이른 줄 알라"(33)는 것이다.

마 24:34 _ 내가 진실로 너희에게 말하노니 이 세대가 지나가기 전에 이 일이 다 일어나리라

"이 세대"는 예수 그리스도께서 이 땅에 오신 때를 말한다. "지나가기 전에"의 의미는 '제자들이 죽기 전에', 곧 '예수께서 승천하시기 전에'라는 의미이다. "이 일"은 1-31절에 기록된 일로서, 예수께서 십자가에 죽으심으로 천국 복음을 이루시는 일을 말한다(14). 곧 복음을 전파하시는 일이며, 십자가에 못 박혀 죽으시고, 심판과 구원을 이루시는 일이다. "다 일어나리라"라는 것은 예수께서 하늘로 승천하시기 전에 이 땅에서의 모든 사명을 다 이루신다는 말씀이다. 그래서 예수께서 십자가에 못 박히시고 "이제 다 이루었다"고 말씀하신 것이다. "예수께서 신 포도주를 받으신 후에 이르시되 다 이루었다 하시고 머리를 숙이니 영혼이 떠나가시니라"(요 19:30).

또 "이 세대"는 예수께서 오신 당시의 제자들의 세대이다. 예수 그리스도의 제자들이 십자가의 천국 복음(14)을 모두 보게 될 것이라는 의미이다. 혹자는 본절의 "이 세대"를 신약시대 전체를 일컫는 것으로 해석하여 "신약시대가 끝나는 재림 전 종말에 이 일이 다 일어나리라"고 해석하는 경우도 있다. 그러나 14절에서 "이 천국 복음이 모든 민족에게 증언되기 위하여 온 세상에 전파되리니 그제야 끝이 오리라"고 말씀하심으로써, 24장의 사건들이 천국 복음임을 밝히시고 이 천국 복음이 이제 막 시작될 때임을 증언하셨다. 천국 복음의 시작은 십자가로 하신다. 그러므로 이 24장의 사건들이 천국 복음을 위하여 십자가의 사역을 시작하는 내용들임을 밝히신 것이다.

지금 예수께서 말씀하시는 시점은 아직 천국 복음을 완성하시지 않은 때이다. 천국 복음을 완성하시기 위해서는 십자가에서 피를 흘려 죽으셔야 한다. 아직 십자가를 지시기 전에 이 말씀을 하심으로써 십자가의 천국 복음을 강조하시는 것이다. 그러므로 "이 세대가 지나가기 전에 이 일이 다 일어나리라"는 말씀은 신약시대가 끝나는 재림 전에 이 일이 다 일어나리라는 말씀이 아니라, 제자들이 사는 당세대가 지나가기 전에 이 천국 복음의 일이 다 일어나리라는 말씀이다.

또 왕의 직분은 모든 것을 이긴 자가 받는 직분이다. 지면 멸망을 당하고 이기면 왕이 되는 것이다. 그렇다면 예수 그리스도께서는 언제 왕권을 가지시는 것일까? 그것은 죄와 마귀를 모두 멸하신 후 왕권을 가지신다. 그러므로 왕권을 가지시는 시점은 십자가의 피로 죄와 마귀를 멸하시고 승리하신 때이다. 그래서 부활하여 오실 때는 왕권을 가지고 오신다. 십자가에 죽으실 때는 가장 낮은 자로 임하시고, 그 피로 죄와 마귀를 멸하신 후 부활하여 오실 때는 왕권을 가지고 오시는 것이다. 그래서 예수께서 제자들에게 그들이 죽기 전에 왕권을 가지고 오신다고 말씀하셨다. "진실로 너희에게 이르노니 여기 섰는 사람 중에 죽기 전에 인자가 그 왕권을 가지고 오는 것을 볼 자들도 있느니라"(마 16:28). 여기서 "인자가 왕권을 가지고 오는" 때는 재림 때가 아니라 제 자들이 죽기 전에 오시는 것이다.

"인자"가 오시는 때는 두 번으로서 마리아의 몸을 통하여 오실 때와, 부활 하여 오실 때이다. 종말에 오실 때는 "인자"로 오시지 않고 "하나님의 본체"로 오신다. 그러므로 재림 때는 "인자"로 오신다고 말씀하시지 않는다. 예수께서 "인자"로 오신다고 말씀하신 경우(마 10:23, 16:27,28, 24:30,44, 26:64, 막 13:26, 눅 12;40, 눅 21:27)는 모두 십자가 때에 부활하여 오심을 의미한다(30절 '인자의 징조' 참조). 본절의 "인자"가 오시는 때는 부활 때를 말한다. 이 말씀은 제자들 의 세대에 심판과 구원의 천국 복음을 다 이루신다는 말씀이다.

그리고 그리스도께서 왕권을 가지고 오실 때 성도들을 구원하시고 그들에게 하나님의 나라가 임하도록 하신다. 그래서 예수께서 제자들이 죽기 전에 왕권 으로 하나님의 나라가 임하도록 하실 것이라고 말씀하셨다. "또 저희에게 이 르시되 내가 진실로 너희에게 이르노니 여기 섰는 사람 중에 죽기 전에 하나님 의 나라가 권능으로 임하는 것을 볼 자들도 있느니라 하시니라"(막 9:1). "내가 참으로 너희에게 이르노니 여기 섰는 사람 중에 죽기 전에 하나님의 나라를 볼 자들도 있느니라"(눅 9:27). 이러한 말씀들을 종합하면 인자가 왕권을 가지고 오시는 때가 부활 때임을 알 수 있다. 그리고 천국 복음을 제자들의 세대에 이 루심을 알 수 있다. 그러므로 예수께서 이 절에서 "이 세대가 지나가기 전에 이 일(천국 복음 : 14절)이 다 일어나리라"고 말씀하신 것이다. 여기서 "이 일"은 죄 와 마귀를 멸하시고 성도를 구원하시는 천국 복음을 말한다.

마 24:35 _ 천지는 없어질지언정 내 말은 없어지지 아니하리라

1. 십자가의 천국 복음은 영원히 없어지지 않는다.

예수 그리스도의 말씀은 없어지지 않는다. 24장의 내용은 십자가로 이루시 는 천국 복음이다(14). 곧 십자가의 천국 복음이 없어지지 않는다는 의미이다. 그리고 없어지지 않는다는 것은 예수께서 반드시 이루시겠다는 말씀이다. 십자가의 천국 복음을 반드시 이루시겠다는 약속이다. 이 십자가의 천국 복음을 위해 하늘에서 이 땅으로 오신 것이다. 예수께서 이 땅에 오셔서 가장 중시한 것이 십자가 사역이다. 본절은 다음과 같은 말씀이다. "천지는 없어질지언정 십자가의 천국 복음은 없어지지 아니하리라".

2. "천지"보다 더 중요한 것은 십자가 복음이다.

혹자는 본절 전의 1-34절을 종말의 대환난으로 해석하여 그 환난이 "없어지지 아니"할 것으로 여기는 경우가 있다. 그러나 그렇지 않다. 본절에서 "천지"는 없어져도 "내 말"(1-34절)은 없어지지 않는다고 말씀하여, 1-34절이 "천지"보다 더 중요함을 뜻한다. 1-34절이 얼마나 중요하기에 "천지는 없어질지언정 내 말은 없어지지 아니하리라"고 하셨을까? 이것은 "천지"를 창조한 이래 이와 같이 중요한 일은 없다는 뜻이며, 필수적으로 일어나야 하는 일을 말한다. 그렇다면 창세 이래 이렇게 가장 중요하고 필수적으로 일어나야만 하는 일은 무엇일까?

마 24장은 예수께서 십자가에 죽으시기 직전에 하신 말씀이다. 지금 예수께서 말씀하시는 시점부터 일어날 일들을 다음과 같이 열거해본다. 예수 그리스도의 십자가 사건, 로마의 예루살렘 침공(A.D.70), 종말의 대환난, 재림 등. 이 중에 '천지'보다 더 중요하고 필수로 일어나야만 하는 일은 무엇일까? 혹 로마의 예루살렘 침공이나, 종말의 대환난일까? 이런 것들은 없어도 아무렇지도 않은 것들이다. 이것들이 성도들의 구원에 아무런 영향을 주지 못하기 때문이다. 그러므로 반드시 있어야만 하는 필수의 일이 아니다. 이런 일은 오히려 없을수록 좋은 일이다.

여기서 절대 없어서는 안 될 필수적인 일은 예수 그리스도의 십자가 사건이다. 십자가가 없으면 아무것도 안 된다. 예수께서 이 땅에 오신 목적은 오직 한 가지뿐이다. 그것은 십자가 사역이다. 로마의 예루살렘 침공이나 종말 대환난 같이 구원과는 아무런 상관이 없는 그런 수준 낮은 일들을 알려주시려고 오신 것이 아니다. 십자가는 창세 이래 가장 중요하고 반드시 있어야만 하는 필수의 일이다. 곧 십자가만이 '천지'보다 중요하다. 그래서 사도 바울은 십자가 외에는 알지 아니하기로 작정하였다. "내가 너희 중에서 예수 그리스도와 그가 십자가에 못 박히신 것 외에는 아무것도 알지 아니하기로 작정하였음이라"(고전 2:2).

지금 예수께서 십자가에 죽으시기 직전에 십자가의 천국 복음을 예고하고 있다. 본절의 "천지는 없어질지언정 내 말은 없어지지 아니하리라"는 말을 풀어 말하면 다음과 같다. "내가 죽기 전에 너희에게 미리 십자가로 이룰 천국 복음을 말하고 있다. 천지는 없어질지언정 내 말, 곧 1-34절로 말한 십자가의 천국 복음은 영원토록 없어지지 아니하리라". "천지"보다 더 중요한 것은 십자가 복음이다.

마 24:36 _ 그러나 그 날과 그 때는 아무도 모르나니 하늘의 천사들도, 아들도 모르고 오직 아버지만 아시느니라

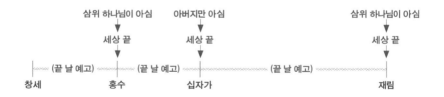

1. 종말은 세 번 있다.

세상 끝의 종말은 위 그림처럼 세 번 있다. 노아의 홍수 심판, 십자가 심판, 재림 심판이다(3, 30절 주해 참조).

2. 세 번의 종말의 날을 사람들과 마귀는 모른다.

사람들은 종말의 날과 때를 모른다. 그래서 창세 이래 세 번 있는 종말의 날과 때들을 한 번도 눈치 채지 못하고 멸망을 당하고 만다.

노아의 때에 사람들이 홍수의 날과 때를 몰라 멸망을 당하고 말았다. 그리고 마귀들과 그를 따르는 자들이 심판받는 십자가의 날과 때를 알지 못하고 멸망을 당한다(마 3장, 23장, 요일 3:8, 유 1:6). 그리고 재림 심판 때에도 그 날과 때를 알지 못하여 많은 자들이 멸망을 당하고 말 것이다.

다시 자세히 설명하면, 사람이 알지 못하는 종말의 때는 세 번 있다. 첫 번째 종말은 노아의 홍수 심판 때이다. 하나님이 노아의 홍수의 날을 "끝날"이라고 말씀하셨다. "하나님이 노아에게 이르시되 모든 혈육 있는 자의 포악함이 땅에 가득하므로 그 '끝날'이 내 앞에 이르렀으니 내가 그들을 땅과 함께 멸하리라"(창 6:13). 노아의 홍수는 "끝날"의 표본이다. 예수께서 노아의 홍수 심판을 종말의 표본이라고 말씀하셨다. "그러나 그 날과 그 때는 아무도 모르나니 하늘의 천사들도, 아들도 모르고 오직 아버지만 아시느니라 노아의 때와 같이 인자의 임함도 그러하리라"(마 24:36,37). '세상 끝'은 노아의 때처럼 온다는 말씀이다. 이 말씀은 '세상 끝'은 노아의 때처럼 아무도 알지 못하는 날에 갑자기 온다는 말씀이다. 노아의 때에 그 '끝날'을 아무도 몰랐기 때문에 그렇게 많은 사람들이 멸망을 하였던 것이다. 그 '끝날'을 미리 알았더라면 그렇게 많은 사람이 죽지 않았을 것이다.

또 홍수 이후에 사람이 알 수 없는 '세상 끝 날'이 십자가 때이다. 성경은 예수께서 십자가에 죽으시고 죄를 사하시기 위해 '세상 끝'에 오셨다고 기록함으로써 십자가 때가 세상 끝날임을 나타냈다. "그리하면 그가 세상을 창조한 때부터 자주 고난을 받았어야 할 것이로되 이제 자기를 단번에 제물로 드려 죄를 없이 하시려고 '세상 끝'에 나타나셨느니라"(히 9:26). 또 성경은 '마지막 날'에 예수께서 초림하셨다고 기록하여 십자가 심판의 때를 세상 끝날로 나타낸다. "이 모든 날 마지막에는 아들을 통하여 우리에게 말씀하셨으니 이 아들을 만유의 상속자로 세우시고 또 그로 말미암아 모든 세계를 지으셨느니라"(히 1:2). 이렇게 종말에 있는 십자가 심판의 날과 때를 사람들은 말지 못했다. 특히 유대인들은 자기들이 십자가의 피로 심판받는 날을 모른 채 예수를 대적하였다.

그리고 예수께서 재림 때를 '세상 끝'이라고 말씀하셨다. "내가 너희에게 분부한 모든 것을 가르쳐 지키게 하라 볼지어다 내가 '세상 끝날'까지 너희와 항상 함께 있으리라 하시니라"(마 28:20). 베드로는 '재림 때'를 '마지막' 날이라고 기록하였다. "만물의 마지막이 가까이 왔으니 그러므로 너희는 정신을 차리고 근신하여 기도하라"(벧전 4:7). 역시 사람들은 재림 심판의 날과 때를 알기 못하고 멸망을 당할 것이다.

이와 같이 사람들이 모르는 '끝날'은 홍수 심판 때와, 십자가 심판 때와, 재림 때이다. '세상 끝'에는 항상 심판과 구원이 있다. 첫 번째 '세상 끝'인 홍수 심판 때는 악을 행한 자들을 모두 물로 심판하시고, 노아의 가족은 방주에 태워 구원하셨다. 두 번째 '세상 끝'의 십자가 심판 때는 그의 피로 죄와 마귀와 불신자를 심판하시고, 성도는 그의 피로 죄를 씻으시고 구원하신다. 그리고 마지막 세 번째 '세상 끝'의 재림 때는 죄와 마귀와 불신자는 최종적으로 불못에 던져지고, 성도는 하늘에 있는 천국으로 입성한다.

그렇다면 예수께서 본절 36절에서 말씀하신 "그 날과 그 때"의 '세상 끝'은 두 번째 '세상 끝'의 십자가 심판 때를 말씀하시는 것일까 아니면 마지막 세 번째 '세상 끝'의 재림 심판 때일까? 그것은 당연히 코앞에 닥친 두 번째 '세상 끝'의 십자가 심판 때를 말씀하신 것이다. 그 십자가 심판 때를 사람이 알 수 없다. 예수께서 십자가로 죽으시는 날도 아무도 예측하지 못했다. 물론 예수께서 제자들에게 죽으실 것을 예고하셨지만 그 예고를 아무도 믿지 않았다. 그리고 부활하여 오시는 것도 아무도 몰랐다. 물론 예수께서 제자들에게 부활하실 것도 예고하셨지만 그들은 믿지 않았다. 그러므로 예수 그리스도와 가장 가까이 있었던 베드로도, 마리아도 몰랐던 것이다.

예수께서 이 땅에 오신 것은 마귀를 멸하시기 위함이다. "죄를 짓는 자는 마귀에게 속하나니 마귀는 처음부터 범죄함이라 하나님의 아들이 나타나신 것은 마귀의 일을 멸하려 하심이라"(요일 3:8). 마귀를 멸하시는 것은 그리스도의 십자가의 피로 멸하신다. 그러나 마귀들은 자신들이 그리스도의 피로 멸망당하는 날과 때를 알 수 없다. 어느 날 갑자기 도둑같이(43) 들이닥친 십자가의 날에 마귀들이 멸망을 당하는 것이다.

그리고 구약의 옥에 있는 불신자들의 영들도 자신들의 심판의 날과 때를 알지 못한다. 그들은 아무것도 모른 채 옥에 갇혀 있다가 갑자기 십자가에 육체가 죽으신 예수께서 영으로 옥에 오셔서 지옥 불못을 확정하시는 선포를 듣고 경악하게 된다. 그들은 자신들이 그리스도의 십자가의 피로 말미암아 심판받는 그 날과 때를 전혀 알지 못하고 있다가 갑자기 당하는 것이다.

그리고 예수께서 이 땅에 있을 당시의 유대인들도 그리스도의 십자가의 심판을 모르고 있다가 갑자기 심판을 당한다. 그러므로 그리스도의 십자가의 죽음과 부활을 아는 사람은 아무도 없었던 것이다.

이처럼 전혀 예측하지 못한 상황에서 도적같이 죄와 마귀와 불신자가 갑자기 심판을 받고, 성도도 갑자기 구원을 받는 일이 벌어진 것이다.

그래서 말라기 선지자가 십자가 심판 때에 "주가 갑자기 그의 성전에 임하"실 것이라고 예언하였다. "만군의 여호와가 이르노라 보라 내가 내 사자를 보내리니 그가 내 앞에서 길을 준비할 것이요 또 너희가 구하는 바 '주가 갑자기 그의 성전에 임하시리니' 곧 너희가 사모하는 바 언약의 사자가 임하실 것이라"(말 3:1). 말라기 선지자가 "주가 갑자기 그의 성전에 임하"실 것이라고 예언한 것은 십자가의 "날과 그 때"를 아무도 모르게 "갑자기" 임하실 것을 나타낸 것이다. "주가 갑자기 그의 성전에 임하"셔서 휘장을 찢으실 것을 예고한 것이다. 그러므로 장차 메시야 예수 그리스도께서 아무도 모르는 날에 갑자기 십자가의 피로 성전에 임하셔서 휘장을 찢으시고, 구약의 동물의 피 제사를 폐하시고 그의 피로 단번에 제사를 드려 구원의 길을 여실 것을 예언한 것이다. 세 번의 종말의 날을 사람들과 마귀는 모른다.

3. 세 번의 종말을 미리 예고하신다.

노아의 때에 하나님께서 홍수 직전에 "끝날"을 예고하시고 홍수로 심판하셨다(창 6:13). 이렇게 노아의 때에 홍수 바로 전에 "끝날"을 예고하시고 홍수로 심판하신 형태와 같이, 십자가 바로 전에 "끝날"을 예고하시고 십자가로 심판하시는 것이다. 그래서 예수께서 '세상 끝'은 노아의 때처럼 온다고 말씀하셨다. "노아의 때와 같이 인자의 임함도 그러하리라"(마 24:37). 노아의 홍수 심판 때와 십자가 심판 때의 공통점은 심판의 날 바로 전에 심판을 예고하시고 실행하신 것이다. 그러므로 예수께서 십자가 바로 전에 십자가 심판을 예고하시고 곧바로 십자가로 심판하신다.

재림 심판 때도 노아의 때처럼 심판 전에 예고하신다(행 1:11, 계 1:7, 20:8-15). 그러면 재림 심판 전은 언제일까. 예수께서 승천하시고 성령을 보내신 때부터 종말까지의 신약시대를 말한다. 그러므로 재림 직전은 바로 오늘이다. 신약시대는 매일매일이 마지막 날이다(요일 2:18). 그러므로 신약시대의 매일매일은 재림 직전이며, 매일매일에 재림 심판을 경고하신다. 세 번의 종말을 미리 예고하신다.

결론적으로 노아의 홍수 직전에 심판을 경고하신 후 실행하시고, 십자가 심판 직전에 경고하신 후 실행하시고, 재림 심판 직전에 경고하시고 실행하신다. 물론 경고하여도 깨닫지 못하고 그 날과 때를 알지 못하고 심판을 당한다. 그러나 예수께서 죄와 마귀와 사람들이 믿지도 않을 경고를 굳이 하시는 이유는 심판이 다 끝난 후에 그리스도의 말씀이 진리였음을 알게 하려 하심이다. 그래서 예수께서 "보라 내가 너희에게 미리 말하였노라"(25)고 말씀하실 때는 제자들이 깨닫지 못하였으나 그 일을 다 이루신 후에는 그의 말씀이 진리임을 제자들이 알게 되었다.

곧 그리스도께서 부활하시기 전에 제자들에게 십자가에 죽으실 것과, 그의 피로 죄와 마귀를 심판하실 것과, 성도들의 죄를 씻으실 것과, 부활하실 것을 미리 예고하셨어도 알아듣지 못하고 믿지 못하였으나 부활 후에는 주의 말씀이 모두 진리였음을 알게 되었다. "지금부터 일이 일어나기 전에 미리 너희에게 일러둠은 일이 일어날 때에 내가 그인 줄 너희가 믿게 하려 함이로라"(요

13:19). "이제 일이 일어나기 전에 너희에게 말한 것은 일이 일어날 때에 너희로 믿게 하려 함이라"(요 14:29). 그리스도께서 이 마 24장에서 십자가 심판 직전에 그의 피로 심판과 구원을 이루실 것을 예고하신다.

4. 예수께서 모르시는 "그 날과 그 때"는 십자가 심판 날이다.

앞에서 설명한 것처럼 세상 끝에 있는 심판은 홍수와 십자가와 재림 때에 있는 것으로서 총 세 번 있다. 그 중 첫 번째인 홍수 심판 때는 하나님과 예수님과 성령님이 모두 아신다. 그리고 세 번째인 재림 심판 때에도 하나님과 예수님과 성령님이 모두 아신다. 재림 때를 예수께서 아시는 이유는 자신이 직접 심판주로 재림하시기 때문이다. "너희도 길이 참고 마음을 굳건하게 하라 주의 강림이 가까우니라 형제들아 서로 원망하지 말라 그리하여야 심판을 면하리라 보라 '심판주'가 문 밖에 서 계시니라"(약 5:8,9). 심판주께서 자신이 심판하시는 날을 모르실 리가 없는 것이다. 그러므로 재림 심판의 때는 예수님을 포함하여 삼위 하나님이 모두 아신다.

그러나 두 번째인 십자가 심판의 날과 때는 하나님 아버지만 아신다고 예수께서 말씀하신다. 예수께서 자신은 모르고 아버지만 아신다고 말씀하시는 이유는 무엇일까? 그 이유는 다음과 같다. 십자가 심판 때는 삼위 하나님 중에 예수님과 성령님이 하늘에서 이 땅으로 보내심을 받아 내려오신다. 내려오실 때 하늘의 보좌를 내려놓고 오신다. 그래서 하늘 보좌에는 하나님 아버지만 앉아계신다. 하늘에 삼위 하나님의 세 보좌 중에 두 보좌는 비어 있고 한 보좌에만 하나님 아버지께서 앉아계신다. 예수께서 십자가 사역을 모두 마치신 후에는 다시 승천하셔서 비어 있던 하나님의 우편 보좌에 다시 앉으시게 된다.

예수께서 이 땅에 오실 때 하나님과 동등됨을 취하지 아니하시고 종의 형체를 가지셨다. 그리고 하나님께 복종하여 십자가에 죽으신다. "그는 근본 하나님의 본체시나 하나님과 동등됨을 취할 것으로 여기지 아니하시고 오히려 자기를 비워 종의 형체를 가지사 사람들과 같이 되셨고 사람의 모양으로 나타나사

자기를 낮추시고 죽기까지 복종하셨으니 곧 십자가에 죽으심이라"(빌 2:6-8).

이것은 십자가 심판 때는 하나님과 예수님의 역할이 새로이 정해짐을 알 수 있다. 하나님은 주인의 역할을 하시고, 예수님은 종의 역할을 맡으신다. 더 구체적으로 말하면 하나님은 명령권자의 역할을 하시고, 예수님은 복종하는 자의 역할을 하신다. 그래서 예수께서 하나님의 명령에 복종하여 십자가에 죽으신다.

원래 삼위 하나님은 서로 명령하는 주인과 복종하는 종으로 계시지 않고 동등하시다. 첫 번째 홍수 심판 때와 세 번째 재림 심판 때는 주인과 종으로 서로 역할을 달리하시지 않는다. 두 번째 심판인 십자가 심판 때만 유일하게 하나님은 주인의 역할을 하시고, 예수님은 종의 역할을 하신다. 그러면서 예수께서 종은 주인이 하는 것을 알지 못한다고 말씀하셨다. "이제부터는 너희를 종이라 하지 아니하리니 '종은 주인이 하는 것을 알지 못함이라' 너희를 친구라 하였노니 내가 내 아버지께 들은 것을 다 너희에게 알게 하였음이라"(요 15:15).

여기서 예수께서 '종은 주인이 하는 것을 알지 못한다'고 말씀하신 대로, 십자가 심판의 날에 대하여 자기는 종이기 때문에 '그 날과 그 때'을 알지 못하며, 주인이신 아버지만 아신다고 말씀하신다. 모든 것을 결정하시고 명령하시는 분은 아버지뿐이라고 말씀하신다. 자기는 아버지의 명령에 복종할 뿐 자기가 심판의 날을 결정하지 않는다는 것이다. 아버지께서 심판의 날을 결정하시고 명령하시면 자기는 복종하여 따를 뿐이라고 말씀하신다.

"아들도 모르고"의 의미는, 아들은 아버지의 종으로서 말씀에 순종하신다는 의미이다. 아들 마음대로 하는 것이 아니라, 아버지의 명에 따르신다는 것이다. "오직 내가 아버지를 사랑하는 것과 아버지께서 명하신 대로 행하는 것을 세상이 알게 하려 함이로라 일어나라 여기를 떠나자 하시니라"(요 14:31). "내가 내 자의로 말한 것이 아니요 나를 보내신 아버지께서 내가 말할 것과 이를 것을 친히 명령하여 주셨으니 나는 그의 명령이 영생인 줄 아노라 그러므로 내가 이르는 것은 내 아버지께서 내게 말씀하신 그대로니라 하시니라"(요

12:49,50).

그리고 "하늘의 천사들도" 모른다고 말씀하신 것은, 천사들은 하나님의 종들이기 때문에 주인이신 하나님의 계획을 다 알 수 없다는 뜻이다. "하늘의 천사들도, 아들도 모르고"라고 하신 것은 자신이 잠시 동안 천사보다 못한 종이 되셨음을 의미한다. "그를 잠시 동안 천사보다 못하게 하시며 영광과 존귀로 관을 씌우시며"(히 2:7).

이것은 예수 그리스도의 지극히 겸손하신 마음을 나타낸다. 종의 역할을 충실히 수행하시는 모습이다. 이렇게 예수께서 '그 날과 그 때'를 아버지만 아시고 종으로서의 아들은 알 수 없다고 비하되어 말씀하신 것은 단 한 번 있는 일이다. 유일하게 주인과 종으로 서로 역할을 달리하는 십자가 심판의 날뿐이다. 그러므로 예수께서 모르신다고 하신 "그 날과 그 때"는 십자가 심판 날이다.

마 24:37-39 _ ³⁷노아의 때와 같이 인자의 임함도 그러하리라 ³⁸홍수 전에 노아가 방주에 들어가던 날까지 사람들이 먹고 마시고 장가들고 시집가고 있으면서 ³⁹홍수가 나서 그들을 다 멸하기까지 깨닫지 못하였으니 인자의 임함도 이와 같으리라

"인자의 임함"

노아의 때에 홍수가 내릴 것이라고 미리 안 자가 없었다. 오히려 그들은 홍수가 내리지 않을 것으로 굳게 믿고 있었다. 그들은 노아의 때에 내릴 홍수 같은 것을 경험하거나 본 적이 없었다. 그때의 홍수는 창세 이래 처음 있는 홍수였기 때문이다. 그러므로 그들은 노아의 때에 내린 홍수를 상상할 수조차 없었던 것이다.

"인자"도 이와 같이 전혀 예상하지 못할 때 임하신다고 말씀하신다. 여기의 "인자의 임함"은 예수 그리스도의 십자가 심판이 홍수같이 임함을 의미하는 것으로서, 십자가의 피로 죄와 마귀와 그들을 따르는 자들에게 심판이 홍수같이 임함을 말한다(저자의 주석 '다니엘'의 단 9:27의 '쏟아지리라' 참조). "인자의 임함"은 재림 때에는 해당되지 않는다. 재림 때에는 "인자"가 임하는 것이 아니라, "인자"

를 벗으시고 "하나님의 본체"로 복구되어 임하시기 때문이다(30절 '인자' 참조).

> **마 24:40,41 _** ⁴⁰그 때에 두 사람이 밭에 있으매 한 사람은 데려가고 한 사람은 버려둠을 당할 것이요 ⁴¹두 여자가 맷돌질을 하고 있으매 한 사람은 데려가고 한 사람은 버려둠을 당할 것이니라

"그 때"는 십자가 때이다. 예수께서 십자가에서 죽으신 후 부활하셔서 제자들을 찾아오셨다. "그 때에" 만일 제자 중 하나가 동네 사람과 밭에서 일하고 있었다면 그는 예수께로 데려갔을 것이다. 또는 마리아가 동네 여자와 맷돌질을 하고 있었다면 그녀도 예수께 데려감을 당하였을 것이다. 예수께서 부활하신 후 사방에 흩어져 있던 성도들을 찾아갈 것이라고 말씀하셨다(마 28:7,10, 막 14:28, 16:7). "그러나 내가 살아난 후에 너희보다 먼저 갈릴리로 가리라"(막 14:28).

갈릴리에 그의 제자들이 많았기 때문에 갈릴리로 가시는 것이다. 제자들은 그리스도께서 십자가에 죽으시는 모습을 보고 두려움에 떨며 고향 갈릴리로 흩어져버렸다. 그들은 세상으로 흩어진 것이다. 예수께서는 부활하신 후 그들을 잊지 않으시고 갈릴리로 찾아가신다. 그들을 세상에서 건져 그리스도 자신께로 데려가시려는 것이다. 그들을 세상 나라에서 그리스도의 나라로 데려가시려는 것이다. 곧 그들에게 하나님의 나라가 임하도록 하시려고 찾아가시는 것이다. 말씀하신 대로 부활 후 성도들을 부르시고 자신에게로 이끌어 구원하셨다(31절 참조). 그러나 예수 그리스도를 따르지 않은 자들은 버려둠을 당한다.

물론 이러한 일은 재림 때에도 일어난다. 예수 그리스도를 믿은 자들은 천국으로 데려가고 그렇지 않은 자들은 버려둠을 당할 것이다. 그러나 이 본절의 사건은 초림 십자가 때의 일이다.

> **마 24:42-44 _** ⁴²그러므로 깨어 있으라 어느 날에 너희 주가 임할는지 너희가 알지 못함이니라 ⁴³너희도 아는 바니 만일 집 주인이 도둑이 어느 시각에 올 줄을 알았더라면 깨어 있어 그 집을 뚫지 못하게 하였으리라 ⁴⁴이러므로 너희도 준비하고 있으라 생각하지 않은 때에 인자가 오리라

(30,36,37절 참조)

마 24:45 _ 충성되고 지혜 있는 종이 되어 주인에게 그 집 사람들을 맡아 때를 따라 양식을 나눠줄 자가 누구냐

때를 따라 양식을 나눠 주는 것은 집 사람들이 굶어죽지 않도록 양식을 먹여야 한다는 것이다. "양식"은 하나님의 말씀을 말한다. 하나님의 말씀은 두 가지이다. 구약의 말씀과 신약의 말씀이다. 요약하면 구약의 말씀은 메시야가 오실 것이므로 그를 기다리라는 말씀이고(사 53장, 슥 9:9, 말 4장), 신약의 말씀은 메시야가 오셨으므로 그를 믿어 구원을 받으라는 말씀이다(요 14:6, 계 3:20). 그러므로 당연히 일꾼은 구약의 일꾼과 신약의 일꾼이 있다. 먼저 구약의 일꾼들에게 장차 오실 메시야 예수 그리스도를 대망하도록 백성들에게 말씀을 가르치라고 명하셨고, 신약의 일꾼들에게 그리스도께서 오셔서 십자가로 이루신 천국 복음을 땅끝까지 전파하여 구원받도록 하라고 명하셨다. 구약의 일꾼들과 신약의 일꾼들이 맡은 사역의 내용이 서로 다르다.

그러나 메시야 예수 그리스도께서 이 땅에 오셨을 당시 구약의 일꾼들인 대제사장들과 서기관들과 바리새인들이 메시야를 대망하도록 백성들에게 말씀의 양식을 먹이지 않았다. 그래서 예수 그리스도께서 때를 따라 말씀의 양식을 먹이지 않는 유대의 지도자들에게 "화 있을진저"라고 말씀하셨던 것이다(마 23장). 그들은 자신들을 스스로 랍비라 칭하면서도 메시야 예수 그리스도에 대해 가르치지 않아 천국 문을 닫는 자들이 되었다. "화 있을진저 외식하는 서기관들과 바리새인들이여 너희는 천국 문을 사람들 앞에서 닫고 너희도 들어가지 않고 들어가려 하는 자도 들어가지 못하게 하는도다"(마 23:13). 이들은 메시야 예수 그리스도가 오셨음에도 불구하고 그를 가르치기는커녕 그를 배척하고 죽이려 했다. 이들은 때를 따라 메시야를 가르치는 복음의 양식을 나눠주지 않은 자들이다.

물론 이 말씀은 재림을 기다리는 성도들에게도 해당되는 말씀이다. 그리스도의 일꾼들은 부지런히 복음을 전하다가 재림을 맞이해야 할 것이다. 그러나 이 본절은 구약 유대의 지도자들에게 하시는 말씀이다(14,21,30절 등 앞 절들의 주해 참조). 이 절은 특히 유대인들에게 하신 마 23장의 책망의 말씀과 동일한 말씀이다. 본절에서 "주인"이 오는 때는 십자가 때이다(46절 주해 참조).

> **마 24:46,47 _** [46]주인이 올 때에 그 종이 이렇게 하는 것을 보면 그 종이 복이 있으리로다 [47]내가 진실로 너희에게 이르노니 주인이 그의 모든 소유를 그에게 맡기리라

"주인이 올 때에 그 종이 이렇게 하는 것을 보면 그 종이 복이 있으리로다"

1. '주인이 올 때'는 십자가 때이다.

본절의 "주인"은 예수 그리스도시다. 요한은 지은 것이 하나도 예수가 없이는 된 것이 없다고 기록하였다. "그가 태초에 하나님과 함께 계셨고 만물이 그로 말미암아 지은 바 되었으니 지은 것이 하나도 그가 없이는 된 것이 없느니라"(요 1:2,3). 이 말씀은 예수께서 창조주요 "주인"임을 밝힌 것이다.

그러면 본문에서 "주인이 올 때"는 언제인가? 곧 예수께서 자신이 언제 오신다는 것인가? "주인이 올 때"는 십자가 때이다. 그 이유는 다음과 같다.

아담이 선악과를 먹음으로써 에덴에서 쫓겨나고 예수 그리스도와 단절되었다. 곧 주인이신 예수께서 아담을 떠난 것이다. 그런데 아담을 온전히 버리신 것이 아니었다. 아담에게 '가죽옷'을 입히심으로 예수께서 다시 이 땅에 오셔서 십자가로 구원하실 것을 약속하셨다(창 3:21). 가죽옷은 예수께서 죽으심으로 구원하시는 십자가 복음이다. 곧 주인이 오셔서 자신의 피로 구원하실 것을 언약하신다.

그래서 구약성도들에게 양의 피로 제사드리게 하여 장차 주인이신 예수 그리스도께서 오실 것을 사모하도록 하셨다. 구약의 종들에게 장차 오실 그리스도를 가르치도록 하셨다. 곧 그리스도에 대한 말씀의 양식을 나눠주도록 하셨다. 그래서 예수께서 자신이 올 때에 그 종들이 때를 따라 양식을 나눠주는

것을 보면 "그 종이 복이 있으리라"고 하신 것이다. "복"은 구원을 말한다. 곧 천국을 선물로 주시는 것이다. 곧 부활 후 오셔서 그의 피로 제자들의 죄를 씻어 구원하신다. "주인이 올 때"는 십자가 때이다.

2. '주인이 올 때'는 십자가의 못 자국이 있는 '인자가 올 때'이다.

"주인이 올 때"는 십자가 때이다. 그 이유는 "주인"이 "인자"(44)이기 때문이다. "인자"는 십자가의 못 자국의 상처가 있는 예수 그리스도시다. 44절에서 "인자가 오리라"고 말씀하셨고 그 "인자가 올 때"가 본절의 "주인이 올 때"이다. "인자가 올 때"는 재림 때가 아니라 십자가 때이다. 재림 때는 십자가의 못 자국의 상처가 있는 "인자"가 아니라, 못 자국이 없는 온전한 "하나님의 본체"로 오신다. 영원 전부터 계셨던 "하나님의 본체"는 아무런 상처가 없는 분이시다. "그는 근본 하나님의 본체시나 하나님과 동등됨을 취할 것으로 여기지 아니하시고"(빌 2:6).

재림 때는 십자가 복음이 끝나는 때이므로 손에 못 자국이 없는 온전한 몸으로 오신다. 그러므로 십자가 때는 십자가의 못 자국이 있는 "인자"가 오시고, 재림 때는 영원 전 모습으로 복귀하신 "하나님의 본체"가 오신다. "주인이 올 때"는 십자가의 못 자국이 있는 '인자가 올 때'로서 십자가 때이다(30절 주해 참조).

유대의 지도자들인 대제사장들과 서기관들과 바리새인들은 메시야 예수 그리스도를 부인하며, 그를 영접하지 못하도록 훼방하며, 때를 따라 복음의 양식을 백성들에게 나눠주지 않았다. 그들은 메시야를 대적하고 죽이려 했다. 그러나 예수 그리스도의 제자들은 백성들에게 메시야가 오신 것을 전파하여 복음의 양식을 나눠주었다. 제자들은 메시야의 말씀의 양식을 나눠준 것이다. 그래서 예수께서 때를 따라 복음의 양식을 나눠준 제자들에게 복이 있을 것이라고 말씀하시고 그들에게 모든 소유를 맡기리라고 하신 것이다.

"내가 진실로 너희에게 이르노니 주인이 그의 모든 소유를 그에게 맡기리라"

예수께서 부활 후 오셔서 제자들에게 복을 주시고 그의 모든 소유를 맡기신다. 예수께서 구원을 주시고 그의 사명을 맡기신다는 뜻이다. 실제로 예수께서 제자들에게 구원을 주시고 그의 사명을 맡기시고 승천하신다.

"그의 모든 소유"는 "하나님의 나라"이다. "하나님의 나라" 안에 "그의 모든 소유"가 있기 때문이다. "그의 모든 소유를 맡기"는 것은 예수 그리스도께서 부활하여 오셔서 '하나님의 나라'를 맡기시는 것이고, '예수 그리스도의 권능'을 주시는 것이다. "내 아버지께서 나라를 내게 맡기신 것 같이 나도 너희에게 맡겨 너희로 내 나라에 있어 내 상에서 먹고 마시며 또는 보좌에 앉아 이스라엘 열두 지파를 다스리게 하려 하노라"(눅 22:29,30).

여기서 예수께서 제자들에게 하나님의 나라를 맡기신다고 말씀하셨다. 이 말씀과 본절의 "그의 모든 소유를 그에게 맡기리라"는 말씀과 동일한 내용이다. "그의 모든 소유"가 "하나님의 나라"이기 때문이다. "보좌에 앉아 이스라엘 열두 지파를 다스리게 하려 하노라"의 의미는 하나님의 나라를 맡기시고 그 나라를 지키며 섬기도록 하신다는 말씀이다. 12지파는 하나님의 나라를 의미하며 하나님의 나라 안에서 성도들을 섬기는 일을 말한다.

하나님은 아담에게 하나님의 나라 에덴을 맡기셨다. 맡기시면서 그 에덴을 정복하고 다스리라고 명하셨다(창 1:28). 그리고 그 에덴을 지키고 다스리라고(경작하라고) 명하셨다(창 2:15). 그런데 그 에덴에서 쫓겨나 하나님의 나라 에덴을 잃어버렸다. 그런데 예수 그리스도께서 십자가로 하나님의 나라를 건설하시고 다시 아담의 후손에게 맡기셨다. 그 하나님의 나라가 구약적 언어로 12지파이다. 예수 그리스도를 믿어 구원을 얻은 성도들에게 하나님의 나라를 맡기신다. 성도는 그 하나님의 나라를 지키며 다스리며 경작하는 일을 한다. 그것은 하나님의 나라 안에서 섬기는 일을 의미한다.

그리고 맡기시는 것은 '복음'과 '직분'(제사장)이다. 바울은 예수께서 자신에게 '복음'과 '직분'을 맡기셨다고 기록하였다. "이 '교훈'은 내게 맡기신 바 복되신 하나님의 영광의 복음을 따름이니라 나를 능하게 하신 그리스도 예수 우리 주께 내가 감사함은 나를 충성되이 여겨 내게 '직분'(제사장)을 맡기심이니"(딤전 1:11,12). '복음'과 '직분'(제사장)은 모두 예수 그리스도의 소유였다. 예수 그리스도께서 하늘에서 이 땅으로 내려오실 때 복음과 대제사장의 직분을 가지고 오셨기 때문이다(히 2:17, 3:1, 4:14, 9:11). 그의 소유를 성도들에게 맡기시는 것이다.

그러므로 성도들이 하나님의 나라와 복음과 제사장의 직분을 받게 된 것이다. "그러나 너희는 택하신 족속이요 왕 같은 제사장들이요 거룩한 나라요 그의 소유가 된 백성이니 이는 너희를 어두운 데서 불러 내어 그의 기이한 빛에 들어가게 하신 이의 아름다운 덕을 선포하게 하려 하심이라"(벧전 2:9).

그리고 성도에게 맡기신 것은 '전도'이다. 바울이 또 예수께서 자신에게 '전도'를 맡기셨다고 기록하였다. "자기 때에 자기의 말씀을 전도로 나타내셨으니 이 '전도'는 우리 구주 하나님이 명하신 대로 내게 맡기신 것이라"(딛 1:3). 예수 그리스도께서 전도하셨다. 이제 그의 전도의 일이 성도들에게 맡겨졌다. 이러한 것들이 성도들에게 "복"인 것이다.

예수께서 부활 후에 제자들에게 오셔서 그의 모든 소유를 맡기셨다. 제자들에게 그리스도의 소유인 '하늘과 땅의 모든 권세'를 맡기시고, '세례'를 베푸는 권세와 가르치는 권세를 맡기셨다. "예수께서 나아와 말씀하여 이르시되 하늘과 땅의 모든 권세를 내게 주셨으니 그러므로 너희는 가서 모든 민족을 제자로 삼아 아버지와 아들과 성령의 이름으로 세례를 베풀고 내가 너희에게 분부한 모든 것을 가르쳐 지키게 하라 볼지어다 내가 세상 끝날까지 너희와 항상 함께 있으리라 하시니라"(마 28:18-20).

또 그리스도의 소유인 귀신을 쫓아내는 권세와 모든 병과 약한 것을 고치는 권능을 맡기셨다. "예수께서 그의 열두 제자를 부르사 더러운 귀신을 쫓아내며 모든 병과 모든 약한 것을 고치는 권능을 주시니라"(마 10:1).

이러한 것들은 모두 그리스도만 행사하시는 권능들이다. 이렇게 예수께서 부활 후에 오셔서 제자들에게 그의 모든 소유를 맡기심으로, "주인이 그의 모든 소유를 그에게 맡기리라"는 말씀을 이루셨다.

> **마 24:48-51 _ 48만일 그 악한 종이 마음에 생각하기를 주인이 더디 오리라 하여 49동료들을 때리며 술친구들과 더불어 먹고 마시게 되면 50생각하지 않은 날 알지 못하는 시각에 그 종의 주인이 이르러 51엄히 때리고 외식하는 자가 받는 벌에 처하리니 거기서 슬피 울며 이를 갈리라**

본절과 같은 일은 두 경우에 해당한다. 첫째는 예수께서 부활 후 오셔서 메시야를 대적한 자들을 심판하시는 경우와, 종말에 오셔서 그를 대적한 자들을 심판하시는 경우이다. 본절의 경우는 부활 후 오셔서 심판하시는 경우이다 (14,21,29,30절 등 앞절들의 주해를 참조할 것).

예수께서 오셨을 당시에 유대인들은 메시야가 오신 것을 전혀 알지 못했다. 특히 대제사장들과 서기관들과 바리새인들은 예수가 유대인의 왕이 될 것을 염려하여 그를 죽이려 했다. 그들은 메시야가 아직 오지 않았다고 생각했으며 앞으로도 당분간은 메시야가 오지 않을 것으로 여겼다. 그들에게 메시야는 더 이상 기다리는 대상이 되지 못했다. 그들은 메시야가 "더디 오리라 하여" 마음껏 부정과 부패를 일삼았다. 그들은 신랑이신 메시야를 기다릴 필요가 없기 때문에 신부로서 정결할 필요가 당연히 없었다.

그들은 예수께서 마 23장에서 십자가로 심판할 것을 경고하신 자들로서, 메시야가 더디 오리라 생각하며 "동료들을 때리며 술친구들과 더불어 먹고 마"신 유대 지도자들이었다. 그들은 백성들을 괴롭히고 훼방하며 함께 멸망의 길로 치달아갔다. "화 있을진저 외식하는 서기관들과 바리새인들이여 너희는 천국 문을 사람들 앞에서 닫고 너희도 들어가지 않고 들어가려 하는 자도 들어가지 못하게 하는도다 화 있을진저 외식하는 서기관들과 바리새인들이여 너희는 교인 한 사람을 얻기 위하여 바다와 육지를 두루 다니다가 생기면 너희보다 배나 더 지옥 자식이 되게 하는도다"(마 23:13-15).

이렇게 메시야가 더디 오리라 하면서 타락한 유대인들에게 "화 있을진저"(마 23:13,15,16,23,25,27,29)라고 경고하셨다. 그리고 그들에게 "뱀들아 독사의 새끼들아 너희가 어떻게 지옥의 판결을 피하겠느냐"(마 23:33)라고 경고하셨다. 그것은 곧 "주인이 이르러 엄히 때리고 외식하는 자가 받는 벌에 처하리니 거기서 슬피 울며 이를 갈리라"고 예고하신 것이다. 그들은 예수 그리스도의 십자가의 피로 심판을 받아 구원을 받지 못하여 하나님의 성에 들어가지 못하고 밖에서 "슬피 울며 이를 갈"게 된다(마 22:13, 눅 13:28).

"동료들을 때리며"

"동료"들을 때리는 것은 바리새인들과 서기관들과 대제사장들이 예수 그리스도의 제자들과 성도들을 때리는 것을 말한다. 여기서 "동료"는 때리는 자들과 맞는 자들이 다같이 유대인들이라는 것이다. 유대인들은 서로 형제간이다. 그리고 그들은 같은 하나님의 종들이다. "동료"(4889 쉰둘로스 sundoulos)는 '함께 종된 자, 동료 노예, 동일한 신적 권위에 복종하는 자, 같은 종으로서의 동역자'를 의미한다. 이것은 같은 유대인으로서 한 하나님을 섬기는 종들을 의미한다. 구약의 유대인들은 같은 하나님을 섬기는 같은 종들이었다.

유대 지도자들은 같은 동료인 유대인들이 예수 그리스도교를 따르는 것을 보고 못마땅히 여겨 핍박하였다. 그들이 생각하기를 같은 유대인인 동료들이 타종교로 개종하는 것을 도저히 용납할 수 없었던 것이다. 그래서 그들은 율법을 잘못 해석하여 그리스도를 따르는 유대인들을 돌로 쳐죽이려 했다. 사실 율법은 그리스도께로 인도하는 초등교사임에도 불구하고 그들은 율법의 의미를 잘못 해석하여 그리스도께로 인도되지 않았다.

그리스도가 자기들 앞에 오셨음에도 불구하고 그들은 메시야가 아직 오지 않았다고 생각했다. 그들은 예수를 메시야로 인정하지 않았기 때문에 메시야가 오려면 아직 멀었다고 생각했다. 그래서 그들은 메시야가 "더디 오리라 하고 동료들을 때리며 술친구들과 더불어 먹고 마시"며 악을 행했다.

본문은 예수 그리스도께서 십자가로 심판하시기 전에 그를 따르는 유대인들을 같은 동료인 유대 지도자들이 핍박하는 장면이다. 곧 구약시대에 일어나는 일이다.

　　만일 본문을 신약시대에 일어나는 일로 해석한다면 여기의 "동료들"이라고 말씀하신 예수님의 말씀이 문제가 된다. 신약시대에는 유대인들이 아니라 이방인들이 그리스도인들을 핍박한다. 이방인과 그리스도인은 형제가 아니며, 같은 하나님의 종들이 아니다. 이방인과 그리스도인은 서로 원수이지 동료가 아닌 것이다. 그러므로 본문의 "동료들을 때리며"의 의미는 예수께서 십자가의 피로 심판하시기 전에 같은 유대인이며, 같은 형제이며, 같은 하나님의 종들이, 그리스도를 따르는 "동료" 유대인들을 핍박하는 내용이다.

2

마태복음 25장

예수 그리스도께서
부활하여 오실 것을
예고하신다

M A T T H E W

25

마 25:1-13 _ ¹그 때에 천국은 마치 등을 들고 신랑을 맞으러 나간 열 처녀와 같다 하리니 ²그 중의 다섯은 미련하고 다섯은 슬기 있는 자라 ³미련한 자들은 등을 가지되 기름을 가지지 아니하고 ⁴슬기 있는 자들은 그릇에 기름을 담아 등과 함께 가져갔더니 ⁵신랑이 더디 오므로 다 졸며 잘새 ⁶밤중에 소리가 나되 보라 신랑이로다 맞으러 나오라 하매 ⁷이에 그 처녀들이 다 일어나 등을 준비할 새 ⁸미련한 자들이 슬기 있는 자들에게 이르되 우리 등불이 꺼져가니 너희 기름을 좀 나눠 달라 하거늘 ⁹슬기 있는 자들이 대답하여 이르되 우리와 너희가 쓰기에 다 부족할까 하노니 차라리 파는 자들에게 가서 너희 쓸 것을 사라 하니 ¹⁰그들이 사러 간 사이에 신랑이 오므로 준비하였던 자들은 함께 혼인 잔치에 들어가고 문은 닫힌지라 ¹¹그 후에 남은 처녀들이 와서 이르되 주여 주여 우리에게 열어 주소서 ¹²대답하여 이르되 진실로 너희에게 이르노니 내가 너희를 알지 못하노라 하였느니라 ¹³그런즉 깨어 있으라 너희는 그 날과 그 때를 알지 못하느니라

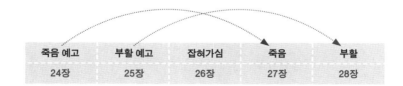

죽음 예고	부활 예고	잡혀가심	죽음	부활
24장	25장	26장	27장	28장

마태복음 순서

24장 : 예수 그리스도의 죽음 예언

25장 : 예수 그리스도의 부활 예언

26장 : 예수 그리스도의 잡힘

27장 : 예수 그리스도의 죽음 성취

28장 : 예수 그리스도의 부활 성취

열 처녀 비유

1. 재림하시는 신랑을 영접해야 한다.

예수 그리스도는 신랑이시다. 예수 그리스도 신랑이 재림 때에 하나님의 본체로 오신다. 그때 신랑을 맞이하지 못하면 천국으로 들어갈 수 없다. 종말에 예수께서 하늘로부터 강림하실 때 공중에서 그를 영접해야 한다. "주께서 호령과 천사장의 소리와 하나님의 나팔 소리로 친히 하늘로부터 강림하시리니 그리스도 안에서 죽은 자들이 먼저 일어나고 그 후에 우리 살아 남은 자들도 그들과 함께 구름 속으로 끌어 올려 공중에서 주를 영접하게 하시리니 그리하여 우리가 항상 주와 함께 있으리라"(살전 4:16,17).

2. 초림하신 신랑을 영접해야 한다.

1) 재림하시는 신랑을 영접하기 전에 초림하신 신랑을 먼저 영접해야 한다.

예수 그리스도 신랑은 재림하실 때만 영접해서는 안 된다. 초림하신 신랑을 먼저 영접해야 한다. 왜냐하면 초림하신 신랑을 영접한 자들만 재림하실 때 영접할 수가 있기 때문이다. 만일 초림하신 신랑을 영접하지 않은 자라면 재림하시는 신랑을 맞을 수 없다. 반드시 초림하신 예수신랑을 영접한 자라야 재림하시는 신랑을 맞이하여 천국에 들어갈 수 있다. 그러므로 재림하시는 신랑을 영접하기 전에 초림하신 신랑을 먼저 영접해야 한다.

2) 신랑은 출생하실 때부터 신랑이다.

예수께서 마리아의 몸을 통하여 출생하신 후 천국 복음을 전파하실 때 자신을 이미 "신랑"이라고 칭하셨다. 제자들에게 자신이 십자가에 죽으실 것을 아시고 신랑을 빼앗길 날이 이를 것이라고 말씀하셨다. 그러므로 십자가 전에 이미 자신을 "신랑"으로 말씀하신 것이다. "예수께서 그들에게 이르시되 혼인집 손님들이 신랑과 함께 있을 동안에 슬퍼할 수 있느냐 그러나 신랑을 빼앗길 날이 이르리니 그 때에는 금식할 것이니라"(마 9:15). 그러므로 "신랑"은 재림하실 때만이 아니고 마리아의 몸을 통하여 오신 후로 계속 신랑이신 것이다.

3) 신랑은 세 가지 몸이다.

그 신랑은 세 가지 몸을 가지신다. 세 가지 몸은 첫째 사람의 몸과, 둘째 못 자국의 상처가 있는 신령한 몸과, 셋째 상처가 전혀 없는 온전한 하나님의 본체의 몸이다(빌 2:6, 히 1:3).

첫 번째 몸은 마리아의 몸을 통한 사람의 몸이다. 사람의 몸으로 이스라엘 고을마다 찾아다니시며 천국 복음을 전파하셨다. 사람의 몸으로 복음을 전파하실 때는 일일이 걸어다니시고 음식을 준비하시고 몸이 피곤하셨다.

두 번째 몸은 신령한 몸이다. 십자가에서 죽으신 후 다시 부활하여 신령한 몸으로 오셨다. 그 신령한 몸으로 40일 동안 자신이 죽음을 이기시고 부활하셨음을 확실히 증거하시고, 예수께서 하늘에서 왔으며 하나님의 아들이었음을 직접 목격시켜주셨다. 신령한 몸은 시공을 초월하며 사역하셨다. 순간적 이동으로 제자들을 찾아오셨고, 피곤하지 않으셨다.

그러나 신령한 몸이시나 손에 못 자국이 있었다. 곧 상처가 있는 신령한 몸이다. 십자가 복음이 온전히 전파될 때까지는 이 못 자국이 있는 상태를 유지하신다. 십자가 복음을 모르는 자들에게 언제라도 못 자국의 상처를 보여주셔야 하기 때문이다. 그러므로 십자가의 못 자국의 상처가 있는 신령한 몸은 십자가 복음이 온전히 전파되는 종말 직전까지 유지하신다.

세 번째 몸은 하나님의 본체의 몸이다. 이 마지막 몸은 하나님의 본체로 복구되신 몸이다. 죄인을 구원하시기 위해 하늘에서 이 땅으로 내려오시기 전의 하나님의 본체로 복귀하신 몸이다. "그는 근본 하나님의 본체시나 하나님과 동등됨을 취할 것으로 여기지 아니하시고"(빌 2:6). 예수님은 영원 전에 하나님의 본체로 계셨다. 그가 이 땅으로 오실 때 당연히 하나님의 본체로 돌아가실 것을 계획하시고 오신 것이다. 재림하시는 하나님의 본체는 손바닥에 못 자국이 없으시다. 원래의 흠 없고 온전하신 본체의 몸으로 돌아가셨기 때문이다. 그러므로 예수 그리스도의 몸의 변화는, 하나님의 본체에서 사람의 몸으로, 사람의 몸에서 못 자국 있는 신령한 몸으로, 못 자국 있는 신령한 몸에서 다시 하나님의 본체로 돌아가시는 것이다.

4) 신랑은 세 번 오신다.

신랑이 세 번 오신다. 첫 번째는 마리아의 몸에서 출생하여 오시고, 두 번째는 부활 후에 오시고, 세 번째는 종말에 오신다. 그리고 신랑이 세 번 오실 때마다 다른 몸으로 오신다. 첫 번째 마리아의 몸을 통하여 오실 때는 사람의 몸으로 오신다. 두 번째 부활하여 오실 때는 못 자국의 상처가 있는 신령한 몸으로 오신다. 세 번째 종말에 오실 때는 상처가 전혀 없는 온전한 하나님의 본체의 몸으로 오신다.

5) 신랑의 이름은 '인자'와 '하나님의 본체' 두 가지이다.

신랑의 이름이 두 가지이다. 첫 번째의 사람의 몸이실 때와 두 번째의 못 자국의 상처가 있는 신령한 몸이실 때는 그 신랑을 "인자"라 부르시고, 세 번째의 못 자국의 상처가 전혀 없는 온전하신 하나님의 본체의 몸이실 때는 "하나님의 본체"라 부른다(빌 2:6). 예수께서 출생하실 때와 부활하여 오실 때는 "인자"로 오시고, 재림 때에는 "하나님의 본체"로 오신다. 그러므로 신랑은 "인자"로 두 번 오시고, 하나님의 본체로 한 번 오신다.

6) 열 처녀는 부활하여 오시는 신랑을 먼저 영접해야 한다.

지금 예수께서 25장의 열 처녀 비유의 말씀을 하시는 시점은 사람의 몸으로 오신 때이고, 아직 부활 후 신령한 몸으로 오시기 전이며, 또 종말에 하나님의 본체의 몸으로 오시기 전이다. 그래서 신랑이 앞으로 두 번 더 오실 것이 남은 시점에 이 열 처녀 비유의 말씀을 하시는 것이다. 그래서 이 열 처녀가 먼저 해야 할 일은 부활하여 오시는 신랑을 영접하는 일이다. 만일 열 처녀가 '부활하여 오시는 신랑'을 영접하지 않는다면 '재림하시는 신랑'은 당연히 영접할 수가 없다. 재림하시는 신랑을 영접할 수 있는 조건은 부활하신 예수신랑을 영접한 자들만 영접할 수 있기 때문이다.

그래서 예수께서 십자가에 죽으실 것을 예고하시면서 반드시 부활하여 다시 오실 것이라고 수차례 강조하시고 흩어지지 말고 자기를 영접할 준비를 하라고 말씀하셨던 것이다(마 16:21, 17:23, 20:19, 막 10:34, 눅 9:22, 요 2:20). 예수 그리스도의 열 처녀 비유의 말씀의 강조점은 부활 후에 다시 오시는 신랑을 맞이할 준비를 하라는 데 있다.

예수께서 종말은 복음이 온 세상에 전파될 때 그제야 온다고 말씀하셨다. "이 천국 복음이 모든 민족에게 증언되기 위하여 온 세상에 전파되리니 그제야 끝이 오리라"(마 24:14). 그렇다면 이스라엘에도 복음이 온전히 전파되었을 때 종말이 오는 것이다. 바울도 궁극적으로는 이스라엘에 복음이 온전히 전파될 것이라고 기록하였다. "그리하여 온 이스라엘이 구원을 받으리라 기록된 바 구원자가 시온에서 오사 야곱에게서 경건하지 않은 것을 돌이키시겠고 내가 그들의 죄를 없이 할 때에 그들에게 이루어질 내 언약이 이것이라 함과 같으니라"(롬 11:26,27).

그런데 예수께서 이스라엘에 복음이 아직 다 전파되기 전에 "인자가 오리라"고 말씀하셨다. 곧 "이스라엘의 모든 동네를 다 다니지 못하여서 인자가 오리라"고 말씀하셨다. "이 동네에서 너희를 박해하거든 저 동네로 피하라 내가 진실로 너희에게 이르노니 이스라엘의 모든 동네를 다 다니지 못하여서 인자가 오리라"(마 10:23). 그러므로 마 10:23의 "인자가 오리라"는 말씀은 이스라엘에 복음이 다 전파되기 전에 오신다는 것으로서 종말에 "인자가 오리라"는 말씀이 아님이 분명하다. 그것은 당연히 십자가로 죽으신 후 부활하여 "인자가 오리라"는 말씀이다. 그러므로 열 처녀 비유는 부활 후에 오시는 "인자"를 영접할 준비를 하라는 경고의 말씀이다(마 24:30 '인자' 참조).

또 예수께서 제자들에게 '너희가 지금은 신랑과 함께 있지만 조금 있으면 신랑을 빼앗길 날이 올 것이다'라고 말씀하시면서 십자가에 죽으실 것을 예고하셨다. "예수께서 그들에게 이르시되 혼인집 손님들이 신랑과 함께 있을 동안에 슬퍼할 수 있느냐 그러나 신랑을 빼앗길 날이 이르리니 그 때에는 금식할 것이니라"(마 9:15). 그리고 그렇게 예수께서 십자가에 못 박혀 죽으시면 제자들이 흩어질 것이라고 말씀하시면서, 그러나 다시 부활한 후에 갈릴리로 오실 것이라고 말씀하셨다.

그렇게 말씀하시는 이유는 예수께서 십자가에 죽으실 때 어떠한 두려움이나 핍박에도 흩어지지 말고 다시 부활하여 신령한 몸으로 오시는 신랑을 깨어 영접할 준비를 하라는 뜻이다. "그 때에 예수께서 제자들에게 이르시되 오늘 밤에 너희가 다 나를 버리리라 기록된 바 내가 목자를 치리니 양의 떼가 흩어지리라 하였느니라 그러나 내가 살아난 후에 너희보다 먼저 갈릴리로 가리라"(마 26:31,32).

예수께서 약속하신 대로 부활 후에 영광의 모습으로 갈릴리로 다시 오셨다. 신랑이 영광의 신령한 모습으로 다시 오신 것이다. "이 날 곧 안식 후 첫날 저녁 때에 제자들이 유대인들을 두려워하여 모인 곳의 문들을 닫았더니 예수께서 오사 가운데 서서 이르시되 너희에게 평강이 있을지어다 이 말씀을 하시고 손과 옆구리를 보이시니 제자들이 주를 보고 기뻐하더라"(요 20:19,20). 부활하신 신랑을 맞이한 성도들은 구원을 받는다. 열 처녀는 먼저 부활하여 오시는 신랑을 영접해야 한다.

그러나 신랑을 맞이할 준비를 하지 아니한 자들이 있었다. 그들은 예수 그리스도를 십자가에 못 박은 자들이다. 그들은 부활한 예수 그리스도를 부인하며 그를 신랑으로 맞이하기를 거부하였다. "여자들이 갈 때 경비병 중 몇이 성에 들어가 모든 된 일을 대제사장들에게 알리니 그들이 장로들과 함께 모여 의논하고 군인들에게 돈을 많이 주며 이르되 너희는 말하기를 그의 제자들이 밤에 와서 우리가 잘 때에 그를 도둑질하여 갔다 하라"(마 28:11-13). 그들은 오히려 신랑을 영접한 자들까지 핍박하였다. 결국 그들은 구원을 받지 못하였다. 열 처녀는 부활하여 오시는 신랑을 먼저 영접해야 한다.

7) 십자가의 피를 흘리신 신랑을 영접해야 한다.

처음에는 마리아의 몸을 통한 사람의 몸으로 오신 신랑을 맞이했다. 그러나 그때는 십자가의 피가 없기 때문에 죄 씻음을 받아 거듭날 수 없었다. 그러나 이제 그 신랑이 십자가에서 피를 흘리시고 부활하여 그 피를 가지시고 오실 때가 되었다. 이제 피를 가지고 오시는 신랑을 영접하는 사람은 그 피로 죄 씻음을 받아 구원을 받게 된다. 열 처녀 중에 십자가의 피로 천국 복음을 완성하신 부활의 신랑을 맞이한 다섯 처녀는 구원을 얻고, 맞이하지 못한 다섯 처녀는 구원을 받지 못한다.

반드시 십자가에서 피를 흘리신 신랑을 영접해야 구원을 받을 수 있다. 그러므로 십자가를 지시기 전에 마리아의 몸을 통하여 오신 신랑을 영접해도 구원을 받을 수 없으며, 십자가의 피를 흘리신 예수를 영접하지 않은 채 재림하시는 신랑을 맞이하여도 구원을 받지 못한다. 두 경우의 신랑은 십자가의 피를 가지고 오시지 않으며, 손에 못 자국이 없으시기 때문이다. 마리아의 몸을 통해서 오시는 신랑은 아직 십자가를 지시지 않은 때이며, 재림 때에 오시는 신랑은 하나님의 본체로 복구되신 몸이기 때문에 손에 못자국이 없으시다. 그러므로 그리스도의 피를 영접하지 않은 불신자가 재림 때에 오시는 예수 그리스도를 볼 때 불의 심판을 받게 되는 것이다.

신랑을 영접하는 일이 중요하다. 그러나 십자가의 피를 가지고 오시는 신랑을 영접하는 것이 가장 중요하다. 예수께서 열 처녀에게 당부하시고 싶은 신랑 영접은 어느 경우일까? 그것은 당연히 구원을 얻을 수 있도록 십자가를 지신 후 오시는 신랑을 영접하기를 바라셨다. 그래서 구원을 위하여 십자가의 피를 가지시고 부활하여 오시는 자신을 영접할 준비를 하라고 당부하신 것이다. 십자가의 피를 흘리신 신랑을 영접해야 한다.

8) 신랑은 한 번 영접한다.

한 번 신랑을 영접한 사람은 다시 신랑을 영접하지 않는다. 영접한 그 신랑과 영원히 함께 살아간다. 예수신랑은 단 한 번 영접하는 것이다. 예수신랑을 여러 번 영접하지 않는다. 왜냐하면 한 번 예수신랑을 영접하면 그 신랑이 절대 떠나시지 않고 항상 함께 하겠다고 약속하셨기 때문이다. "내가 너희에게 분부한 모든 것을 가르쳐 지키게 하라 볼지어다 내가 세상 끝날까지 너희와 항상 함께 있으리라 하시니라"(마 28:20). 그러므로 열 처녀가 십자가에 죽으시고 부활하신 예수 그리스도를 영접하면 영원히 신랑과 함께 살아가게 된다.

참고로, 재림 때 예수신랑을 맞이하는 것은 새롭게 신랑을 영접하는 것이 아니다. 성도들은 이미 예수 그리스도를 믿었을 때부터 예수신랑과 함께 신약시대를 살아온 자들이다. 부활하신 예수를 영접한 자는 신약시대 내내 예수신랑과 헤어진 적이 없다. 부활하신 예수신랑을 영접하여 그와 함께 신약시대를 살아온 성도들은 재림 때 예수신랑을 다시 새롭게 영접하는 것이 아니다.

성도들은 신약시대에 예수신랑과 함께 살면서도 눈으로는 볼 수 없었다.

육체의 눈으로 보이지 않는 신랑과 함께 사는 것이다. 앞이 안 보이는 아내가 신랑과 함께 사는 것과 같다. 그 아내는 신랑이 없는 것이 아니라 단지 보이지 않을 뿐이다. 그러나 재림 때에는 그동안 함께 살았던 예수신랑을 직접 보게 된다. 그것은 진정으로 신랑을 새로 영접하는 것이 아니라, 이미 영접하여 같이 살던 신랑을 보게 되는 것뿐이다. 그러므로 신랑을 진정으로 영접하는 때는 부활하여 오시는 때이다. 신부는 부활하여 오신 예수를 단 한 번 영접하는 것이다. 그 한 번으로 영원히 신랑과 함께 사는 것이다. 신랑은 한 번 영접한다.

9) 구약은 신랑을 기다리는 시대이고, 신약은 신랑과 함께 사는 시대이다.

구약시대에는 신랑이 오시지 않은 시대이다. 그러므로 구약시대는 신랑을 기다리는 시대이다. 그래서 구약 백성들은 메시야를 대망하며 살아온 것이다. 아브라함도 예수신랑을 기다렸다. 그래서 예수께서 아브라함이 자기를 기다리다가 온 것을 보고 기뻐하였다고 말씀하셨다. "너희 조상 아브라함은 나의 때 볼 것을 즐거워하다가 보고 기뻐하였느니라"(요 8:56).

그러나 신약시대는 신랑이 오신 시대이다. 그러므로 신약은 신랑을 기다리지 않는다. 신약은 이미 오신 신랑과 연합하여 함께 사는 시대이다. 신약시대는 장차 오실 신랑을 기다리는 시대가 아니고, 이미 오신 신랑을 영접하여 혼인하는 시대이다. 그러나 구약시대는 아직 신랑이 오시지 않은 시대이므로 장차 오실 신랑을 맞이할 준비를 하는 시대이다.

그러므로 여기의 열 처녀가 신랑을 맞이하기 위해 기다리는 모습은, 아직 오시지 않은 신랑을 기다리는 구약 사람들의 모습이다. 곧 열 처녀는 구약 백성을 비유한다. 열 처녀 중 신랑을 영접한 다섯 처녀는 십자가 후 부활하신 신랑을 영접한 자들이며, 신랑과 혼인관계가 성립된 자들이다. 그들은 재림까지 신랑과 함께 하나가 되어 살아갈 것이다. 그러므로 그 다섯 처녀는 신랑과 함께 연합되어 살아가기 때문에 재림 때에는 새롭게 신랑을 영접하지 않아도 된다.

재림 때에는 신랑을 새롭게 영접하는 것이 아니라 그동안 함께 살면서도 눈으로 보지 못했던 신랑을 눈으로 직접 보게 되는 것이다. 이들은 십자가를 지시고 부활하여 오신 예수 그리스도 신랑을 영접한 슬기 있는 다섯 처녀이다.

그러나 신랑을 영접하지 못한 다섯 처녀는 예수 그리스도를 배척하고 타락한 유대인들을 비유한다. 서기관들과 바리새인들이 타락하여 부활하신 예수 신랑을 영접하지 않고 오히려 그를 대적하고 그를 따르는 성도들을 핍박하였다. 그래서 예수께서 그 악한 유대인들에게 다음과 같이 책망하셨다. "화 있을진저 외식하는 서기관들과 바리새인들이여 너희는 천국 문을 사람들 앞에서 닫고 너희도 들어가지 않고 들어가려 하는 자도 들어가지 못하게 하는도다 화 있을진저 외식하는 서기관들과 바리새인들이여 너희는 교인 한 사람을 얻기 위하여 바다와 육지를 두루 다니다가 생기면 너희보다 배나 더 지옥 자식이 되게 하는도다"(마 23:13-15). 그러면서 그들에게 "뱀들아 독사의 새끼들아 너희가 어떻게 지옥의 판결을 피하겠느냐"고 경고하셨다(마 23:33).

이들은 십자가를 지시고 부활하신 예수 그리스도 신랑을 영접하지 않은 미련한 다섯 처녀이다. 구약은 신랑을 기다리는 시대이고, 신약은 신랑과 함께 사는 시대이다.

10) 열 처녀 비유는 십자가 전에 하셨다.

예수 그리스도의 사역은 십자가 전 사역과 십자가 후의 사역으로 나눈다. 구약과 신약의 전환점은 십자가이다. 십자가 전은 구약이고, 십자가 후는 신약이다. 예수께서 십자가 후에 곧바로 승천하시지 않고 40일 동안 사역을 이어가셨다. 십자가와 부활 후 40일 동안의 사역은 예수께서 실제로 부활하셨음을 확실히 증거하시고, 예수께서 진정한 구원자요 하나님의 아들이었음을 온전히 증거하시는 사역이다. 그런데 왜 예수께서 이 열 처녀 비유를 십자가 후 40일의 기간에, 또는 승천한 후에 하시지 않고 십자가 전에 하셨을까? 그것은 당연히 이유가 있으시다.

만일 예수께서 이 열 처녀 비유를 십자가 후에 하셨다면 그것은 분명 재림하실 신랑을 맞이할 준비를 하라는 뜻이 확실하다. 그러나 십자가 전 구약시대에 이 비유를 하신 것은 십자가 후 부활하셔서 영광의 모습과(눅 24:26, 요 12:16,23,28) 영화롭고(행 2:20) 신령한 몸으로 다시 오시는 신랑을 맞이할 준비를 하라는 뜻이다. 그러므로 열 처녀 비유는 십자가로 죽으신 후 부활하여 다시 오시는 예수 그리스도 신랑을 영접하여 십자가의 피로 죄 씻음을 받아 구원받을 것을 준비하라는 뜻이다. 열 처녀 비유는 십자가 전에 하셨다.

11) 열 처녀 비유는 예수 그리스도를 믿음으로 말미암아 구원 얻는 비유이다.

결론적으로 열 처녀 비유는 십자가에서 피를 흘리시고 죽으신 후 삼일 만에 부활하여 다시 오시는 예수 그리스도 신랑을 영접하는 자는 구원을 얻는다는 말씀이다. 곧 열 처녀 비유는 예수 그리스도를 믿음으로 말미암아 구원 얻는 비유이다.

상세 설명

1. 천국은 불가시적 천국과 가시적 천국이 있다.

1절의 "그 때에 천국은 마치 등을 들고 신랑을 맞으러 나간 열 처녀와 같다 하리니"에서 "천국"은 두 가지이다. 첫째는 초림 때 얻는 천국이고, 둘째는 재림 때 얻는 천국이다.

첫째는 예수 그리스도의 십자가의 피로 죄 씻음을 받아 얻는 천국이다(마 3:2, 4:17, 10:7, 11:12, 12:28, 13:11, 16:19, 23:13, 막 9:1, 눅 17:20,21). "이 때부터 예수께서 비로소 전파하여 이르시되 회개하라 천국이 가까이 왔느니라 하시더라"(마 4:17). "그러나 내가 하나님의 성령을 힘입어 귀신을 쫓아내는 것이면 하나님의 나라가 이미 너희에게 임하였느니라"(마 12:28). "또 그들에게 이르시되 내가 진실로 너희에게 이르노니 여기 섰는 사람 중에는 죽기 전에 하나님의 나라가 권능으로 임하는 것을 볼 자들도 있느니라 하시니라"(막 9:1). "바리새인들이 하나님의 나라가 어느 때에 임하나이까 묻거늘 예수께서 대답하여 이르시되 하나님의 나라는 볼 수 있게 임하는 것이 아니요 또 여기 있다 저기 있다고도 못하리니 하나님의 나라는 너희 안에 있느니라"(눅 17:20,21).

둘째는 재림 시에 얻는 '새 하늘과 새 땅'의 천국이다(계 21:1, 22:1,2, 딤후 4:18, 고전 6:10, 갈 5:21). "또 내가 새 하늘과 새 땅을 보니 처음 하늘과 처음 땅이 없어졌고 바다도 다시 있지 않더라"(계 21:1).

곧 초림 때는 보이지 않는 불가시적 천국을 주시고, 재림 때는 보이는 가시적 천국을 주신다. 신랑을 기다리는 것은 천국을 기다리는 것이다. 그렇다면 여기서 신랑 곧 천국을 기다리는 열 처녀는 어느 천국을 기다리고 있는 것일까? 지금 열 처녀가 기다리는 시점은 십자가 전에 기다리고 있는 것이다. 지금 예수께서 십자가에 죽기 전에 말씀하시고 있기 때문이다. 그러므로 열 처녀는 예수 그리스도의 십자가의 피를 통한 불가시적 천국을 기다림과 동시에 재림 때의 가시적 천국을 기다리고 있는 것이다.

그런데 여기서 예수께서 강조점을 두시는 것은 그리스도의 십자가의 피를 통한 불가시적 천국을 얻는 것에 있다. 그리스도의 피로 불가시적 천국을 얻게 되면 재림 때 가시적 천국을 자동적으로 들어갈 수 있기 때문이다. 그러므로 장차 재림 때 도래하는 가시적 천국을 들어갈 수 있는 여부는 초림하신 예수 그리스도의 피의 십자가를 영접하여 불가시적 천국을 얻느냐, 아니면 그의 피를 영접하지 않아 불가시적 천국을 얻지 못하느냐에 달린 것이다. 초림 때 불가시적 천국을 얻은 자가 재림 때 가시적 천국을 얻는다.

만일 열 처녀가 코앞에 다가온 예수 그리스도의 십자가 피를 영접하지 않으면서 재림의 천국만을 기다린다면 그들은 천국을 얻지 못할 것이다. 그러므로 열 처녀는 십자가에서 피를 흘리시고 죽으신 후 천국을 선물로 주시기 위해 부활하여 오시는 예수 그리스도 신랑을 당장 맞이해야 한다. 신랑이 십자가에 죽으신 후 부활하여 오신 이 절호의 기회를 놓친다면 영원히 천국에 들어가지 못할 것이다. 초림 때 예수 그리스도의 십자가를 영접하여 불가시적 천국을 얻은 자는 재림 때 얻는 가시적 천국을 동시에 얻은 것이다. 그러므로 천국은 그리스도의 십자가를 영접하여 단 한 번 얻는 것이며, 재림 때는 새삼스럽게 다시 얻을 필요가 없는 것이다.

천국은 십자가 때 얻는 불가시적 천국과, 재림 때 얻는 가시적 천국이 있다. 열 처녀는 불가시적 천국을 기다린다.

2. 열 처녀는 혼인을 한 적이 없는 자이다.

1절의 열 처녀 비유는 예수께서 말씀하실 당시의 풍습에서 나온 것이다. 혼인 잔치를 할 때 신부의 친구들이 들러리를 서는 풍습을 비유하신 것이다. 그러나 예수님의 이 비유는 꼭 그 풍습에 예속되어 해석해야 하는 것은 아니다. 만일 그 풍습으로만 해석한다면 여기 기다리는 열 처녀는 혼인의 당사자들이 아니다. 신부는 따로 있고 이들은 그냥 들러리일 뿐이다. 열 처녀는 다른 사람이 혼인하는 것을 구경하는 자들일 뿐이다.

그러나 예수께서는 이 비유를 통해 열 처녀들이 예수 그리스도 신랑과 실제로 혼인하기를 원하신 것이다. 예수께서는 이 열 처녀가 예수와 실제적으로 혼인할 당사자들로 비유하신 것이다. 예수신랑은 열 처녀가 들러리가 되는 것을 원하시는 것이 아니라, 그들이 신부가 되기를 원하시는 것이다.

"처녀"는 결혼을 하지 않은 여자를 말한다. 그러므로 여기 열 처녀는 예수 그리스도 신랑과 혼인한 적이 없는 자들을 말한다. 열 처녀는 예수 그리스도를 영접한 적이 없는 자들을 비유한다. 예수께서 이들에게 신랑이 십자가에 피를 흘려 죽으신 후 부활하여 오실 때 그를 영접하여 그의 피로 죄 씻음을 받고 천국을 얻기를 원하시는 것이다. 슬기로운 다섯 처녀는 부활하여 오신 예수 그리스도 신랑을 영접하여 그와 혼인을 한 자들이다. 그러므로 그들은 재림 때 또다시 예수 그리스도 신랑과 혼인할 필요는 없다. 재림 때는 초림하신 예수 그리스도 신랑과 혼인한 신부들을 모두 모아놓고 다시 한 번 축하의 잔치를 하는 것뿐이다.

3. '등'은 그리스도이고, '기름'은 믿음과 율법이다.

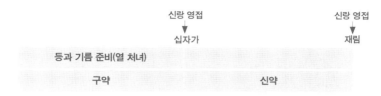

등 = 양(예수 그리스도)

기름 = 양의 기름(믿음)

열 처녀 = 이스라엘 백성

열 처녀는 두 가지를 준비해야 한다. 그것은 '등'과 '기름'이다. 두 가지 중 한 가지만 없어도 안 된다. 반드시 두 가지를 준비해야 한다. '등'은 어린 양과 예수 그리스도를 의미하고, '기름'은 그 양의 기름을 의미한다.

1) 등 준비

등 = 양(예수 그리스도)

열 처녀 = 이스라엘 백성

'등'은 어린 양 예수 그리스도를 의미한다. "그 성은 해나 달의 비침이 쓸 데 없으니 이는 하나님의 영광이 비치고 '어린 양'이 그 '등불'이 되심이라"(계 21:23). 예수 그리스도는 '어린 양'이시고 '등불'이 되신다. 그는 '등불'로서 빛이 되신다. "그 정죄는 이것이니 곧 빛이 세상에 왔으되 사람들이 자기 행위가 악하므로 빛보다 어둠을 더 사랑한 것이니라"(요 3:19). "그의 오른손에 일곱 별이 있고 그의 입에서 좌우에 날선 검이 나오고 그 얼굴은 '해'가 힘있게 비치는 것 같더라"(계 1:16).

'등'은 빛이신 어린 양 예수 그리스도를 의미한다. 열 처녀가 등이 있어야 신랑 예수 그리스도를 맞이할 수 있는 것이다. 등을 준비한다는 것은 양을 준비하는 것이고 예수 그리스도를 준비한다는 것이다. 그래서 창세기에 아벨이 양을 준비했다. "아벨은 자기도 양의 첫 새끼와 그 기름으로 드렸더니 여호와께

서 아벨과 그의 제물은 받으셨으나"(창 4:4). 아벨이 양을 준비하였더니 하나
님이 그 제물을 받으셨고 구원하셨다. 아벨이 준비한 양은 예수 그리스도를
의미하고 등을 의미한다. 아벨이 양을 준비한 것은 메시야 예수 그리스도께서
오시는 길을 준비한 것이다.

구약 이스라엘 백성들은 모두 율법대로 양을 잡아 제사를 드리며 메시야 예
수 그리스도가 오시기를 기다렸다. 구약 이스라엘 백성들 중 양과 메시야를
모르는 자는 한 사람도 없다. 그들은 모두 양과 그리스도를 준비한 것이다.
여기 본문의 열 처녀는 모두 등을 준비했다. 그것은 구약백성들이 모두 양과
그리스도를 준비한 것을 나타낸다. 그들 손에 모두 양과 그리스도를 상징하
는 '등'을 들고 있었던 것이다. '등'은 어린 양과 예수 그리스도를 의미하며, '열
처녀'는 양을 잡아 제사를 드리며 예수 그리스도가 오시기를 준비하는 이스라
엘 백성들을 의미한다.

2) 기름 준비

(1) 기름은 구약의 '믿음'이다.

기름 = 구약의 '믿음'

여기서 열 처녀는 모두 등을 준비했다. 그러므로 그들은 양을 준비한 것이
고, 예수 그리스도를 준비한 것이다. 그렇다면 그들은 모두 구원을 받을 수 있
는 것인가? 그렇지 않다. 등만 준비해서는 안 되며 기름까지 준비해야 한다.
왜냐하면 등은 기름이 있어야 빛을 내는 '등불'이 되기 때문이다. 등은 양과 예
수 그리스도를 상징하는데 형식적 예수만 있어서는 안 된다. 실제 살아계신 예
수가 있어야 하는 것이다. 기름이 등을 밝히므로 기름이 필수로 있어야 한다.

예수께서 오셨을 당시 유대인들은 모두 메시야에 대해 알고 있었다. 왜냐하
면 그들은 모두 성경을 가지고 있기 때문에 장차 오실 메시야에 대해 훤히 알
고 있었다. 그래서 그들은 모두 본문의 열 처녀들처럼 양을 잡아 제사를 드리
며 메시야가 오기를 기다리고 있었다. 곧 그들 손에 모두 양과 그리스도를 상

징하는 '등'을 들고 있었던 것이다.

그런데 그들은 진정으로 메시야를 기다리지 않았다. 오히려 메시야가 오셨을 때 그를 죽이려 했다. 헤롯 왕이 예수를 죽이려 할 때 성경에서 메시야가 출생할 곳이 베들레헴이라는 것을 알고 그 근처의 두 살 아래의 어린 아이들을 모두 죽였다. 그들은 유대의 지도자들로서 왕과 대제사장과 서기관들이었다(마 2장). 이 유대인들이 진정 등을 준비한 자들이라면, 곧 진정으로 어린 양을 준비하고 메시야를 준비했다면 베들레헴에 가서 몰약과 향품을 드리고 경배하고 구원을 받았을 것이다.

또 마 23장에 유대인들이 성경을 통해서 메시야를 알면서도 메시야를 잊어버리고 타락과 부패의 길로 갔다. 그들에게 예수께서 다음과 같이 책망하셨다. "화 있을진저 외식하는 서기관들과 바리새인들이여 너희는 천국 문을 사람들 앞에서 닫고 너희도 들어가지 않고 들어가려 하는 자도 들어가지 못하게 하는도다"(마 23:13).

이렇게 예수를 죽이려 하고 타락한 유대인들의 손에는 성경이 있었고, 율법이 있었고, 성전에서 어린 양을 준비하여 제사를 드렸고, 메시야를 알고 있었다. 그렇게 그들은 등을 준비했던 것이다. 그러나 그들이 준비한 등은 가짜 등이었다. 그 등 속에는 기름이 없었다. 그러므로 빛을 내지 못하는 죽은 등이었다. 그들의 손에는 생명 없는 등을 들고 메시야 신랑을 기다리고 있었다.

그들은 모두 메시야를 알지만 형식적인 메시야일 뿐 기름 없는 죽은 메시야를 준비하고 있었다. 이들은 메시야 예수 그리스도와는 아무 상관없는 등을 들고 있는 자들이었다. 바로 이들이 등은 있으나 기름이 없는 미련한 다섯 처녀이다. "그 후에 남은 처녀들이 와서 이르되 주여 주여 우리에게 열어 주소서 대답하여 이르되 진실로 너희에게 이르노니 내가 너희를 알지 못하노라 하였느니라"(마 25:11,12).

그들은 양을 잡아 제사를 드리며 메시야를 기다리면서도 정작 행실은 타락하고 부패하였으며, 백성들에게 악행을 저지르고, 메시야를 죽이려 했다. 그들의 더러운 손으로 양을 잡아 드리는 제사를 하나님께서 열납하실 수 없으며, 신랑을 죽이려 한 그들은 신랑을 영접하여 혼인할 수 없다. 이들은 행실이 악하여 신랑을 영접하지 못한 자들로서, 기름 없이 기다리는 미련한 다섯 처녀들이다.

그렇다면 그들의 행실이 왜 이렇게 타락하고 메시야를 죽이려 했을까? 그것은 그들에게 '믿음'이 없었기 때문이다. 그들은 장차 오실 메시야를 상징하는 양을 잡아 제사를 드리면서도 진정으로 메시야를 사모하는 '믿음'으로 드리지 않았던 것이다. 하나님이 열납하실 수 없는 외식적 제사였던 것이다.

제사는 두 가지로 드리는 법이다. 그 두 가지는 양과 믿음이다. 제사는 첫째 양으로 드려야 하며, 둘째 믿음으로 드려야 한다. 그러므로 하나님이 열납하실 수 있는 제사는 양과 믿음을 준비해야 하는 것이다. 타락한 유대인들은 양은 준비하였으나 믿음은 준비하지 못한 것이다. 곧 등은 준비하였으나 기름은 준비하지 않은 것이다. 이것은 등(양)과 기름(믿음)을 함께 준비해야 하나님이 열납하시는 제사가 되어 구원을 받게 됨을 의미한다.

이러한 모본을 보인 자가 창세기에 있었다. 그는 아벨이었다. 아벨의 제사는 양과 믿음을 준비한 제사였다. "아벨은 자기도 양의 첫 새끼(양)와 그 기름(믿음)으로 드렸더니 여호와께서 아벨과 그의 제물은 받으셨으나"(창 4:4). 이렇게 아벨은 양과 기름으로 제사를 드렸는데 성경은 아벨이 믿음으로 드렸다고 기록하였다. "믿음(기름)으로 아벨은 가인보다 더 나은 제사를 하나님께 드림으로 의로운 자라 하시는 증거를 얻었으니 하나님이 그 예물에 대하여 증언하심이라 그가 죽었으나 그 믿음(기름)으로써 지금도 말하느니라"(히 11:4).

기름은 '믿음'을 의미한다. 제사를 드릴 때 양을 잡기만 하고 기름을 태우지 않으면 열납받을 수 없다. 양을 잡고 기름을 태워 그 기름의 향이 하늘로 올라가야 열납을 받을 수 있는 것이다. 곧 양(등)을 잡고 믿음(기름)으로 제사를 드림으로 그 기름과 함께 믿음의 향이 하늘로 올라가 하나님이 흠향하시고 구원하신다. 기름은 구약의 '믿음'을 상징한다.

(2) 기름은 신약의 성령이 아니다.

신약의 성도는 성령과 예수 그리스도의 영이 임한 자이다. 만일 성도 속에 그리스도의 영이 없으면 그리스도의 사람이 아니다. "만일 너희 속에 하나님의 영이 거하시면 너희가 육신에 있지 아니하고 영에 있나니 누구든지 그리스도의 영이 없으면 그리스도의 사람이 아니라"(롬 8:9). 곧 성령을 받은 자는 예수 그리스도의 영을 받은 자이다. 그리스도의 영이 임한 성도는 그리스도의 피로 세례를 받은 자이고, 세례를 받아 예수 그리스도와 연합을 이룬 성도이다. 곧 성령을 받은 자는 죄 씻음과 거룩함과 의롭다 함을 받고, 예수를 주시라 고백한다.

"너희 중에 이와 같은 자들이 있더니 주 예수 그리스도의 이름과 우리 하나님의 성령 안에서 씻음과 거룩함과 의롭다 하심을 받았느니라"(고전 6:11). "그러므로 내가 너희에게 알리노니 하나님의 영으로 말하는 자는 누구든지 예수를 저주할 자라 하지 아니하고 또 성령으로 아니하고는 누구든지 예수를 주시라 할 수 없느니라"(고전 12:3).

성령을 받은 자는 예수신랑을 영접한 자이며, 신랑을 영접한 자는 신랑과 혼인한 자이다. 그러므로 성령을 받은 자는 성도가 그리스도 안에 있고 그리스도가 성도 안에 거하는 자이다. 곧 성도가 그리스도 신랑과 혼인하여 함께 사는 것이다. 그리스도와 함께 살기 때문에 성도를 성전이라고 부르는 것이다. 성전이란 그리스도가 계시는 집을 말하며 그 집에 성도가 함께 사는 것을 의미한다. 그것은 성도와 그리스도가 한 집에서 사는 혼인관계가 성립되었음을 의미한다. "그 날에는 내가 아버지 안에, 너희가 내 안에, 내가 너희 안에 있는 것을 너희가 알리라"(요 14:20).

성령을 받은 성도는 이미 신랑을 만났고, 그를 영접하였으며, 그와 함께 혼인하였고, 그와 함께 살고 있다(갈 2:20). 성도는 예수신랑과 함께 살면서도 단지 그의 얼굴을 보지 못할 뿐 함께 사는 데는 아무 지장이 없다. 예를 들어 앞을 볼 수 없는 신부가 신랑과 혼인하여 신랑의 얼굴을 보지 못하면서 사는 것과 같다. 그러나 그 신랑은 앞을 못 보는 신부의 손을 잡고 길을 안내해주며 신부가 발을 헛디뎌 넘어지지 않도록 길잡이가 되어주며 살아간다.

마찬가지로 앞을 보지 못하는 성도신부와 혼인한 예수신랑은 신부의 길잡이가 되어주며 천국에 입성하는 날까지 인도하신다. 그러나 종말에 성도신부의 육체가 흙으로 돌아가고 신령한 몸으로 부활하여 그동안 보지 못했던 신랑의 얼굴을 직접 보게 된다. 성령을 받은 자는 예수신랑과 혼인한 성도신부이며 예수신랑의 인도를 받아 종말에 천국에 입성하게 된다.

만일 열 처녀 중 기름을 준비한 슬기로운 다섯 처녀가 신약시대에 성령을 준비한 자로 해석한다면 그녀들은 이미 예수신랑과 혼인한 상태이므로 혼인을 위하여 신랑을 기다릴 필요가 없는 것이다. 그러므로 그들은 신약시대에 성령을 받은 후 새로 신랑과 혼인하기 위하여 기다리는 자들이 아니다. 여기서 주의 깊게 보아야 할 것은 이 열 처녀는 한 번도 혼인한 적이 없는 자들이며, 신랑을 만난 적도 없으며, 본 적도 없는 자들이다. 그들은 생애 처음으로 신랑과 혼인하기 위하여 기다리고 있는 것이다. 구약의 사람들은 메시야 신랑이 아직 오지 않은 때이므로 그를 본 적이 없으며, 만난 적도 없고, 그와 혼인한 적이 없는 처녀들이다.

신약의 성도들은 성령을 받은 자들로서 이미 신랑과 혼인한 자들이다. 신약의 성도들은 예수신랑을 만났으며, 그와 혼인한 상태이다. 그러므로 그들은 더 이상 신랑과 혼인하기 위하여 기다리지 않는다. 신약의 성도들은 성령을 받음으로 예수신랑과 혼인하였지만 그의 얼굴은 보지 못한다. 그래서 신약성도들은 예수신랑의 재림을 사모한다. 신약성도들이 재림을 사모하는 이유는 재림 때 예수신랑과 혼인하기 위함이 아니라, 단지 신약기간 동안 볼 수 없었던 신랑의 얼굴을 보고 싶기 때문이다.

그러므로 본문의 기름을 준비한 다섯 처녀들은 신약시대에 성령을 받고 재림 때 혼인할 것을 기다리는 신약성도들이 아니라, 아직 성령을 받지 않은 구약백성들을 상징한다. 그들은 믿음(기름)을 준비하고 초림하시는 예수신랑과

생애 처음으로 혼인하기 위하여 기다리고 있는 구약의 유대인들이다. 기름은 신약의 성령이 아니다

혹자는 기름을 신약의 성령으로 해석하여, 슬기로운 다섯 처녀는 성령을 받고 그것을 끝까지 지킨 자들이며, 미련한 다섯 처녀는 처음에 성령을 받았으나 그것을 소멸한 자들로 보는 견해가 있다. 그러나 그것은 잘못된 해석이다. 한 번 받은 성령은 소멸되지 않기 때문이다.

성령은 성도를 그리스도 안에서 굳건하게 하시고 그것이 변함없도록 하기 위해 보증으로 부으시는 것이다. "우리를 너희와 함께 그리스도 안에서 굳건하게 하시고 우리에게 기름(성령)을 부으신 이는 하나님이시니 그가 또한 우리에게 인치시고 보증으로 우리 마음에 성령을 주셨느니라"(고후 1:21,22).

여기서 "우리를 너희와 함께 그리스도 안에서 굳건하게 하시고 우리에게 기름(성령)을 부으신" 것은 성도를 그리스도 안에서 굳건하게 하시고 성령을 부은 것을 나타낸다. 이것은 성도와 그리스도를 굳건하게 연합시키고 그 위에 성령을 부으시는 것으로서, 성령을 부으시는 이유는 그 성령이 성도와 그리스도의 연합을 지키도록 하기 위함임을 나타낸다. 다시 말하면 성령의 목적은 성도와 그리스도의 연합이 깨지지 않도록 지키는 것을 나타낸다. 곧 성령은 성도의 구원을 영원하게 한다는 뜻이다. 그러므로 성령을 받은 자는 구원이 취소되지 않고 영원하다.

이와 같이 성령이 성도의 구원을 영원히 지키려면, 성령 자신이 중간에 떠나거나, 그 지키는 능력이 소멸되지 않아야 한다. 성령은 떠나지 않으며, 능력이 소멸되지 않는다. 그러므로 성령은 성도에게서 분리되지 않는다. 그래서 바울이 성령은 성도의 구원을 보증하기 위해 부어졌음을 나타내기 위해, 앞 고후 1:22에서 "그가 또한 우리에게 인치시고 보증으로 우리 마음에 성령을 주셨느니라"고 한 것이다.

여기서 다음과 같은 의문을 제기할 수 있다. 성령은 스스로 소멸되지 않으

나, 성도가 성령을 소멸할 수 있지 않은가? 바울이 "성령을 소멸하지 말"(살전 5:19)라고 한 것은 성도가 성령을 소멸할 수 있다는 뜻이 아닌가? 그러므로 성도에 의해 구원이 취소될 수 있는 게 아닌가?

이것에 대한 답은 다음과 같다. 성령은 다음과 같이 두 가지 목적으로 성도에게 부어진다.

첫째, 구원을 위해 부어진다. 예수께서는 십자가에서 피를 흘리시고, 성령은 그 피로 성도의 죄를 씻으신다. 앞서 설명한 대로 바울은 성령이 하시는 일에 대해 성도의 죄를 씻어 거룩하게 하고 의롭게 하는 일을 한다고 기록한다. 곧 구원하는 일을 한다고 기록한다. "너희 중에 이와 같은 자들이 있더니 주 예수 그리스도의 이름과 우리 하나님의 '성령 안에서' 씻음과 거룩함과 의롭다 하심을 받았느니라"(고전 6:11).

그래서 오직 성령을 받은 자만 예수를 주시라 시인할 수 있다고 기록한다. "그러므로 내가 너희에게 알리노니 하나님의 영으로 말하는 자는 누구든지 예수를 저주할 자라 하지 아니하고 또 '성령'으로 아니하고는 누구든지 예수를 주시라 할 수 없느니라"(고전 12:3). 성령은 구원의 일을 하신다.

성령을 통한 죄 씻음과 구원은 영원하다. 성령이 이루신 구원을 성령이 보증하기 때문이다. 그러므로 구원은 취소되지 않는다.

그리고 성령을 부으신 이유는 성도가 자기의 구원을 스스로 지킬 능력이 없기 때문이다. 성도는 연약하여 죄와 마귀가 득실거리는 세상에서 자기의 구원을 지켜내지 못한다. 그래서 하나님이 능력의 성령을 부어 구원을 지키게 하시는 것이다. 앞 고후 1:21,22에서 바울이 기록한 대로 성도를 "그리스도 안에서 굳건하게 하시고 우리에게 기름(성령)을 부으신 이는 하나님이시"라고 말하고, "그가 또한 우리에게 인치시고 보증으로 우리 마음에 성령을 주셨느니라"고 말한 것이다. 성령은 성도의 구원과 그 구원을 지키시기 위해 성도에게 임하신다. 그러므로 구원을 위해 임하신 성령은 소멸되는 법이 없다.

둘째, 사역을 위해 부어진다. 성령은 성도를 구원하는 일만 하는 게 아니라,

성도가 하나님의 나라와 의를 위하여 사역하도록 한다. 그래서 예수께서 성령을 받은 자는 땅 끝까지 복음을 전하라고 명하셨다. "오직 성령이 너희에게 임하시면 너희가 권능을 받고 예루살렘과 온 유대와 사마리아와 땅 끝까지 이르러 내 증인이 되리라 하시니라"(행 1:8).

이 성도의 사역은 구원과는 별개이다. 이미 구원이 확정된 자가 살아가는 신앙생활이다. 사역은 성도에 따라 다르다. 어떤 성도는 사역을 훌륭히 해내고, 어떤 성도는 게을리 하고, 어떤 성도는 아예 잊고 사는 경우도 있다. 사역을 충만하게 할 수도 있고, 소멸할 수도 있다. 곧 성령을 충만하게 할 수도 있고, 소멸할 수도 있다. 여기서 성령을 소멸하는 것은 사역적 성령을 소멸하는 것을 뜻한다.

구원은 소멸할 수 없으나, 사역은 소멸할 수 있다. 곧 구원을 위한 성령은 소멸할 수 없으나, 사역을 위한 성령은 소멸할 수 있다. 이 사역적 성령 소멸로는 구원이 취소되지 않는다. 앞 고후 1:21,22에서 성령은 성도의 구원을 보증한다고 말한 바울이기 때문에, 그가 "성령을 소멸하지 말"(살전 5:19)라고 한 것은 당연히 구원이 아니라 사역적 성령을 소멸하지 말라는 뜻으로 한 말임이 틀림없다.

그러므로 본절의 슬기로운 다섯 처녀와 미련한 다섯 처녀를 해석함에 있어, 신약시대에 예수를 믿음으로 받은 성령을 재림 때까지 지키는 자는 구원받고, 그 받은 성령을 소멸하는 자는 구원이 취소되는 것으로 해석해서는 안 된다. 그들이 가진 "기름"은 신약의 성령이 아니다.

(3) 기름은 신약의 믿음이 아니다.

구약시대의 아벨이 믿음으로 말미암아 구원을 받았다. "믿음으로 아벨은 가인보다 더 나은 제사를 하나님께 드림으로 의로운 자라 하시는 증거를 얻었으니 하나님이 그 예물에 대하여 증언하심이라 그가 죽었으나 그 믿음으로써 지금도 말하느니라"(히 11:4). 그러나 아벨이 믿음으로 제사를 드릴 때 예수신랑은 아직 오시지 않은 때였다. 예수신랑이 아직 오시지 않은 때에 믿음의 향을 드렸던 것이다. 구약시대에는 믿음이 있다할지라도 곧바로 예수신랑과 혼인 할 수 있는 것은 아니고 장차 오실 예수신랑을 만나 혼인할 것이 약속되는 것 이다. 그러므로 구약의 믿음은 혼인에 대한 약속의 믿음이다.

그러나 신약시대의 믿음은 다르다. 신약시대에는 성도가 믿는 즉시 예수 그 리스도를 영접하여 혼인하게 된다(요 14:18-20, 롬 6:3-5, 갈 2:20). 왜냐하면 신 약시대는 예수신랑이 이미 이 땅에 오신 때이기 때문이다. 그러므로 신약의 믿 음은 즉시 신부가 되는 것이다. 그러므로 신약시대에 믿음을 가진 성도들은 이미 혼인한 상태이므로 새롭게 혼인을 하기 위하여 기다리지 않는다.

믿음으로 이미 그리스도와 혼인한 신약의 성도들이 재림하시는 예수 그리스 도를 기다리는 이유는 그와 또다시 두 번째 혼인을 하기 위해서가 아니다. 자기 신랑의 얼굴을 보지 못하는 신부가 신랑의 얼굴을 직접 보고 싶어 재림을 기다 리는 것뿐이다. 재림 때에는 신랑의 얼굴을 모든 자들이 볼 수 있기 때문이다.

본문에 등장하는 열 처녀는 아직 혼인을 하지 않은 처녀들이다. 그녀들은 아직 신랑을 본 적도 없고 만난 적도 없다. 이들은 기름(믿음)을 준비하고 장 차 오실 신랑을 기다린다. 이들은 기름(믿음)을 준비한 후에도 아직 신랑이 오 지 않아 오래 기다린다. 오래 기다린 후 신랑이 왔으며 믿음이 준비된 자는 신 랑과 혼인하게 된다. 이들이 만약 신약시대의 열 처녀들이라면 믿음(기름)을 준비한 후 오래 기다릴 필요가 없었을 것이다. 신약시대는 믿음(기름)을 준비 하자마자 즉시 신랑과 혼인관계가 이루어지기 때문이다. 그러므로 본문의 열 처녀는 신약의 성도들을 의미하지 않는다. 이들은 믿음을 준비하고 장차 오실 메시야를 기다리는 구약백성들이다. 그러므로 여기의 기름은 구약의 믿음이 며, 신약의 믿음이 아니다.

(4) 기름은 신약의 행함이 아니다.

기름은 성도의 행함이 아니다. 열 처녀 비유는 슬기로운 처녀는 구원을 받고, 미련한 처녀는 지옥으로 가는 비유이다. 곧 열 처녀 비유는 천국과 지옥을 나누는 비유이다. 구원은 행함으로 얻는 것이 아니라 믿음으로 얻는 것이다. "그런즉 자랑할 데가 어디냐 있을 수가 없느니라 무슨 법으로냐 행위로냐 아니라 오직 믿음의 법으로니라"(롬 3:27). "아브라함이나 그 후손에게 세상의 상속자가 되리라고 하신 언약은 율법으로 말미암은 것이 아니요 오직 믿음의 의로 말미암은 것이니라"(롬 4:13).

행함으로 천국과 지옥을 나누는 것이 아니라, 믿음으로 나누는 것이다. 장차 재림하실 때 천국과 지옥을 행함으로 나누지 않는다. 그러므로 기름은 천국과 지옥으로 나눌 수 없는 행함이 아니다. 앞에서 설명한 것을 다시 정리하면 기름은 신약의 성령이 아니며, 신약의 믿음이 아니며, 신약의 행함이 아니다.

(5) 양의 기름은 하늘을 여는 것이다.

"기름"은 '양의 기름'을 말한다. 창세기에 아벨이 양을 잡아 제사를 드렸다. 하나님께서 아벨이 드린 양을 표현하실 때 "양의 첫 새끼와 그 기름"이라고 기록하셨다. "아벨은 자기도 양의 첫 새끼와 그 기름으로 드렸더니 여호와께서 아벨과 그의 제물은 받으셨으나"(창 4:4). "양의 첫 새끼"는 '양의 살과 피'를 말하고, "그 기름"은 '양의 향'을 말한다. 양의 피는 제단에 뿌리고, 양의 기름은 태워 향으로 하나님께 냄새가 올라가도록 한다.

"만일 그의 예물이 염소면 그것을 여호와 앞으로 끌어다가 그것의 머리에 안수하고 회막 앞에서 잡을 것이요 아론의 자손은 그 피를 제단 사방에 뿌릴 것이며 그는 그 중에서 예물을 가져다가 여호와께 화제를 드릴지니 곧 내장에 덮인 기름과 내장에 붙은 모든 기름과 두 콩팥과 그 위의 기름 곧 허리 쪽에 있는 것과 간에 덮인 꺼풀을 콩팥과 함께 떼어낼 것이요 제사장은 그것을 제단 위에서 불사를지니 이는 화제로 드리는 음식이요 향기로운 냄새라 모든 기름은 여호와의 것이니라"(레 3:12-16).

피는 제단에 뿌리고, 기름은 태워 향을 하늘의 하나님께 올리는 것이다. 기름을 태운 향이 하늘에 올라갈 때에 하나님이 그 피의 제사를 열납하신다. 피는 더러운 곳에 뿌려져 그 더러운 것을 심판하고, 기름의 향은 하늘로 올라가 그 피의 제사를 하나님께 열납되도록 한다. 그러므로 기름이 피의 제사를 하나님께 상달되도록 하는 것이다. 만일 피만 있고 기름이 없다면 하나님께서 그 피의 제사를 열납하실 수 없는 것이다. 그래서 아벨이 양의 피와 "기름"으로 드려 하나님께서 그 제사를 열납하셨던 것이다.

아벨이 기름을 준비하지 않았다면 그의 제사는 하늘에 열납되지 못하였을 것이다. 기름은 피를 하늘과 통하게 하는 중요한 것이다. 그러므로 기름은 땅과 하늘에 피의 길을 열어 놓는 역할을 한다. "기름"은 홍해를 열고 닫는 지팡이와도 같은 것이다. 곧 양의 기름은 하늘을 여는 것이다. 기름은 믿음을 상징한다. 믿음은 기름의 향으로서 하나님께 드려지는 향이다. 믿음이 하나님께 열납됨으로 구원을 받는다.

(6) 양의 기름은 신랑이 오는 길을 여는 것이다.

"기름"은 하늘과 땅 사이를 여는 것으로서, 땅의 것을 하늘로 올라가게 하고, 하늘의 것을 땅으로 내려오게 한다. 기름을 태운 향은 하늘과 땅 사이를 열어 예수 그리스도께서 오시는 길을 준비하는 것이다. 그래서 세례요한이 '주의 길을 준비하라'고 하였다. "저는 선지자 이사야를 통하여 말씀하신 자라 일렀으되 광야에 외치는 자의 소리가 있어 가로되 너희는 주의 길을 준비하라 그의 오실 길을 곧게 하라 하였느니라"(마 3:3). 그러므로 "기름"이 있으면 땅의 양의 피가 하늘로 열납될 수 있고, 하늘에서 오신 그리스도의 피를 받을 수 있다. 곧 땅에서 드리는 양의 피가 하늘로 올라가고, 하늘에서 오신 예수 그리스도의 피가 임하는 것이다. 그래서 기름을 준비한 자는 하늘에서 내려오는 그리스도를 영접할 수 있는 것이다.

그러므로 아벨은 양의 기름을 준비한 자로서 오랜 후에 오신 예수 그리스도

신랑을 영접하고 그의 피로 말미암아 죄 사함을 받고 구원을 얻게 되었다(히 11:4). 양의 기름은 하늘을 열어 신랑이 오는 길을 여는 것이다. 기름은 믿음을 상징한다. 믿음은 기름의 향으로서 하나님께 드려지는 향이다. 믿음이 하나님께 열납됨으로 신랑이 오는 길이 열려 그와 혼인을 할 수 있는 것이다.

(7) 양의 기름은 하나님이 흠향하시는 것이다.

양의 피와 기름은 사람이 먹어서는 안 된다. 하나님께서 그것은 먹지 말라고 명하셨다. "너희는 기름과 피를 먹지 말라 이는 너희의 모든 처소에서 너희 대대로 지킬 영원한 규례니라"(레 3:17). 양의 피와 기름을 먹을 수 없는 이유는 다음과 같다. 피는 생명이므로 먹을 수 없는 것이다. "그러나 고기를 그 생명되는 피 째 먹지 말 것이니라"(창 9:4). 그리고 "기름"의 향은 하나님이 흠향하시는 것이기 때문에 사람이 먹을 수 없다. 그 기름의 향을 흠향하시고 응답을 하시는 것이다. 그러므로 기름은 하나님의 것으로서 사람이 먹을 수 없는 것이다. "제사장은 그것을 제단 위에서 불사를지니 이는 화제로 드리는 음식이요 향기로운 냄새라 '모든 기름은 여호와의 것이니라'"(레 3:16).

양의 기름은 하나님이 흠향하시는 것이다. 그러므로 만일 기름이 없으면 하나님께서 흠향하실 수가 없다. 하나님이 흠향하시지 않은 소원은 이루어지지 않는다. 열 처녀는 모두 신랑이신 예수 그리스도를 영접하기를 원한다. 그러나 기름이 있는 자만 신랑을 만나고 싶은 그 소원을 하나님이 흠향하사 신랑을 만날 수 있도록 응답하신다. 기름이 없으면 그 소원을 하나님이 흠향하시지 않아 신랑을 만날 수 없다. 기름은 믿음을 상징한다. 믿음은 기름의 향으로서 하나님께 드려지는 향이다. 믿음을 하나님이 흠향하시고 구원하시는 것이다.

(8) 양의 기름은 율법이다.

구약시대에 제사를 준비하는 방식은, 장차 오실 메시야 예수 그리스도를 예표하는 양의 피와 기름을 준비하는 것이다. 그것은 양의 피와 기름으로 제사를 드리는 율법이다(레 3:12-16). 율법은 양의 피를 제단에 뿌리고, 양의 기름을 태워 그 향으로 하늘에 열납되게 하여 장차 오실 실제 양이신 예수 그리스도를 영접하고 그의 피로 죄 사함을 받아 구원을 얻도록 한다.

그래서 바울이 율법은 그리스도께로 인도하는 초등교사라고 기록하였다. "이같이 율법이 우리를 그리스도께로 인도하는 초등교사가 되어 우리로 하여금 믿음으로 말미암아 의롭다 함을 얻게 하려 함이라"(갈 3:24). 율법은 신부를 신랑에게로 인도하는 초등교사인 것이다. 열 처녀 비유에서 기름을 준비하고 신랑을 맞이하라는 뜻은, 율법을 지켜 양의 피와 기름으로 제사를 드려 메시야 예수 그리스도가 오시기를 준비하라는 말씀이다. 곧 신랑에게로 인도하는 율법을 버리지 말고 깨어 지켜 행함으로 신랑을 영접하라는 뜻이다.

그러나 율법을 버린 자들이 있었다. 마 23장의 서기관들과 바리새인들은 율법을 버렸다. 그래서 예수께서 율법을 버린 그들에게 화가 있을 것이라고 경고하셨다. 그들은 모세의 자리에 앉아 율법을 가르쳤지만 율법을 행하지는 않았다. 그래서 예수께서 제자들에게 유대의 지도자들이 가르치는 율법은 귀담아 들을 것이나 그들의 행위는 본받지 말라고 하셨다(23:1-7).

그들은 율법을 버림으로 양의 피와 기름을 버린 것이다. 그들은 양의 기름을 준비하지 않은 자들로서 하늘과의 소통이 막히게 되었다. 그 막힌 눈으로는 하늘에서 오신 메시야를 알아볼 리가 없다. 그들은 눈이 막혀 메시야를 사모하기는 커녕 그를 죽이려 했다. 그러므로 하늘에서 메시야 신랑이 오셨음에도 불구하고 영접할 수가 없게 되어 멸망하게 된다.

(9) 양의 기름을 준비하고 오래 기다려야 한다.

구약은 신랑을 기다리는 때이고, 신약은 신랑이 이미 오신 때이다. 신약은 신랑과 혼인하는 때이다. 신약은 실제 양이신 예수 그리스도께서 오신 때이다. 그러므로 신약은 구약처럼 먼 미래에 오실 메시야 예수 그리스도를 예표하는 양의 기름을 준비할 필요가 없다. 지금 내 문 앞에 오신 신랑 예수 그리스도를 믿고 영접하면 구원을 받게 된다. 그러므로 신약의 사람들은 신랑을 오랫동안 기다릴 필요가 없다.

그러나 구약에는 즉시 구원을 받을 수 없었다. 신랑이신 예수 그리스도께서 오시기 전에는 구원을 받을 길이 없기 때문이다. 그래서 아브라함 같은 경우도 오랜 세월 동안 양이신 메시야 예수 그리스도 신랑이 오시기를 기다렸다. 그래서 예수신랑이 오셨을 때 아브라함이 기뻐하였다고 예수께서 말씀하셨다. "너희 조상 아브라함은 나의 때 볼 것을 즐거워하다가 보고 기뻐하였느니라"(요 8:56).

구약과 신약의 차이는 구약 백성은 오랜 세월 동안 신랑을 기다려서 메시야 신랑이 오셨을 때 비로소 구원을 받고, 신약 백성은 이미 오신 신랑을 영접하여 구원을 받게 되는 것이다. 구약 백성에게는 신랑이 멀리 있는 것이고, 신약 백성에게는 신랑이 바로 앞에 계신 것이다. 그러므로 열 처녀가 신랑을 오래 기다리는 것은 구약 백성들이 양의 기름을 들고 오래 기다리는 모습이다. 오래 기다리다 보니 조는 사람도 있고 잠드는 사람도 있게 되는 것이다(5).

그래서 많은 유대인들이 메시야를 기다리다가 서서히 잊어가고 나중에는 아예 메시야를 기다리지 않게 되었고, 급기야 메시야가 눈앞에 오셨음에도 불구하고 그들의 신앙이 깊이 잠들어 신랑을 알아보지 못했다. 결국은 그들은 메시야 신랑을 영접하지 못하게 되었다. 그러므로 예수께서 열 처녀 비유를 통해 양과 기름을 준비하고 잠들지 말고 깨어 신랑을 기다리라고 말씀하신 것이다. 본절의 열 처녀는 초림하시는 예수신랑과 혼인하기 위해 등과 기름을 준비하고 오래 기다려야 하는 구약백성들이다.

4. 혼인 잔치는 초림하신 예수신랑과 한 번 한다.

10절의 "그들이 사러 간 사이에 신랑이 오므로 준비하였던 자들은 함께 '혼인 잔치'에 들어가고 문은 닫힌지라"(10)라는 말씀에서 "혼인 잔치"가 나온다.

혼인 잔치는 신랑이신 예수 그리스도와 신부인 성도가 혼인하는 잔치를 말한다. 이 혼인 잔치는 초림하신 예수와 단 한 차례 한다.

1) 초림 때 혼인 잔치를 하신다.

(1) 신랑은 예수 그리스도시고, 신부는 성도이다.

초림 때에 혼인 잔치가 있다. 구약성경에서부터 성도를 신부로 비유하였다(사 54:5, 62:4,5, 아 4:12, 렘 3:20, 호 2:7, 말 2:11). "이는 너를 지으신 이가 네 남편이시라 그의 이름은 만군의 여호와이시며 네 구속자는 이스라엘의 거룩한 자시라 그는 온 땅의 하나님이라 일컬음을 받으실 것이라"(사 54:5). "마치 청년이 처녀와 결혼함 같이 네 아들들이 너를 취하겠고 신랑이 신부를 기뻐함 같이 네 하나님이 너를 기뻐하시리라"(사 62:5). 예수께서 자신을 신랑으로 말씀하셨다(마 9:15, 막 2:19). 요한도 예수 그리스도를 신랑, 성도를 신부라고 표현하였다(요 3:29).

(2) 엘리야가 세례 요한으로 와서 메시야 신랑과 신부의 혼인을 중매하였다.

세례 요한은 구약의 엘리야의 성정으로 와서 신랑이신 예수 그리스도와 신부인 성도의 혼인을 중매하는 사역을 감당하였다. 그것이 엘리야의 사명이었기 때문이다(말 4:5,6, 마 17:12). 세례 요한이 신랑이신 예수 그리스도께서 오셨을 때 신부인 성도와 혼인을 중매하면서 다음과 같이 기뻐하였다. "내가 말한 바 나는 그리스도가 아니요 그의 앞에 보내심을 받은 자라고 한 것을 증언할 자는 너희니라 신부를 취하는 자는 신랑이나 서서 신랑의 음성을 듣는 친구가 크게 기뻐하나니 나는 이러한 기쁨으로 충만하였노라 그는 흥하여야 하겠고 나는 쇠하여야 하리라 하니라"(요 3:28-30).

위의 세례 요한의 말을 다시 풀어 말하면 다음과 같다. "내가 너희에게 나는 그리스도가 아니라고 분명히 말하였고, 단지 엘리야의 사명으로 보내심을 받은 혼인 중매자일 뿐이라고 말하였다. 이러한 사실을 너희들은 구약성경의 말라기 4장 5,6절을 통해 잘 알고 있다. 나는 신랑이 아니라 신랑인 예수 그리스도의 옆에서 신부와 혼인을 중매하는 친구에 불과하다. 중매는 신랑의 친구가 하는 법이다. 신부를 취하는 자는 신랑이기 때문에 당연히 기뻐할 자는 신랑이다. 그러나 옆에 서서 그 신랑의 기뻐하시는 소리를 듣는 중매장이 친구도 크게 기뻐하는 법이니, 나는 이러한 기쁨으로 충만하였노라. 그는 흥하여야 하겠고 나는 쇠하여야 하리라."

세례 요한이 예수 그리스도께서 오셨을 때 성도들과 혼인을 중매하는 역할을 하였고 그 중매한 기쁨으로 충만하였다고 말한 것이다.

세례 요한이 말 4:5,6의 예언에 따라 중매를 위해 엘리야의 성정으로 왔다. "보라 여호와의 크고 두려운 날이 이르기 전에 내가 선지자 엘리야를 너희에게 보내리니 그가 아버지의 마음을 자녀에게로 돌이키게 하고 자녀들의 마음을 그들의 아버지에게로 돌이키게 하리라 돌이키지 아니하면 두렵건대 내가 와서 저주로 그 땅을 칠까 하노라 하시니라"(말 4:5,6). 그래서 예수께서 세례 요한을 엘리야라 칭하셨다. "모든 선지자와 율법이 예언한 것은 요한까지니 만일 너희가 즐겨 받을진대 오리라 한 엘리야가 곧 이 사람이니라"(마 11:13,14).

엘리야가 세례 요한으로 와서 신랑과 신부의 혼인을 중매한 것이다. 바로 이 혼인을 위해 신랑이신 예수께서 하늘에서 이 땅으로 오셨고, 신랑의 자격을 갖추시기 위해 십자가에 못 박혀 죽으시고 그 피를 가지고 성도 앞에 오신 것이다. 성도는 이 십자가의 피를 가진 예수신랑을 영접함으로 혼인관계를 이루어야 구원받을 수 있다. 이 혼인을 위해 예수께서 열 처녀 비유를 하신 것이다.

(3) 예수께서 신랑이 십자가에 죽은 후 부활하여 다시 와 혼인한다고 말씀하셨다.

예수께서 제자들에게 친히 자신을 신랑이라고 칭하시면서 신랑이 이미 왔다고 말씀하셨다. 그러나 그 신랑이 십자가에 죽으시기 위해 잠시 떠난다고 말씀하셨다. "예수께서 그들에게 이르시되 혼인집 손님들이 신랑과 함께 있을 동안에 슬퍼할 수 있느냐 그러나 신랑을 **빼앗길** 날이 이르리니 그 때에는 금식할 것이니라"(마 9:15). 그러면서 신랑이 부활하여 다시 오시겠다고 말씀하시면서 신랑을 맞을 준비를 하라고 당부하셨다(마 10:23, 막 16:7, 요 14:18-20).

신랑이신 예수께서 자신이 지금은 십자가에 죽기 위하여 잠시 떠나지만 조금 있으면 부활하여 다시 올 것이며, 오면 신부와 혼인하여 영원히 함께 살 것이라고 말씀하셨다. 여기서 예수께서 부활 전에도 자신을 "신랑"이라고 칭하셨다. 그러나 부활 전의 신랑은 십자가에 죽기 위해 떠나야 하는 신랑으로서 성도 안에 영원히 내주하시는 신랑은 아니었다. 그러므로 신랑이지만 성도 밖에 있는 신랑이었던 것이다.

그래서 예수께서 제자들에게 부활 후에 오시는 신랑을 영접할 때 "너희가 내 안에, 내가 너희 안에 있는 것"이라고 말씀하셨다. 부활 후에 영접해야 신랑과 신부가 연합되어 혼인관계가 성립된다고 말씀하신 것이다. "내가 너희를 고아와 같이 버려두지 아니하고 너희에게로 오리라 조금 있으면 세상은 다시 나를 보지 못할 것이로되(십자가에 죽을 것이나) 너희는 나를 보리니(부활하여 오시는 모습을 보리니) 이는 내가 살아 있고 너희도 살아 있겠음이라 그 날(부활하여 오신 신랑을 너희가 영접하는 날)에는 내가 아버지 안에, 너희가 내 안에, 내가 너희 안에 있는 것(혼인하여 하나 되는 것)을 너희가 알리라"(요 14:18-20).

위의 예수님의 말씀을 다시 풀어 말하면 다음과 같다. "내가 너희를 고아와 같이 버려두지 아니하고 너희에게로 오리라 조금 있으면 내가 십자가에 죽어 세상은 다시 나를 보지 못할 것이로되 너희는 내가 부활하여 다시 오는 것을 보리니 이는 내가 죽지 않고 살아 있고 너희도 살아 있겠음이라. 그 부활의 날에는 내가 너희와 혼인하여 내가 아버지 안에, 너희가 내 안에, 내가 너희 안에 있는 것을 너희가 알리라." 신랑이신 예수 그리스도께서 부활 후에 신부인 성도와 혼인하신다고 말씀하신 것이다.

(4) 예수께서 부활하신 후 혼인 잔치를 베푸신다.

그리고 초림 때 혼인을 하시고 잔치를 하신다. 예수께서 양 백 마리 중에 잃었던 양을 찾으면 기뻐하시고 그 벗과 이웃을 불러 모으고 잔치를 하신다고 말씀하셨다. "너희 중에 어떤 사람이 양 백 마리가 있는데 그 중의 하나를 잃으면 아흔아홉 마리를 들에 두고 그 잃은 것을 찾아내기까지 찾아다니지 아니하겠느냐 또 찾아낸즉 즐거워 어깨에 메고 집에 와서 그 벗과 이웃을 불러 모으고 말하되 나와 함께 즐기자 나의 잃은 양을 찾아내었노라 하리라"(눅 15:4-6).

그리고 예수께서 탕자가 돌아왔을 때 제일 좋은 옷을 내어다가 입히고 손에 가락지를 끼우고 발에 신을 신기고, 살진 송아지를 잡고 음식을 장만하여 잔치를 베푼다고 말씀하셨다. "그리고 살진 송아지를 끌어다가 잡으라 우리가 먹고 즐기자 이 내 아들은 죽었다가 다시 살아났으며 내가 잃었다가 다시 얻었노라 하니 그들이 즐거워하더라"(눅 15:23,24). 십자가에서 피를 흘리시고 부활하여 오시는 신랑 예수를 영접하는 자는 혼인 잔치에 들어간다.

(5) 혼인은 세례 받을 때 이루어진다.

바울은 신랑이신 예수 그리스도와 신부인 성도가 혼인하는 시점은 세례 받을 때라고 기록하였다. "무릇 그리스도 예수와 합하여(혼인) 세례를 받은 우리는 그의 죽으심과 합하여 세례를 받은 줄을 알지 못하느냐 그러므로 우리가 그의 죽으심과 합하여 세례를 받음으로 그와 함께 장사되었나니(혼인 관계) 이는 아버지의 영광으로 말미암아 그리스도를 죽은 자 가운데서 살리심과 같이 우리로 또한 새 생명 가운데서 행하게 하려 함이라"(롬 6:3,4).

바울은 성도들을 "그리스도 예수와 합하여 세례를 받은 우리"라고 표현하여 세례 받을 때 성도들이 그리스도와 합해졌음을 나타내어 혼인 관계가 성립됨을 증거하였다. 그리고 바울은 혼인한 것을 연합한 것이라고 기록한다. "만일 우리가 그의 죽으심과 같은 모양으로 연합한 자가 되었으면 또한 그의 부활과 같은 모양으로 연합한 자도 되리라"(롬 6:5). 혼인은 세례 받을 때 이루어진다. 신랑이신 예수 그리스도와 신부인 성도가 세례로 연합되어 혼인 잔치를 하는 것이다. 혼인은 세례로 이루어진다.

결론으로 열 처녀는 이미 세례받고 혼인한 신약성도들이 아니라, 혼인하기 위해 기다리는 구약백성들이다.

2) 재림 때는 혼인 잔치를 하지 않는다.

재림 때는 혼인 잔치를 하는 것이 아니다. 그때는 초림하신 예수를 영접하여 혼인한 성도신부들이 천국으로 입성한다. "또 내가 보매 거룩한 성 새 예루살렘이 하나님께로부터 하늘에서 내려오니 그 준비한 것이 신부가 남편을 위하여 단장한 것 같더라"(계 21:2). 여기의 "거룩한 성 새 예루살렘"은 예수신랑과 혼인한 성도신부들이 모여 있는 곳이다. "그 준비한 것이 신부가 남편을 위하여 단장한 것 같더라"는 것은 혼인 잔치가 아니라, 이미 혼인한 신부들의 아름다움을 표현한 것이다.

그들이 "하늘에서 내려오"는 것은 천국 하늘에서 천국 땅으로 내려와 안착하는 모습이다. 이것은 혼인 잔치가 아니라, 예수의 신부성도들이 천국생활을 시작함을 뜻한다.

재림 때는 혼인 잔치를 하지 않는다. 그러므로 열 처녀는 신약성도들이 재림 때 혼인 잔치를 하기 위해 기다리는 것이 아니라, 구약백성들이 초림하시는 예수신랑과 혼인하기 위해 기다리는 비유이다.

결론적으로 본문의 열 처녀는 한 번도 혼인한 적이 없는 처녀들로서 아직 부활하신 예수를 영접하여 혼인한 적이 없는 자들이다. 그러므로 이들이 신랑을 영접하여 구원받기 위해서는 재림하시는 신랑을 영접하는 것이 아니라 부활하신 예수를 영접해야 하는 것이다. 그러므로 열 처녀는 십자가에서 피를 흘리시고 부활하여 오시는 예수 그리스도를 영접하여 구원받기 위해 등(양, 예수 그리스도)과 기름(믿음)을 준비하고, 기다리고 있는 것이다.

13절의 "그 날과 그 때"는 십자가 심판과 부활의 날이다(마 24:36절 주해 참조). 구약백성인 열 처녀는 십자가에 죽으시고 부활하여 오시는 예수신랑을 영접하여 혼인해야 구원받을 수 있다.

마 25:14-30 _ ¹⁴또 어떤 사람이 타국에 갈 때 그 종들을 불러 자기 소유를 맡김과 같으니 ¹⁵각각 그 재능대로 한 사람에게는 금 다섯 달란트를, 한 사람에게는 두 달란트를, 한 사람에게는 한 달란트를 주고 떠났더니 ¹⁶다섯 달란트 받은 자는 바로 가서 그것으로 장사하여 또 다섯 달란트를 남기고 ¹⁷두 달란트를 받은 자도 그같이 하여 또 두 달란트를 남겼으되 ¹⁸한 달란트 받은 자는 가서 땅을 파고 그 주인의 돈을 감추어 두었더니 ¹⁹오랜 후에 그 종들의 주인이 돌아와 그들과 결산할새 ²⁰다섯 달란트 받았던 자는 다섯 달란트를 더 가지고 와서 이르되 주인이여 내게 다섯 달란트를 주셨는데 보소서 내가 또 다섯 달란트를 남겼나이다 ²¹그 주인이 이르되 잘하였도다 착하고 충성된 종아 네가 적은 일에 충성하였으매 내가 많은 것을 네게 맡기리니 네 주인의 즐거움에 참여할지어다 하고 ²²두 달란트 받았던 자도 와서 이르되 주인이여 내게 두 달란트를 주셨는데 보소서 내가 또 두 달란트를 남겼나이다 ²³그 주인이 이르되 잘하였도다 착하고 충성된 종아 네가 적은 일에 충성하였으매 내가 많은 것을 네게 맡기리니 네 주인의 즐거움에 참여할지어다 하고 ²⁴한 달란트 받았던 자는 와서 이르되 주인이여 당신은 굳은 사람이라 심지 않은 데서 거두고 헤치지 않은 데서 모으는 줄을 내가 알았으므로 ²⁵두려워하여 나가서 당신의 달란트를 땅에 감추어 두었었나이다 보소서 당신의 것을 가지셨나이다 ²⁶그 주인이 대답하여 이르되 악하고 게으른 종아 나는 심지 않은 데서 거두고 헤치지 않은 데서 모으는 줄로 네가 알았느냐 ²⁷그러면 네가 마땅히 내 돈을 취리하는 자들에게나 맡겼다가 내가 돌아와서 내 원금과 이자를 받게 하였을 것이니라 하고 ²⁸그에게서 그 한 달란트를 빼앗아 열 달란트 가진 자에게 주라 ²⁹무릇 있는 자는 받아 풍족하게 되고 없는 자는 그 있는 것까지 빼앗기리라 ³⁰이 무익한 종을 바깥 어두운 데로 내쫓으라 거기서 슬피 울며 이를 갈리라 하니라

달란트 비유

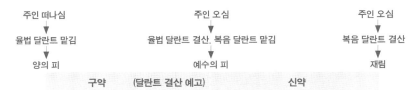

1. 초림 때에 주인이 율법 달란트를 결산하신다.

1) 주인은 예수 그리스도시다.

"주인"은 하나님과 예수 그리스도와 성령이시다. 삼위 하나님께서 천지를 창조하신 주인이시다. 다시 오시는 주인은 예수 그리스도시다.

2) 창세에 주인이 떠나셨다.

아담이 불순종하여 선악과를 먹어 에덴에서 쫓겨났다. 그리고 하나님께서 생명나무 열매를 먹지 못하도록 에덴의 문을 닫으셨다(창 3:24). 아담은 에덴과 분리되었고, 하나님 및 예수 그리스도와도 분리되었다. 주인이신 하나님과 예수 그리스도께서 아담을 떠나신 것이다.

3) 주인이 율법을 맡기셨다.

그런데 주인이 떠나실 때 아담에게 가죽옷을 입혀주셨다. "여호와 하나님이 아담과 그의 아내를 위하여 가죽옷을 지어 입히시니라"(창 3:21). 짐승을 잡아 그 가죽을 벗겨 아담에게 입히신 것이다. 그때 하나님께서 아담이 보는 앞에서 짐승을 잡으시고, 그 피를 뿌리시고, 그 기름을 태우시고, 그 가죽으로 옷을 지어 입혀주시는 전 과정을 보게 하셨다. 그것은 하나님께서 짐승을 잡아 그 피로 제사를 드리는 것을 아담에게 가르치신 것이다. 하나님께서 아담에게 제사를 가르치신 증거는 그의 아들인 아벨이 이와 똑같이 양을 잡아 제사를 드렸기 때문이다.

이것은 아담에게 제사를 맡기신 것이다. 곧 율법의 직무를 맡기신 것이다. 아담은 하나님이 가르쳐주신 그 율법의 규례대로 동물을 잡아 그 피로 제사를 드렸고, 아들들에게도 가르쳐서 아벨이 양의 피와 기름으로 제사를 드렸던 것이다. "아벨은 자기도 양의 첫 새끼와 그 기름으로 드렸더니 여호와께서 아벨과 그의 제물은 받으셨으나"(창 4:4). 이것이 바로 제사법이며 율법이다. 아담에게 율법을 가르치시고 맡기신 것이다. 곧 율법 달란트를 맡기신 것이다. 그러나 가인은 그 법을 지키지 않았다. 그리고 후에 모세를 통하여 다시 율법을 주신다. 그러므로 구약 모든 백성들에게 율법을 주셨다. 주인이 율법을 맡기셨다.

(1) 주인이 소통의 율법을 맡기셨다.

아담에게서 율법의 제사의 직무를 배운 아벨이 '양의 첫 새끼와 그 기름으로 드렸더니 여호와께서 아벨과 그의 제물을 받으셨'다(창 4:4). 아벨이 율법대로 양의 피와 기름으로 제사를 드림으로써 하나님 및 예수 그리스도와 소통하게 된 것이다. 양의 기름을 태워 그 향을 하나님이 흠향하심으로 하나님과 소통하게 된다(앞의 '열처녀 비유'에서 '기름'에 대해 상세히 주해하였으므로 참조할 것).

그리고 양의 피는 예수 그리스도의 피를 예표하기 때문에 양의 피로 제사를 드리는 율법은 그리스도와 소통하게 한다. 하나님과 예수님은 아담을 떠나시면서 소통할 수 있는 율법 곧 양의 피와 기름으로 드리는 제사의 규례를 주신 것이다. 곧 떠나실 때 완전히 단절하시고 떠나신 것이 아니라 양의 피로 소통할 수 있도록 율법을 맡기시고 떠나신 것이다. 그러므로 하나님께서 떠나셨어도 맡기신 율법으로 양의 피로 제사를 드릴 때마다 하나님 및 예수 그리스도와 소통하게 된다. 그러나 이 율법을 버리면 하나님 및 예수 그리스도와의 소통이 단절된다. 주인이 소통의 율법을 맡기셨다.

(2) 주인이 예수 그리스도께로 인도하는 율법을 맡기셨다.

율법은 예수 그리스도께로 인도하는 초등교사이다. "이같이 율법이 우리를 그리스도께로 인도하는 초등교사가 되어 우리로 하여금 믿음으로 말미암아 의롭다 함을 얻게 하려 함이라"(갈 3:24). 율법이 있으면 예수 그리스도께로 인도될 수 있고, 없으면 불가능하다. 율법은 양의 피로 제사를 드려 장차 예수 그리스도의 피로 죄 씻음을 받을 수 있도록 인도한다. 그러므로 율법이 있는 자는 구원을 받을 수 있는 것이다. 주인이 예수 그리스도에게로 인도하는 율법을 맡기셨다.

(3) 주인이 사랑의 율법을 맡기셨다.

율법은 주인이신 하나님과 예수 그리스도를 사랑하고 이웃을 사랑하는 규례이다. 십계명 중 네 계명은 하나님을 사랑하는 법이고, 여섯 계명은 이웃을 사랑하는 법이다. 그러므로 율법은 사랑을 완성하는 것이다. "피차 사랑의 빚 외에는 아무에게든지 아무 빚도 지지 말라 남을 사랑하는 자는 율법을 다 이루었느니라"(롬 13:8). "사랑은 이웃에게 악을 행하지 아니하나니 그러므로 사랑은 율법의 완성이니라"(롬 13:10). "온 율법은 네 이웃 사랑하기를 네 자신 같이 하라 하신 한 말씀에서 이루어졌나니"(갈 5:14). 주인이 사랑의 율법을 맡기셨다.

(4) 주인이 재능대로 다양하게 율법의 직무를 맡기셨다.

이 달란트 비유에서 달란트는 양의 피로 제사를 드리는 성전의 율법의 여러 규례들을 각자 재능대로 맡기신 직무들을 말한다. 율법은 성전의 직무, 제사장들의 직무, 제사의 절차, 재판의 직무 등 여러 가지 많은 사역들이 있었다. 그 사역들을 각자 재능대로 맡기셨다. 모세에게는 지도자의 직무를 맡기시고, 아론에게는 제사장의 직무를 맡기시고, 미리암에게는 선지자의 직무를 맡기셨다. 그리고 많은 이들에게 장로의 직분을 맡기시고, 두령들의 직무를 주셨다. 그리고 모세와 여러 장로들에게 재판의 직무를 맡기셨다.

그리고 직무 중에 빠질 수 없는 직무는 성전에서 양의 피를 뿌려 제사를 드리는 직무이다. 어떤 자에게는 양을 잡는 직무를 맡기고, 어떤 자에게는 양을 물두멍에 씻는 일을 맡긴다. 또 어떤 자에게는 성전의 기물들을 만들거나 수리하는 직무를 맡겼다. 또는 성전에서 찬양하는 직무도 맡겼다. 이 율법의 직무들은 장차 오실 주인 곧 메시야 예수 그리스도를 영접할 준비를 하게 하는 직무였다.

어떤 이에게는 다섯 달란트의 직무를 맡기시고, 어떤 이에게는 두 달란트의 직무를 맡기시고, 어떤 이에게는 한 달란트의 직무를 맡기셨다. 다섯 달란트와 두 달란트는 크고 작은 직무나, 중하고 경한 직무가 아니라 성전에서 필요한 다양한 직무를 말한다. 그리고 모두 없어서는 안될 필수 직무들을 말한다.

예를 들어 다섯 달란트는 성소의 장막을 치는 직무일 수 있고, 네 달란트는 양을 잡는 직무일 수 있고, 세 달란트는 나팔을 부는 직무일 수 있다. 또 두 달란트는 제사장의 직무일 수 있고, 한 달란트는 양의 피를 뿌리는 직무일 수 있는 것이다. 그 직무들은 그들의 재능대로 맡기시는 것이다. "각각 그 재능대로 한 사람에게는 금 다섯 달란트를, 한 사람에게는 두 달란트를, 한 사람에게는 한 달란트를 주고 떠났더니"(15). 달란트의 수를 각각 다르게 표기한 것은 달란트의 양을 의미하지 않고 다양한 사역을 의미한다. 주인이 재능대로 다양하게 율법의 직무를 맡기셨다.

4) 주인인 예수 그리스도께서 오셨다.

주인은 하나님과 예수 그리스도와 성령이시다. 그러나 그 중에 가시적으로 다시 오시는 주인은 예수 그리스도시다. 그가 이 땅에 오셨다. 예수 그리스도께서 오셔서 자신이 주인이라고 말씀하셨다. "인자는 안식일의 주인이니라 하시니라"(마 12:8). 안식일의 주인이란 창조주를 의미한다. 예수 그리스도는 하나님과 함께 만물을 창조하신 분으로서 만물의 주인이 되시는 것이다(골 1:16). 주인인 예수 그리스도께서 오셨다.

5) 주인이 오셔서 맡기셨던 율법을 결산하신다.

주인이신 예수 그리스도께서 오셔서 맡기셨던 율법을 결산하신다. (1) 주인이 맡기신 소통의 율법을 결산하신다. 율법을 지킨 자는 그리스도와 소통하고 지키지 않은 자는 쫓겨나게 된다. (2) 주인이 맡기신 예수 그리스도께로 인도하는 율법을 결산하신다. 율법을 지킨 자는 예수 그리스도께로 인도되고, 지키지 않은 자는 쫓겨나게 된다. (3) 주인이 맡기신 사랑의 율법을 결산하신다. 율법을 지켜 사랑을 행한 자는 주인의 사랑을 받고, 행하지 않은 자는 쫓겨난다. (4) 주인이 재능대로 각각 다양하게 맡기신 율법의 직무들을 결산하신다. 직무를 성실히 행한 자는 더 많은 것을 받고, 직무를 행하지 않은 자는 쫓겨난다.

달란트 비유에서 달란트는 양의 피로 제사를 드리는 성전의 율법의 여러 규례들을 각자 재능대로 맡기신 직무들을 말한다. 주인이 오셔서 각자에게 맡기신 율법의 직무를 결산하신다. 하나님께서 떠나셨어도 맡기신 율법의 제사를 드릴 때마다 하나님과 소통하게 된다. 이 직무를 버리면 하나님과의 소통이 단절된다. 각자 맡기신 직무를 성실히 수행하는 자는 하나님과 계속 소통하나, 직무를 버리는 자는 하나님과 끊어지게 된다. 다섯 달란트의 직무를 받은 자는 그 직무를 성실히 수행했다. 그리고 두 달란트의 직무를 받은 자도 역시 그랬다. 이 두 사람은 하나님과 소통이 계속되어 그의 나라에 들어가 하나님과 영원히 살아가게 된다. 그러나 한 달란트의 직무를 받은 자는 그 직무를 버렸다. 그래서 그는 하나님과의 소통이 끊어졌다.

성전에서의 직무들이 다양하지만 모두 양의 피로 제사를 드리는 성소의 일이다. 그러므로 어떠한 직무도 예수 그리스도에게로 인도되는 율법의 직무들이다(갈 3:24). 그러므로 그 직무들을 수행하지 않으면 예수 그리스도에게로 인도되지 못하여 구원을 받지 못한다. 양은 예수 그리스도를 상징하며, 그 피는 그리스도의 십자가의 피를 상징한다. 양의 피를 뿌려 제사를 드리는 사역은 장차 오실 "주인" 곧 메시야 예수 그리스도를 영접할 준비를 하게 하는 직무였다.

이 직무는 절대 버려서는 안 되는 직무였다. 왜냐하면 양의 피로 제사를 드리는 직무는 장차 예수 그리스도의 피로 말미암아 구원을 받는 생명의 직무이기 때문이다. 장차 주인이신 예수 그리스도께서 오시면, 그동안 양의 피로 제사를 드렸던 자들을 예수 그리스도의 피로 죄를 씻어 구원하신다. 그래서 율법은 그리스도께로 인도하는 초등교사인 것이다.

다섯 달란트의 직무를 맡은 자와 두 달란트의 직무를 맡은 자는 맡겨진 율법의 직무를 성실히 수행하여 예수 그리스도를 영접하여 구원을 받고, 한 달란트의 직무를 맡은 자는 그것을 지키지 않아 받았던 율법의 직무를 빼앗기게 되고 구원을 받지 못한다(28-30). 이스라엘 백성들은 율법을 지키지 않았다. 그러면서도 자신들이 율법 선생이라고 주장하며 랍비라 칭함 받기를 좋아했다. 그들은 입에서만 율법이 있고 마음에는 율법이 없었다. 그러면서도 이스라엘의 지도자로 권세와 부를 누리며 살아갔다. 그래서 예수 그리스도께서 율법을 버린 그들에게 23장에서 다음과 같이 책망하신다.

"이에 예수께서 무리와 제자들에게 말씀하여 이르시되 서기관들과 바리새인들이 모세의 자리에 앉았으니 그러므로 무엇이든지 그들이 말하는 바는 행하고 지키되 그들이 하는 행위는 본받지 말라 그들은 말만 하고 행하지 아니하며 또 무거운 짐을 묶어 사람의 어깨에 지우되 자기는 이것을 한 손가락으로도 움직이려 하지 아니하며 그들의 모든 행위를 사람에게 보이고자 하나니 곧 그 경문 띠를 넓게 하며 옷술을 길게 하고 잔치의 윗자리와 회당의 높은 자리와 시장에서 문안 받는 것과 사람에게 랍비라 칭함을 받는 것을 좋아하느니라"(마 23:1-7).

그러면서 그들이 천국 문을 닫았다고 말씀하시면서 화가 있을 것이라고 하신다. "화 있을진저 외식하는 서기관들과 바리새인들이여 너희는 천국 문을 사람들 앞에서 닫고 너희도 들어가지 않고 들어가려 하는 자도 들어가지 못하게 하는도다"(마 23:13). 이들이 천국 문을 닫았다는 것은 율법을 버리고 예수 그리스도를 배척하여 구원을 막았다는 의미이다. 이들이 한 달란트를 받았으나 땅에 묻은 자들이다. 주인이 오셔서 맡기셨던 율법을 결산하신다.

6) 주인은 신약시대에는 떠나지 않는다.

주인은 창세에 아담의 죄로 말미암아 떠나셨다. 떠나실 때 예수 그리스도를 대망하도록 짐승의 피로 제사를 드리는 율법을 맡기시고 떠나셨다(창 3:21, 4:4, 갈 3:24). 동물의 피는 장차 다시 오실 주인의 십자가의 피를 예표한다. 그래서 동물의 피로 제사를 드리는 율법은 그리스도께로 인도하는 초등교사가 되었다. "이같이 율법이 우리를 그리스도께로 인도하는 초등교사가 되어 우리로 하여금 믿음으로 말미암아 의롭다 함을 얻게 하려 함이라"(갈 3:24).

율법을 맡기신 것은 언젠가는 주인인 예수 그리스도를 만날 수 있도록 하는 증표인 것이다. 주인이 초림하심으로 다시 오셨다. 그래서 율법을 지켜 양과 기름으로 제사를 드린 자는 주인을 영접하고 구원과 칭찬을 받게 된다. 그러나 양과 기름이 없는 자는 심판을 받게 된다.

주인이 창세에 처음 떠나신 이유는 아담의 죄 때문이었다. 그러나 그 죄의 문제를 해결하기 위해 다시 오신다. 죄의 문제를 해결하시는 방법은 주인이 십자가에 못 박혀 죽으시고 그의 피로 죄를 사하시는 방법이다. 그리고 그 영이 성도의 심령 속에 임하여 내주하시는 방법이다. 성도의 심령 속에 내주하셔야 죄가 다시 그 속으로 들어오지 못해 구원이 보장되기 때문이다. 그 후로는 주인은 성도를 떠나시지 않는다. 다시 오신 주인은 십자가의 피로 사신 성도를 영원히 떠나시지 않고 지키신다. 주인은 한 번 떠나셨으나 두 번은 떠나시지 않는다. 창세에 떠나셨던 주인이 다시 오시는 이유는 그의 십자가의 피로 죄를 사하시고 영원히 떠나시지 않고 지키시기 위함이다.

다시 오신 주인은 제자들에게 너희를 고아와 같이 버려두지 아니하신다고 분명히 말씀하셨다. 그리고 그가 영으로 성도 안에 임하여서 주인 안에 성도가 있게 하고 성도 안에 주인이 있어 둘이 연합되고 하나가 되게 하신다고 말씀하셨다. 다시 말하면 주인이 십자가에 죽으시고 부활하여 오시면 성도와 혼인하신다고 말씀하신 것이다. 그러므로 다시는 헤어지지 않겠다고 굳게 약속하신 것이다. "내가 너희를 고아와 같이 버려두지 아니하고 너희에게로 오리라 조금 있으면 세상은 다시 나를 보지 못할 것이로되 너희는 나를 보리니 이는 내가 살아 있고 너희도 살아 있겠음이라 그 날에는 내가 아버지 안에, 너희가 내 안에, 내가 너희 안에 있는 것을 너희가 알리라"(요 14:18-20).

또 초림하여 다시 오신 주인께서 제자들에게 다시는 떠나시지 않고 세상 끝날까지 너희와 항상 함께 있으리라고 약속하셨다. "내가 너희에게 분부한 모든 것을 가르쳐 지키게 하라 볼지어다 내가 세상 끝날까지 너희와 항상 함께 있으리라 하시니라"(마 28:20).

이 말씀을 마치신 후 승천하셨다가 성령과 함께 그의 영이 성도에게 임하셔서

서 성도 안에 내주하시고 성도가 성전이 되게 하셨다. "만일 너희 속에 하나님의 영이 거하시면 너희가 육신에 있지 아니하고 영에 있나니 누구든지 그리스도의 영이 없으면 그리스도의 사람이 아니라"(롬 8:9). "너희 몸은 너희가 하나님께로부터 받은 바 너희 가운데 계신 성령의 전인 줄을 알지 못하느냐 너희는 너희 자신의 것이 아니라"(고전 3:16, 6:19, 고후 6:16, 갈 2:20).

그 후 종말까지 주인은 성도를 떠나시지 않는다. 이렇게 다시 오신 주인이 성도 안에 내주하시는 이유는 성도를 다시는 떠나시지 않고 종말까지 죄와 마귀로부터 지키시기 위함이다. 그러므로 초림하신 주인은 종말까지 성도를 다시는 떠나시지 않는다.

그런데 본문에 등장하는 타국에 간 주인은 떠나신 후 아직 성도에게 오신 적이 없으며, 성도 안에 내주하시지 않은 주인이다. 성도에게서 멀리 떠나셨다가 갑자기 다시 오신 주인이다. 그러므로 본문의 주인은 신약시대에 성도 안에 내주하고 있는 주인은 아니다. 그 주인은 창세에 떠나셨다가 초림 때 다시 오시는 주인이다. 구약은 주인이 떠난 후 오시지 않은 기간이며, 신약은 주인이 오서서 다시는 떠나시지 않고 성도 안에 내주하시며 항상 함께 하시는 기간이기 때문이다. 주인은 신약시대에는 떠나지 않는다.

2. 재림 때에 주인이 복음 달란트를 결산하신다.

주인이신 예수께서 초림하셔서 율법 달란트를 결산하시고, 새롭게 복음 달란트를 맡기신다. 복음 달란트를 맡기시는 것은 율법을 지켜 예수 그리스도를 영접하고 구원받은 자들에게 그의 나라와 복음의 사명을 맡기시는 것이다. 그런 다음 재림하실 때 맡기셨던 복음 달란트를 결산하신다. 부활하여 복음 달란트를 맡기시는 것은, 예수 그리스도를 영접하여 구원받은 성도들에게 하나님의 나라와 제사장의 직분과 전도의 사명을 맡기심을 의미한다(마 24:46,47절의 '그의 모든 소유를 그에게 맡기리라'에서 주해하였으므로 참조할 것).

예수께서 이 땅에 오셔서 십자가에 피를 흘려 죽으시고 부활하심으로 천국 복음을 완성하셨다. 그 천국 복음을 제자들에게 맡기셨다(마 28:19,20, 행 1:8). 제자들은 천국 복음을 온 세상에 전파하였다. 그리고 성령께서 성도들에게 예수 그리스도의 십자가 복음 사역을 위해 각자 하나님의 뜻대로 달란트를 나눠 주셨다. 그리고 주인이신 예수 그리스도께서 재림하셔서 그 맡기셨던 달란트를 얼마나 남겼는지를 결산하신다. 성도들은 맡겨진 달란트를 남겨 재림을 준비해야 한다. 예수께서 떠나실 때 복음을 맡기시고, 재림하실 때 그 맡기셨던 복음을 결산하신다.

3. 율법 달란트 결산으로 구원이 결정되고, 복음 달란트 결산으로 상급이 결정된다.

1) 십자가 때에 율법 달란트 결산으로 구원이 결정된다.

예수께서 말씀하신 달란트 비유는 천국과 지옥으로 나누어지는 비유이다 (21,30). 이 달란트 비유는 상급을 결정하는 비유가 아니다. 다섯 달란트와 두 달란트 받은 자들에게는 "그 주인이 이르되 잘하였도다 착하고 충성된 종아 네가 적은 일에 충성하였으매 내가 많은 것을 네게 맡기리니 네 주인의 즐거움에 참여할지어다"(21,23)라고 말씀하셨다. 이 21,23절의 말씀은 이들이 구원받았음을 의미한다.

"내가 많은 것을 네게 맡기리니"라는 말씀은 예수 그리스도를 영접하여 구원받은 제자들에게 그의 나라와 제사장의 직분과 복음의 사명과 권능들을 맡기신다는 의미이다(눅 22:29,30, 딤전 1:11,12, 히 2:17, 3:1, 4:14, 9:11, 벧전 2:9, 마 28:18)(마 24:46,47 '그의 모든 소유를 그에게 맡기리라' 참조).

"네 주인의 즐거움에 참여할지어다"라는 말씀은 신랑이신 예수 그리스도를 영접하여 그의 나라 안에서 기쁨을 누릴 것을 의미한다.

그리고 한 달란트 받은 자에게는 "이 무익한 종을 바깥 어두운 데로 내쫓으라 거기서 슬피 울며 이를 갈리라 하니라"(30)고 말씀하셨다. 이것은 구원을 받지 못하고 지옥으로 쫓겨나는 것이다. 그러므로 이 달란트 비유는 상급을 결정하는 비유가 아니라 천국과 지옥을 결정하는 비유이다.

다섯 달란트와 두 달란트를 받은 자들은 구원을 받고(21), 한 달란트를 받은 자는 쫓겨나 슬피 울며 이를 간다(30). 율법 달란트를 지키면 구원을 받고, 버리면 구원을 받지 못하고 쫓겨난다. 율법 달란트 결산으로 구원과 지옥으로 나누어진다. 율법은 그리스도께로 인도하는 초등교사(갈 3:24)이기 때문에 율법을 지키면 예수 그리스도께로 인도되어 구원을 받고, 율법을 지키지 않으면 그리스도께로 인도될 수 없어 구원을 받을 수 없다.

그래서 다섯 달란트와 두 달란트 받은 자는 율법을 지켜 예수 그리스도께로 인도되어 구원을 받은 자들이고(21), 한 달란트 받은 자는 율법을 지키지 않아 예수 그리스도께로 인도되지 못하고 구원을 받지 못하고 쫓겨난다(30). 예수께서 말씀하신 달란트 비유는 이 율법 달란트를 잘 지켜 그리스도께로 인도되어 구원받을 것을 당부하시는 말씀이다. 이 율법 달란트 결산은 주인이신 예수께서 십자가에 죽으신 후 그 피를 가지시고 부활하여 오실 때 하신다. 십자가 때에 율법 달란트 결산으로 구원이 결정된다.

2) 재림 때에 복음 달란트 결산으로 상급이 결정된다.

재림 때에는 복음 달란트 결산으로 상급을 결정한다. 십자가 때에 율법 달란트 결산으로 구원과 지옥으로 나누어지지만, 재림 때에 복음 달란트 결산으로는 상급이 달라지는 것이다. 신약의 복음 달란트는 예수 그리스도를 믿어 구원받은 성도들에게만 주시는 직분과 전도의 사명이다(눅 22:29,30, 딤전 1:11,12, 히 2:17, 3:1, 4:14, 9:11, 벧전 2:9, 마 28:18)(마 24:46,47 '그의 모든 소유를 그에게 맡기리라' 참조).

그러므로 신약의 복음 달란트는 이미 예수를 믿어 구원이 확정된 성도들에게 복음 전파의 사명을 맡기시는 것이다. 그러므로 신약 성도들에게 주시는 복음 달란트는 구원과 지옥을 결정하는 달란트가 아니다. 복음 전파의 사명을 성실히 수행한 성도는 천국에서 큰 상급을 받게 되고, 그렇지 않은 성도는 구원은 받으나 상급은 없는 것이다. 그러므로 맡기신 복음의 사명을 게을리 한 성도라

할지라도 지옥에 내쫓는 것이 아니라 천국에서 다른 상이 없는 것이다.

신약시대에 불신자들에게는 복음 달란트를 아예 주시지 않는다. 신약의 복음 달란트는 구원받은 성도들에게만 사명으로 주신다. 불신자에게 복음의 사명의 달란트를 주실 수는 없기 때문이다. 그러므로 신약에 복음 달란트를 받았다는 것은 이미 구원을 받은 자임을 증거한다. 그러므로 만일 이 마 25장의 달란트 비유를 재림 때 결산하는 비유로 해석한다면 그것은 신약의 복음 달란트를 결산하는 것이 되어 단지 상급이 다를 뿐 지옥 가는 사람은 없어야 한다. 그렇게 되면 한 달란트 받은 사람도 상급은 없으나 구원을 받아야 마땅하다. 그러나 한 달란트 받은 사람은 구원을 받지 못한다(30).

그러므로 이 달란트 비유는 구원과 지옥을 결정하는 비유이다. 그러므로 이 달란트 비유는 재림 때 신약 성도들의 복음 달란트를 결산하여 상급을 결정하는 비유가 아니다. 이 비유는 구약 백성들에게 맡기셨던 율법 달란트를 십자가 때에 결산하여 구원과 지옥을 결정하는 비유이다. 십자가 때 율법 달란트 결산으로 구원이 결정되고, 재림 때 복음 달란트 결산으로 상급이 결정된다.

> **마 25:31-46 _** [31]인자가 자기 영광으로 모든 천사와 함께 올 때에 자기 영광의 보좌에 앉으리니 [32]모든 민족을 그 앞에 모으고 각각 구분하기를 목자가 양과 염소를 구분하는 것 같이 하여 [33]양은 그 오른편에 염소는 왼편에 두리라 [34]그 때에 임금이 그 오른편에 있는 자들에게 이르시되 내 아버지께 복 받을 자들이여 나아와 창세로부터 너희를 위하여 예비된 나라를 상속받으라 [35]내가 주릴 때에 너희가 먹을 것을 주었고 목마를 때에 마시게 하였고 나그네 되었을 때에 영접하였고 [36]헐벗었을 때에 옷을 입혔고 병들었을 때에 돌보았고 옥에 갇혔을 때에 와서 보았느니라 [37]이에 의인들이 대답하여 이르되 주여 우리가 어느 때에 주께서 주리신 것을 보고 음식을 대접하였으며 목마르신 것을 보고 마시게 하였나이까 [38]어느 때에 나그네 되신 것을 보고 영접하였으며 헐벗으신 것을 보고 옷 입혔나이까 [39]어느 때에 병드신 것이나 옥에 갇히신 것을 보고 가서 뵈었나이까 하리니 [40]임금이 대답하여 이르시되 내가 진실로 너희에게 이르노니 너희가 여기 내 형제 중에 지극히 작은 자 하나에게 한 것이 곧 내게 한 것이니라 하시고 [41]또 왼편에 있는 자들에게 이르시되 저주를 받은 자들아 나를 떠나 마

귀와 그 사자들을 위하여 예비된 영원한 불에 들어가라 ⁴²내가 주릴 때에 너희가 먹을 것을 주지 아니하였고 목마를 때에 마시게 하지 아니하였고 ⁴³나그네 되었을 때에 영접하지 아니하였고 헐벗었을 때에 옷 입히지 아니하였고 병들었을 때와 옥에 갇혔을 때에 돌보지 아니하였느니라 하시니 ⁴⁴그들도 대답하여 이르되 주여 우리가 어느 때에 주께서 주리신 것이나 목마르신 것이나 나그네 되신 것이나 헐벗으신 것이나 병드신 것이나 옥에 갇히신 것을 보고 공양하지 아니하더이까 ⁴⁵이에 임금이 대답하여 이르시되 내가 진실로 너희에게 이르노니 이 지극히 작은 자 하나에게 하지 아니한 것이 곧 내게 하지 아니한 것이니라 하시리니 ⁴⁶그들은 영벌에, 의인들은 영생에 들어가리라 하시니라

양과 염소 비유

이 양과 염소의 비유는 예수 그리스도께서 십자가에서 피를 흘리시고 죽으신 후 부활하여 오실 때 양과 염소를 나누는 비유이다. 물론 재림 때에도 양과 염소로 나눈다. 그러나 여기 본문은 초림 때 나누는 내용이다. 그 이유는 예수께서 '인자'로 오셔서 양과 염소로 나누시기 때문이다. 먼저 재림 때 양과 염소를 나누는 내용부터 살펴보고, 본문의 초림 때 나누는 내용을 살펴본다.

1. 재림 때 양과 염소를 나눈다.
1) 사랑을 기준으로 양과 염소를 나눈다.

양은 성도, 염소는 불신자를 상징한다. 재림 때에 불신자들과 성도들을 나눈다. 예수 그리스도의 우편에 성도들을 두시고, 좌편에 불신자들을 놓는다. 그리고 성도들은 구원을, 불신자들은 지옥으로 가게 된다. 심판의 기준은 이웃 사랑이다. 이웃을 사랑한 자들은 오른편에, 이웃을 사랑하지 않은 자들은 왼편에 서게 된다.

2) 예수 그리스도의 영접을 기준으로 양과 염소를 나눈다.

이웃 사랑은 아무나 할 수 있는 것이 아니다. 이웃 사랑은 예수 그리스도를

영접하고 그의 마음을 품은 자들만 할 수 있는 것이기 때문이다. "너희 안에 이 마음을 품으라 곧 그리스도 예수의 마음이니"(빌 2:5). 그러므로 이웃을 사랑한 자들은 예수 그리스도를 영접한 자들임이 증거된다. 그러므로 양과 염소의 비유는 이웃 사랑을 심판의 기준으로 내세운 것처럼 보이나, 실상은 예수 그리스도를 영접했는지 그렇지 않은지를 기준으로 심판을 하는 것이다.

3) 십자가를 기준으로 양과 염소를 나눈다.

예수 그리스도께서 떠나시면서 성도들에게 십자가를 맡기셨다. 그래서 예수께서 그 십자가를 지고 자기를 따라오라고 말씀하셨다. "이에 예수께서 제자들에게 이르시되 누구든지 나를 따라오려거든 자기를 부인하고 자기 십자가를 지고 나를 따를 것이니라"(마 16:24). 십자가는 예수 그리스도의 피가 묻은 사랑이다. 이 십자가를 받은 성도들은 모두 예수 그리스도를 따라간다. 예수께서 재림하셔서 양과 염소로 나누실 때 그들의 어깨에 십자가가 있는지 없는지를 보신다. 십자가가 있으면 양이고, 없으면 염소인 것이다.

그런데 그들에게 십자가가 있는지 없는지를 어떻게 판별하시는가? 그들의 사랑으로 판별하시는 것이다. 이웃을 사랑했다면 그에게는 십자가가 있는 것이고, 이웃을 사랑하지 않았다면 그에게는 십자가가 없는 것이다. 물론 예수께서는 그들에게 십자가가 있는지 없는지 영으로 금방 아실 수 있다. 그러나 예수께서 굳이 사랑으로 판결하시는 것으로 나타내시는 이유는, 십자가는 사랑이라는 것을 강조하시기 위함이다. 왜냐하면 십자가의 모든 것들은 사랑이기 때문이다. 십자가는 희생과 비하, 고난, 능욕, 피 흘림, 죽음이다. 그러므로 종말에 사랑의 십자가로 양과 염소로 나누신다.

2. 초림 때 양과 염소를 나눈다.

앞의 '달란트 비유'에서 설명하였듯이 아담이 불순종함으로 에덴에서 쫓겨났으며, 하나님과 예수 그리스도께서 떠나셨다. 곧 아담은 에덴과 분리되고 하나님

및 예수 그리스도와 분리되었다. 곧 하나님과 예수 그리스도는 주인으로서, "주인"이 아담을 떠나신 것이다. 그러나 떠나시면서 아담에게 율법을 맡기시고 떠나셨다(앞의 '달란트 비유'에서 설명하였으므로 참조할 것). 율법은 장차 오실 메시야 예수 그리스도를 맞이할 것을 대망하면서 양의 피로 제사를 드리는 규례였다.

그래서 주인이신 메시야 예수 그리스도께서 오셨을 때 그 율법을 잘 지켰는지를 결산한다. 율법의 규례를 지켜 양의 피로 제사를 드린 자들은 예수 그리스도의 피로 구원을 받고 그 율법을 버린 자는 멸함을 당한다.

율법은 양의 피로 제사를 드리는 것으로서 그리스도의 피를 예표하는 규례이다. 양과 예수 그리스도는 둘 다 피를 흘리는 것이 공통이며 핵심이다. 그러므로 피를 흘리시는 예수 그리스도를 사랑이라 하고, 양의 피를 흘리는 율법을 사랑의 법이라 한다. 그러므로 율법은 양의 피로 그리스도를 사랑하고 이웃을 사랑하는 법이다. 곧 율법은 그리스도와 이웃을 사랑하는 법이다. 그리스도를 사랑하면 이웃을 사랑하게 되고, 이웃을 사랑하는 것은 그리스도를 사랑하는 증거이다.

본절의 양들은 이웃을 사랑한 자들이다. 그러므로 그들은 장차 도래할 십자가를 소망하며 율법을 지킨 자들임이 증명되었고, 동시에 장차 이 땅에 오실 메시야 예수 그리스도를 사랑한 것이 판명되었다. 그러므로 그들은 장차 오실 메시야 예수 그리스도를 대망하며 율법 사랑으로 살아와 구원이 예정된 자들이었다. 여기의 양들이 구원받은 것은 겉으로는 목마른 이웃에게 물 한 잔을 주어 구원받은 것처럼 묘사되었으나, 실상은 율법을 지켜 이웃을 사랑하고 장차 오실 예수 그리스도를 사모하고 사랑했기 때문이다. 그러므로 양들이 구원받은 것은 물 한 잔 때문이 아니라 예수 그리스도를 사랑했기 때문이다. 예수께서는 이들이 이웃에게 물 한 잔 준 것을 자기를 사랑한 것으로 여기신 것이다.

그러나 많은 유대인들이 율법을 버렸다(마 23장). 율법을 버린 것은 이웃 사랑을 버린 것이며, 장차 도래할 메시야 예수 그리스도를 더 이상 소망하지 않고 버린 것이다. 그들의 가장 큰 실수는 이웃에게 옷 한 벌을 주지 않은 것처럼 보이나 실상은 장차 오실 예수 그리스도를 버린 것이다. 그들은 메시야를 더이상 기다리지 않았으며, 메시야 예수 그리스도께서 눈앞에 오셨는데도 그를 부인했다. 그러므로 실상은 옷 한 벌을 주지 않아서가 아니라 예수 그리스도를 사랑하지 않음으로 말미암아 구원을 받지 못한 것이다. 이들이 왼편에 서게 되는 염소들이다.

3. 본절의 양과 염소 비유는 초림 때 일어나는 일이다.

양과 염소로 나누는 일은 초림과 재림 때에 두 번 있지만, 본절의 나누는 때는 초림 때이다. 양과 염소 비유는 예수께서 십자가를 지시고 심판과 구원을 하실 때 일어나는 일이다. 그 이유는 "인자"로 오시는 때에 일어나는 일이기 때문이다(다음의 '상세 주해'에서 설명).

상세 주해

"인자가 자기 영광으로 모든 천사와 함께 올 때에 자기 영광의 보좌에 앉으리니 모든 민족을 그 앞에 모으고 각각 구분하기를 목자가 양과 염소를 구분하는 것 같이 하여 양은 그 오른편에 염소는 왼편에 두리라 그 때에 임금이 그 오른편에 있는 자들에게 이르시되 내 아버지께 복 받을 자들이여 나아와 창세로부터 너희를 위하여 예비된 나라를 상속받으라."(31-34)

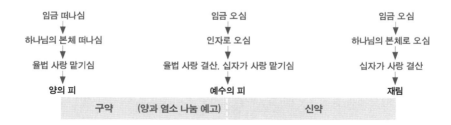

1. '인자'로 오시는 때는 부활하여 오시는 때이다.

여기의 "인자"는 예수 그리스도시다. 그는 세 번 오신다. 첫 번째는 마리아의 몸을 통하여 출생하여 오시고, 두 번째는 십자가에 죽으시고 부활하여 오시고, 세 번째는 재림 때에 오신다. 첫 번째 마리아의 몸을 통하여 오실 때는 "인자"로 오시고, 두 번째 부활하여 오실 때에도 "인자"로 오시고, 세 번째 재림하실 때는 "하나님의 본체"로 오신다. 부활하여 오실 때에도 "인자"라 부르는 이유는 부활하여 오실 때에 신령한 몸으로 오시지만 손에 못 자국과 옆구리에 창 자국의 상처가 있기 때문에 "인자"라 부르는 것이다. 그리고 재림하실 때는 상처가 전혀 없는 하나님의 본체로 회복되어 오시기 때문에 "하나님의 본체"라 부른다(마 24:30 '인자' 참조).

다시 말하면 영원 전에 '하나님의 본체'로 계셨고, 그가 마리아의 몸을 통하여 '인자'로 오셔서 십자에 못 박히시고, 삼 일만에 부활하여 십자가 못 자국의 상처가 있는 신령한 '인자'로 오시고, 승천하신 후 종말에 영원 전의 '하나님의 본체'로 복귀되어 재림하신다. 그러므로 31절의 "인자"가 오시는 때는 재림 때가 아니라, 십자가 후 부활하여 오시는 때이다.

2. '자기 영광'으로 오시는 때는 부활하여 오시는 때이다.

"자기 영광"으로 오시는 것은 부활하여 오시는 모습이다. 인자가 영광으로 오시는 때는 부활 때이다(마 24:30 '영광' 참조). 예수께서 친히 제자들에게 자기가 십자가의 고난을 받은 후 부활하는 것이 "영광"이라고 말씀하셨다. "그리스도가 이런 고난을 받고 자기의 영광에 들어가야 할 것이 아니냐 하시고"(눅 24:26).

그리고 성경은 예수께서 죽으신 후 부활하시고 "영광"으로 오셔야 성령을 보내실 수 있다고 기록하였다. 곧 예수께서 "부활의 영광"을 받기 전에는 성령을 받을 수 없다는 것이다. "명절 끝날 곧 큰 날에 예수께서 서서 외쳐 이르시되 누구든지 목마르거든 내게로 와서 마시라 나를 믿는 자는 성경에 이름과 같이 그 배에서 생수의 강이 흘러나오리라 하시니 이는 그를 믿는 자들이 받을 성령을 가리켜 말씀하신 것이라(예수께서 아직 '영광'(부활)을 받지 않으셨으므로 성령이 아직 그들에게 계시지 아니하시더라)"(요 7:37-39).

　　예수 그리스도의 "부활의 영광"은 특별한 영광이다. 원래 삼위 하나님은 영원히 영광이시다. 특별히 어느 때를 정하여 영광의 때라고 하실 필요가 없으시다. 그러나 본절에서 예수께서 "자기 영광"을 말씀하신다. 그것도 두 번이나 "자기 영광"을 거듭 말씀하신다. "인자가 '자기 영광'으로 모든 천사와 함께 올 때에 '자기 영광'의 보좌에 앉으리니"(31). 삼위 하나님 곧 하나님과 예수님과 성령님은 모두 영광이 영원하신데 예수 그리스도에게만 특별한 영광이 하나 더 첨가된다. 그 이유는 무엇일까? 삼위 하나님 중 하나님과 성령님은 죽으셨다가 부활하신 적이 없으시다. 유일하게 예수 그리스도께서만 십자가에 죽으셨다가 부활하셨다. 이것이 예수 그리스도만의 특별한 영광이다.

　　본절에서 예수께서 "자기 영광"이라고 거듭 강조하여 말씀하신 것은 이 "영광"이 십자가에 죽으셨다가 '부활하신 예수 그리스도만의 영광'임을 나타내시는 것이다. 그러므로 본절에서 예수께서 앉으시는 "자기 영광의 보좌"는 십자가에 죽으신 후 다시 부활하여 영광을 받으신 분만 앉으실 수 있는 특별한 보좌이다. 곧 이 보좌에 앉으시는 때는 부활하신 때이다. 예수께서 유대인들에게 십자가를 지신 후에는 하나님의 우편에 앉으실 것이라고 말씀하셨다. "그러나 이제부터는 인자가 하나님의 권능의 우편에 앉아 있으리라 하시니"(눅 22:69).

　　여기서 "이제부터는"은 "십자가에 죽으시고 부활하신 후에는"이다. 그리고 마가도 예수께서 부활 후 하나님의 우편에 앉으셨다고 기록하였다. "주 예수께서 말씀을 마치신 후에 하늘로 올려지사 하나님 우편에 앉으시니라"(막 16:19). 그러므로 본절의 "자기 영광의 보좌에 앉으시"는 때는 부활하여 승천하신 때이다.

　　"모든 민족을 그 앞에 모으고"의 뜻은 예수께서 영광의 부활을 하신 후 하나님의 우편 보좌에 앉아 하늘과 땅의 모든 자들을 모으시는 것이다. 그들의 모든 무릎을 꿇게 하시고 심판과 구원을 하신다. 그래서 사도 바울은 그리스도께서 십자가 후에 하늘과 땅의 모든 무릎을 꿇게 하시는 왕권을 가지신다고

기록하였다. "사람의 모양으로 나타나사 자기를 낮추시고 죽기까지 복종하
셨으니 곧 십자가에 죽으심이라 이러므로 하나님이 그를 지극히 높여 모든 이
름 위에 뛰어난 이름을 주사 하늘에 있는 자들과 땅에 있는 자들과 땅 아래 있
는 자들로 모든 무릎을 예수의 이름에 꿇게 하시고 모든 입으로 예수 그리스
도를 주라 시인하여 하나님 아버지께 영광을 돌리게 하셨느니라"(빌 2:8-11).

3. '인자'가 부활하여 천사들과 함께 오신다.

  그리고 본절에서 예수께서 부활하여 오실 때 "모든 천사와 함께" 오신다고
말씀하셨다. 예수께서 오실 때마다 천사들과 함께 오셨다. 예수께서는 세 번
오셨으며 오실 때마다 천사와 함께 오신다. 왜냐하면 예수가 계시는 곳은 어디
든지 천사가 함께 대동하며 수종들기 때문이다. 그러므로 예수께서 오실 때마
다 천사가 빠지는 경우는 없다. 첫 번째 마리아의 몸으로 출생하실 때 천사들
과 함께 오셨고(눅 2:7-15), 두 번째 십자가 후 부활하여 오실 때에도 천사들과
함께 오셨고(욜 2:1, 슥 9:14, 마 24:31, 28:1-7, 행 1:10,11), 세 번째 재림 때에도 천
사들과 함께 오실 것이다(살전 4:16, 살후 1:7).

  본절의 "모든 천사와 함께 올 때"는 두 번째 오시는 때 곧 부활하여 영광으
로 오실 때이다. 부활하여 오실 때 천사들이 하늘에서 내려왔다. "안식일이 다
지나고 안식 후 첫 날이 되려는 새벽에 막달라 마리아와 다른 마리아가 무덤을
보려고 갔더니 큰 지진이 나며 주의 천사가 하늘로부터 내려와 돌을 굴려 내고
그 위에 앉았는데 그 형상이 번개 같고 그 옷은 눈같이 희거늘 지키던 자들이
그를 무서워하여 떨며 죽은 사람과 같이 되었더라 천사가 여자들에게 말하여
이르되 너희는 무서워하지 말라 십자가에 못 박히신 예수를 너희가 찾는 줄을
내가 아노라 그가 여기 계시지 않고 그가 말씀하시던 대로 살아나셨느니라 와

서 그가 누우셨던 곳을 보라"(마 28:1-6).

예수께서 부활하실 때 천사들이 무덤 문을 열고, 무덤 안에서 그리스도의 부활을 수종들고 예수께서 죽으실 때 입으셨던 옷을 개켜놓는 일을 하였다. 그리고 천사가 마리아에게 예수 그리스도께서 부활하셨음을 알리고 제자들에게 전하라고 말해주었다(마 28:7). 그리고 천사들이 예수 그리스도께서 구름 타고 승천하실 때 함께 있었고, 그 천사들이 제자들에게 올라가신 그대로 다시 오실 것이라고 말해주었다. "이 말씀을 마치시고 그들이 보는데 올려져 가시니 구름이 그를 가리어 보이지 않게 하더라 올라가실 때에 제자들이 자세히 하늘을 쳐다보고 있는데 흰 옷 입은 두 사람이 그들 곁에 서서 이르되 갈릴리 사람들아 어찌하여 서서 하늘을 쳐다보느냐 너희 가운데서 하늘로 올려지신 이 예수는 하늘로 가심을 본 그대로 오시리라 하였느니라"(행 1:9-11). '인자'가 부활하여 천사들과 함께 오신다.

4. 인자가 부활 후 율법으로 양과 염소를 나눈다.
1) 율법의 이웃 사랑을 기준으로 양과 염소를 나눈다.

34절의 "임금"은 왕권을 가지고 오시는 예수 그리스도를 말한다. 곧 부활하여 오시는 예수 그리스도를 말한다. 예수께서 자신이 왕권을 가지고 오는 때가 부활 때라고 밝히셨다. "진실로 너희에게 이르노니 여기 서 있는 사람 중에 죽기 전에 인자가 그 왕권을 가지고 오는 것을 볼 자들도 있느니라"(마 16:28). 십자가 부활로 왕권을 가지시고 오신 임금이 율법을 지킨 자와 지키지 않은 자를 나누신다. 지킨 자는 오른편에, 지키지 않은 자는 왼편으로 나누는 심판을 하신다.

예수께서 율법대로 하나님을 사랑하고 이웃을 사랑하라고 말씀하셨다. 그러면서 율법을 지켜 이웃을 사랑하는 자는 구원을 얻을 것이라고 하셨다. "예수께서 이르시되 율법에 무엇이라 기록되었으며 네가 어떻게 읽느냐 대답하여 이르되 네 마음을 다하며 목숨을 다하며 힘을 다하며 뜻을 다하여 주 너의 하나님을 사랑하고 또한 네 이웃을 네 자신 같이 사랑하라 하였나이다 예수께서 이르시되 네 대답이 옳도다 이를 행하라 그러면 살리라 하시니"(눅 10:26-28).

35-39절에 이웃을 사랑한 내용이 나온다. 율법 사랑을 기준으로 양과 염소를 나눈다. 율법을 지켜 이웃을 사랑한 자는 오른편에 서는 양으로서 구원을 얻는다. 그러나 율법을 지키지 않아 이웃을 사랑하지 않은 자는 왼편에 서는 염소이다.

2) 율법의 예수사랑을 기준으로 양과 염소를 나눈다.

율법은 성소에서 양의 피로 제사를 드리는 것이다. 양의 피로 제사를 드리는 것은 장차 오실 메시야 예수 그리스도의 피로 죄 씻음을 받아 구원받을 것을 대망하는 의식이다. 그러므로 율법은 예수 그리스도께로 인도하는 초등교사인 것이다. "이같이 율법이 우리를 그리스도께로 인도하는 초등교사가 되어 우리로 하여금 믿음으로 말미암아 의롭다 함을 얻게 하려 함이라"(갈 3:24). 율법은 예수를 소망하게 하고 기다리게 하는 것으로서 예수를 사랑하도록 하는 법이다. 율법을 지키는 자는 장차 오실 예수 그리스도를 소망하며사랑하는 것이다. 그러므로 율법을 지킨 자는 예수를 사랑한 것이 인정되어 구원을 받고, 율법을 지키지 않은 자들은 예수를 배척한 것이 되어 구원을 받지 못한다. 예수 그리스도께서 십자가 후 부활하여 오셔서 율법을 지켜 예수를 사랑했는지를 기준으로 양과 염소를 나누신다.

그러면 구약 사람들이 율법을 지켜 예수를 사랑했는지 배척했는지 그 속 믿음을 어떻게 알 수 있을까? 그것은 그들의 이웃 사랑으로 알 수 있다. 그들이 이웃을 사랑했으면 예수를 사랑한 것이고, 이웃을 사랑하지 않았으면 예수를 배척한 것이다. 율법은 하나님과 예수 그리스도를 사랑하고 이웃을 사랑하도록 하는 초등교사이다(눅 10:26-28, 갈 3:24). 그러므로 율법의 사랑은 예수와 이웃 둘 중 어느 것 하나만을 사랑하는 것이 아니라 동시에 사랑하는 것이다. 예수 사랑과 이웃 사랑이 분리되지 않고 연합되어 있다. 그러므로 예수 사랑과 이웃 사랑은 동일하다.

본절에서 예수께서 사람들을 심판하실 때 이웃 사랑을 기준으로 하신다. 이웃을 사랑한 자를 예수를 사랑한 자로 여겨 구원하고, 이웃을 배척한 자를 예수를 배척한 것으로 여겨 심판하신다. 본절에서 표면적으로 이웃 사랑을 기준으로 양과 염소로 나누는 것처럼 보이나, 실상은 예수 사랑으로 나누는 것이다. 궁극적으로 예수를 사랑함으로 구원을 받는 것이다. 구원은 오직 예수 그리스도를 믿음으로 말미암아 받는 것이기 때문이다. 그러므로 겉으로는 그들이 이웃에게 물 한 모금을 주거나 또는 옷 한 벌을 주어서 구원받는 것처럼 보이나, 실상은 그들이 예수를 믿음으로 말미암아 구원받는 것이다(40). 율법의 예수 사랑을 기준으로 양과 염소를 나눈다.

그러나 여기서 유념해야할 점이 있다. 율법의 예수 사랑이 없는 이웃 사랑은 의미가 없다. 만일 어떤 사람이 율법으로 예수를 사랑하지 않으면서 성품이 좋거나 또는 자기 이익을 위해 이웃에게 물 한 모금이나 옷 한 벌 주었다면 그는 구원을 받지 못한다. 그는 이웃에게 아무리 많은 것을 주어도 예수께 드린 것이 못되며 예수를 사랑한 것이 되지 못한다. 이웃 사랑은 율법으로 예수 그리스도를 사랑하는 기초 위에 하는 것이기 때문이다. 그리스도를 기초로 하지 않는 이웃 사랑은 동물적 사랑에 그치고 마는 것이다. 그래서 예수 그리스도를 '반석'(롬 9:33, 고전 10:4), '모퉁이 돌'(엡 2:20, 벧전 2:6), '터'(고전 3:11,12, 골 1:23)로 지칭하는 것이다. 그러므로 본절에서 구원을 받는 자들은 율법대로 양의 피로 제사를 드리며 예수 그리스도께서 어서 오시기를 학수고대하며 이웃을 사랑한 성도들이다.

"창세로부터 너희를 위하여 예비된 나라를 상속받으라"

가죽옷	십자가	
그리스도의 나라 예비	그리스도의 나라	
창세로부터 예비	창세로부터 예비된 나라	
아담의 죄로 인한 예비	죄 사함	
심판으로 인한 방주 예비	방주	
구약	신약	내세
영원 전 창세	초림	재림

1. '창세로부터 예비된 나라'는 아담이 죄를 지은 때부터 예비된 '예수 그리스도의 나라'이다.

천국은 하나님과 예수님과 성령님과 천사들이 있는 곳이다. 천국은 영원 전부터 있었다. 천국은 천지를 창조하시기 전부터 있었고, 아담을 지으시기 전부터 있었다. 천국은 새롭게 고치거나 다시 짓는 곳이 아니다. 영원 전부터 썩지 않고 변치 않는 것으로 되어 있기 때문이다. 그러나 여기의 "창세로부터 예비된 나라"는 천지를 창조하신 창세부터 짓기 시작한 나라이다. 곧 아담을 창조하신 때부터 짓기 시작한 나라이다. 천국은 영원 전부터 있고, "창세로부터 예비된 나라"는 창세부터 짓는 새로운 나라이다. 그러므로 영원 전부터 있는 천국과 본절의 "창세로부터 예비된 나라"는 시작점이 서로 다르다. 또한 의미도 다르다. 그러면 여기의 "창세로부터 예비된 나라"는 무엇인가.

'창세로부터 예비된 나라'는 '아담이 죄를 지은 때로부터 예비된 예수 그리스도의 나라'이다. "창세로부터"는 "아담이 불순종으로 말미암아 에덴에서 쫓겨날 때부터" 곧 "창세에 아담이 죄를 지은 때로부터"라는 말이다. 그리고 "예비된 나라"는 "예수 그리스도의 나라"이다. 예수 그리스도의 나라는 그가 십자가에서 피를 흘리시고 그 피로 세우시는 나라이다. 피로 세우신 그리스도의 나라를 아담의 자손에게 선물로 주시는 것이다.

만일 아담이 죄를 짓지 않았다면 예수 그리스도께서 십자가에서 피를 흘려 '그리스도의 나라'를 세우실 필요가 없었을 것이다. 그러나 아담은 하나님의 말씀에 불순종하고 선악과를 먹어 죄를 짓고 말았다. 하나님께서 선악과를 먹어 불순종한 아담을 에덴에서 쫓아내셨다. 그리고 에덴을 들어가지 못하도록 막으셨다. 그러나 하나님은 아담을 긍휼히 여기시고 '예수 그리스도의 나라'를 예비하셨다. 예수 그리스도의 나라를 예비하신다는 것은 죄를 지은 아담을 구원하시기 위해 예수 그리스도께서 십자가에서 피를 흘리실 것을 예비하신다는 의미이다. 그것은 전적인 하나님의 사랑이었다.

그래서 아담에게 예수 그리스도의 십자가의 피를 예표하는 가죽옷을 입혀주셨다. "여호와 하나님이 아담과 그의 아내를 위하여 가죽옷을 지어 입히시니라"(창 3:21). 가죽옷을 입히신 것은 동물을 잡아 그 피를 흘리게 하고 그 가죽으로 옷을 지어 입히신 것이다. 그것은 장차 예수 그리스도께서 십자가에 못박혀 피를 흘리시고 그 피로 아담의 자손의 죄를 씻어 거듭나게 하시고 구원하실 것을 계획하신 것이다. 이것은 하나님께서 "창세로부터" 곧 "창세에 아담이 죄를 지은 때로부터" 아담의 자손에게 '예수 그리스도의 나라'를 주시려고 예비하신 것이다.

그리고 하나님께서 아담에게 율법을 주셨다. 하나님께서 아담에게 가죽옷을 입히시기 전 아담이 보는 앞에서 동물을 잡으시고 그 피로 제사를 드리는 율법을 다 가르치시고 가죽으로 옷을 지어 입히셨다. 하나님이 아담에게 동물의 피로 제사를 드리는 모범을 친히 보여주신 것이다. 그때 아담은 자기가 가죽옷을 입기까지의 제사 과정을 눈으로 직접 보고 배우게 되었다. 곧 아담은 하나님으로부터 직접 율법을 배운 것이다. 그 후 아담은 하나님이 가르쳐주신 규례대로 하나님께 동물의 피로 제사를 드렸고 그 율법을 아들에게도 가르쳐 아벨이 그대로 양의 피로 제사를 드렸다. "아벨은 자기도 양의 첫 새끼와 그 기름으로 드렸더니 여호와께서 아벨과 그의 제물은 받으셨으나"(창 4:4).

양의 피는 예수 그리스도의 피를 의미한다. 하나님께서 이렇게 율법을 주셔서 양의 피로 제사를 드리게 하심으로써 아담의 자손을 예수 그리스도의 피로 죄를 씻으실 계획을 세우셨던 것이다. 이것은 아담의 자손에게 '예수 그리스도의 나라'를 예비하신 것이다. "창세로부터 예비된 나라"는 '아담이 죄를 지은 때부터 예비된 예수 그리스도의 나라'이다.

2. '창세로부터 예비된 나라'는 초림 때 상속받는다.

"상속"은 '획득하다, 얻다, 소유하다'를 의미한다. '예수 그리스도의 나라'를 상속한다는 것은 그것을 성도의 것으로 주신다는 것이다. "창세로부터 예비된 나라"는 앞에서 설명한 바와 같이 "아담이 죄를 지은 때로부터 예비된 예수 그리스도의 나라"이다(창 3:12, 4:4). 여기서 강조되는 것은 장차 이 땅으로 오실 '예수 그리스도'이다. 창세의 아담에게 율법을 주셔서 동물의 피로 제사를 드리게 함으로써, 장차 오실 예수 그리스도의 피를 사모하도록 하시고 그의 나라를 받을 준비를 하도록 하셨다. 곧 예수 그리스도의 나라는 아담의 자손에게 주시기 위하여 예비하신 것이다. 예수 그리스도께서 아담에게 가죽옷을 입히실 때부터 그리스도께서 오실 때까지 동물의 피로 제사를 드리며 그를 기다리도록 하셨다. 그것은 그리스도의 십자가의 피를 기다리도록 하신 것이며, 그의 나라를 주시려는 것이었다.

아담에게 가죽옷을 입히시고 양의 피로 제사를 드리도록 하신 것은 장차 예수 그리스도께서 오시면 그의 피로 구원하시고 그의 나라를 주실 것을 예정하신 것이다. 그러므로 메시야 예수 그리스도께서 이 땅에 오셨을 때 그의 피로 죄를 사하시고 그의 나라를 주신다. 그러므로 여기서 예수께서 "창세로부터 너희를 위하여 예비된 나라를 상속받으라"는 것은 "내가 아담이 죄를 지은 때로부터 너희를 위하여 예비한 나의 나라를 상속받으라"는 것이다. 이 일은 당연히 예수 그리스도께서 오셨을 때 이루시는 것이다. 그래서 예수 그리스도께서 십자가에 피를 흘리시고 죽으신 후 부활하여 그의 피로 죄를 씻으시고 그의 나라를 주신다. 이 일을 초림 때 이루신다.

그래서 베드로는 성도가 이미 예수 그리스도의 나라를 받았다고 기록하였다. "그러나 너희는 택하신 족속이요 왕 같은 제사장들이요 거룩한 나라요 그의 소유가 된 백성이니 이는 너희를 어두운 데서 불러 내어 그의 기이한 빛에 들어가게 하신 이의 아름다운 덕을 선포하게 하려 하심이라"(벧전 2:9).

바울도 성도가 이미 예수 그리스도의 나라에 들어갔다고 기록했다. "그가 우리를 흑암의 권세에서 건져내사 그의 사랑의 '아들의 나라로 옮기셨으니' 그 아들 안에서 우리가 속량 곧 죄 사함을 얻었도다"(골 1:13,14).

야고보는 '창세로부터 예비된 나라'를 "약속하신 나라"라고 말하면서 성도가 이미 그 '예수 그리스도의 나라'를 상속받았다고 기록하였다. "내 사랑하는 형제들아 들을지어다 하나님이 세상에서 가난한 자를 택하사 믿음에 부요하게 하시고 또 자기를 사랑하는 자들에게 '약속하신 나라'를 상속으로 받게 하지 아니하셨느냐"(약 2:5). 이것은 성도가 '예수 그리스도의 나라'를 초림 때 상속받았음을 증거한다.

예수께서 초림 때에 그의 나라를 제자들에게 상속하신다고 친히 말씀하셨다. "내 아버지께서 나라를 내게 맡기신 것 같이 나도 너희에게 맡겨 너희로 '내 나라'에 있어 내 상에서 먹고 마시며 또는 보좌에 앉아 이스라엘 열두 지파를 다스리게 하려 하노라"(눅 22:29,30). 그리고 성경은 성도가 상속받은 '예수 그리스도의 나라'는 흔들리지 않는 나라라고 기록한다. "그러므로 우리가 '흔들리지 않는 나라'(그리스도의 나라)를 받았은즉 은혜를 받자 이로 말미암아 경건함과 두려움으로 하나님을 기쁘시게 섬길지니"(히 12:28). '예수 그리스도의 나라'는 초림 때 상속받는 것이다.

3. '창세로부터 예비된 나라'는 그리스도께서 재림 때 하나님께 바친다.

예수께서 초림하셔서 십자가에 못 박혀 죽으시고 "창세로부터 예비된 나라"인 그리스도의 나라를 세우신다. 예수를 믿어 구원받은 성도들은 모두 그의 나라 안에 들어온다. 성도들은 그리스도의 나라 안에서 그리스도인이 되어 천국을 누리며 신약시대를 살아간다. 그리고 마지막 종말 재림 때에 그리스도께서 그의 나라를 하나님께 바치신다. 그래서 바울은 재림 때에 그리스도께서 하나님께 그의 나라를 바친다고 기록하였다. "아담 안에서 모든 사람이 죽은 것 같이 그리스도 안에서 모든 사람이 삶을 얻으리라 그러나 각각 자기 차례대로 되리니 먼저는 첫 열매인 그리스도요 다음에는 그가 강림하실 때에 그리스도에게 속한 자요 그 후에는 마지막이니 그가 모든 통치와 모든 권세와 능력을 멸하시고 나라를 아버지 하나님께 바칠 때라"(고전 15:22-24). 재림 때에 그의 나라를 하나님께 바친다는 것은 "창세로부터 예비된 나라"를 바친다는 것이다.

4. '창세로부터 예비된 나라'는 신약의 방주이다.

"창세로부터 예비된 나라"는 그리스도의 십자가의 피로 세운 나라이다. 그 "창세로부터 예비된 나라"는 십자가 때부터 재림까지 이 땅에 임한 그리스도의 나라이다. 창세에 아담의 죄로 말미암아 에덴에서 쫓겨난 아담의 자손들은 저주와 사망과 마귀들이 가득한 세상에서 고통을 받고 있다. 지옥의 세상에서 택한 백성들은 예수 그리스도를 믿어 구원을 받고 그리스도의 나라 곧 "창세로부터 예비된 나라"로 들어오게 된다. 그의 나라에 들어온 성도들은 세상의 저주와 사망과 마귀로부터 보호를 받게 된다. 그들은 세상 종말까지 안전하게 천국에 도착하게 된다. 그들은 세상의 사망 홍수 속에서 신약의 방주를 타고 천국까지 가는 성도들이다.

만약 성도들에게 이 방주가 없다면 모두 세상의 홍수에 휩쓸려 사망에 처해지고 말 것이다. 예수 그리스도께서 창세에 아담이 죄를 지어 저주와 사망 속으로 쫓겨날 때부터 거기에서 건지실 이 방주를 준비하셨던 것이다. 장차 그리스도의 십자가의 피로 구원할 것을 약속하는 표로 아담에게 가죽옷을 입히시고 그때부터 신약의 방주를 준비하셨던 것이다. 곧 창세로부터 방주를 예비하신 것이다. 이 방주의 선장은 예수 그리스도시다. 이 방주는 그리스도의 피로 지으셨기 때문이다. 이 세상의 홍수 속에서 항해하는 방주는 항해가 끝나는 종말에 그리스도께서 하나님께 바친다(고전 15:22-24). 하나님은 그리스도로부터 방주를 받으시고 그 안에 타고 온 백성들을 영원전부터 있었던 천국에서 영원히 살도록 하신다.

예수 그리스도께서 이 땅에 오신 목적은 택한 백성들을 세상의 홍수의 저주 속에서 건져내어 방주에 태우시기 위함이다. 이 방주는 아담이 죄를 지은 "창세로부터 예비된 나라"이다. 이 방주를 상속받은 성도는 영원한 천국을 얻게 된다. 결론적으로 "창세로부터 예비된 나라"는 그리스도께서 초림하신 십자가 때에 성도들이 상속받는 신약의 방주 곧 그리스도의 나라이다.

5. '창세로부터 예비된 나라'는 교회이다.

예수 그리스도의 나라 곧 방주는 교회를 의미한다. 교회 안에 들어오면 죄와 마귀와 사망으로부터 보호받을 수 있다. 교회는 음부의 권세가 이기지 못하기 때문이다. "또 내가 네게 이르노니 너는 베드로라 내가 이 반석 위에 내 교회를 세우리니 음부의 권세가 이기지 못하리라 내가 천국 열쇠를 네게 주리니 네가 땅에서 무엇이든지 매면 하늘에서도 매일 것이요 네가 땅에서 무엇이든지 풀면 하늘에서도 풀리리라 하시고"(마 16:18,19).

교회는 천국 열쇠가 있는 곳으로서 교회 안에 들어오면 천국 문이 열리는 것이다. 그러므로 교회를 상속받는 것은 천국을 상속받는 것과 같다. 이 교회는 예수 그리스도의 피로 세우시는 것이다. 그러므로 교회는 예수 그리스도가 주인이시요 머리가 되신다(엡 1:22, 골 1:18). 이 교회는 창세에 죄로 말미암아 사망에 처한 아담에게 그리스도의 피를 예표하는 가죽옷을 입히실 때(창 3:21)부터 예비하신 나라이다. 곧 교회는 "창세로부터 예비하신 나라"이다(행 20:28).

41절의 "마귀와 그 사자들을 위하여 예비된 영원한 불"은 지옥이다. 지옥은 원래 사람이 가는 곳이 아니고 마귀들이 가는 곳이다. 불신자가 마귀들이 들어가는 지옥에 들어간다. 이들은 그리스도께로 인도하는 초등교사인 율법을 지키지 않은 자들로서, 예수 그리스도를 영접할 수 있도록 하는 율법이 그들에게는 효력을 발생하지 않은 것이다. "영벌"은 한 번 지옥으로 판결이 나면 번복되지 않음을 나타낸다. 반면에 "영생"은 구원이 영원히 취소되지 않음을 나타낸다.

마태복음 24-25 의미 해설

24장 예수께서 십자가의 피로 심판과 구원을 이룰 것을 예고하시다

예수께서 십자가로 성전의 휘장을 찢으실 것을 예고하시다

(마 24:1) 예수께서 성전에서 나와서 가실 때에 제자들이 성전 건물들을 가리켜 보이려고 나아오니

(마 24:2) 대답하여 이르시되 너희가 이 모든 것을 보지 못하느냐 내가 진실로 너희에게 이르노니 (나의 십자가로 말미암아 이 성전의 휘장이 찢어지고 동물의 피로 드리는 제사제도가 마치) 돌 하나도 돌 위에 남지 않고 다 무너뜨려지(는 것처럼 남김없이 폐지되어 구약이 끝나)리라

예수께서 십자가 때 미혹되지 말라고 당부하시다

(마 24:3) 예수께서 감람 산 위에 앉으셨을 때에 제자들이 조용히 와서 이르되 우리에게 이르소서 어느 때에 이런 일이 있겠사오며 또 주의 (이스라엘 왕으로) 임하심과 (구약의) 세상 끝에는 무슨 징조가 있사오리이까

(마 24:4) 예수께서 대답하여 이르시되 (내가 십자가에 죽을 때에 이런 일이 일어나리라 그때에) 너희가 사람의 미혹을 받지 않도록 주의하라

(마 24:5) (내가 십자가에 죽음으로 말미암아 그리스도가 없어진 듯 보이게 될 것이라 그 때) 많은 사람이 내 (대신 그리스도의) 이름으로 와서 (속여) 이르되 나는 그리스도라 하여 많은 사람을 미혹하리라

(마 24:6) (그때 나의 십자가 전쟁으로 말미암아 영적으로) 난리와 난리 소문을 듣겠으나 너희는 삼가 두려워하지 말라 이런 (십자가 전쟁의) 일이 있어야 하되 (그것은 십자가로 심판과 구원을 시작하는 것으로서) 아직 (재림)끝은 아니니라

예수께서 십자가 전쟁을 예고하시다

(마 24:7) (십자가 때에 마귀의) 민족이 (그리스도의) 민족을, (마귀의) 나라가 (그리스도의) 나라를 대적하여 일어나겠고 (온 세상) 곳곳에 (마치) 기근과 지

진이 (일어난 것처럼 영적으로 천지가 흔들리는 십자가 전쟁이) 있으리니

(마 24:8) 이 모든 것은 (그리스도의 십자가 사역으로 인한) 재난의 시작이니라

(마 24:9) (내가 십자가에 죽는) 그 때에 사람들이 너희를 환난에 넘겨 주겠으며 너희를 죽이리니 너희가 내 이름 때문에 모든 민족에게 미움을 받으리라

(마 24:10) (그 십자가 때에) 많은 (유대) 사람이 (내가 무능한 사람처럼 죽는 것을 보고) 실족하게 되어 (같은 유대인 동족끼리) 서로 잡아 주고 서로 미워하겠으며

(마 24:11) (나를 미워하는 유대 지도자와) 거짓 선지자가 많이 일어나 많은 사람을 미혹하겠으며

(마 24:12) (나를 사랑하도록 인도하는 초등교사 율법을 버리고) 불법이 성하므로 많은 사람의 (나에 대한) 사랑이 식어지리라

(마 24:13) 그러나 (나의 십자가 죽음을 보고도 미혹당하지 아니하고) 끝까지 견디(어 나를 영접하는)는 자는 구원을 얻으리라

(마 24:14) 이 (십자가로 시작되는) 천국 복음이 모든 민족에게 증언되기 위하여 (신약기간 동안) 온 세상에 전파되리니 그제야 (재림)끝이 오리라

예수께서 십자가에 죽으실 것을 예고하시다

(마 24:15) 그러므로 너희가 (나의 십자가를 예언한 선지자) 다니엘이 말한 바, 멸망의 가증한 것(죄와 마귀)이 (나를 못 박기 위해 나의) 거룩한 곳(십자가)에 선 것을 보거든 (읽는 자는 십자가의 천국 복음을 깨달을진저)

예수께서 십자가 때에 자기가 승천할 감람산으로 모이라고 명하시다

(마 24:16) 그 때에 유대에 있는 자들은 (내가 부활 후 사십 일 간 머물고 승천할 이 감람)산으로 도망할지어다

(마 24:17) 지붕 위에 있는 자는 집 안에 있는 물건을 가지러 내려가지 말며

(마 24:18) 밭에 있는 자는 겉옷을 가지러 뒤로 돌이키지 말지어다

(마 24:19) 그 십자가 날에는 (마치) 아이 밴 자들과 젖 먹이는 자들(과 같이 세상을 사랑하고 거기에 매여 내가 있는 감람산으로 오지 못하는 자들)에게

(구원받지 못하는) 화가 있으리로다

(마 24:20) 너희가 (내가 있는 감람산으로) 도망하는 일이 겨울에나 안식일에 되지 않도록 기도하라 (곧 너희를 나에게로 피하지 못하게 하는 환경이 오지 않도록 기도하라)

십자가 환난은 단 한 번 있다

(마 24:21) 이는 그 때에 (내가 십자가에 못 박혀 죽는) 큰 환난이 있겠음이라 창세로부터 지금까지 (하나님의 아들이 십자가에 죽는) 이런 환난이 없었고 후에도 없으리라 (십자가 환난은 창세로부터 지금까지 단 한번 있는 일로서 단번에 제사 드리는 것이라)

십자가 심판의 날을 감하심으로 성도를 구원하시다

(마 24:22) 그 (십자가 피의 심판의) 날들을 감하지 아니하면 모든 육체가 구원을 얻지 못할 것이나 그러나 택하신 자들을 위하여 그 날들을 감하시리라

그리스도가 죽을 때 많은 거짓 그리스도가 출현할 것을 예고하시다

(마 24:23) (나 그리스도가 죽은) 그 때에 사람이 너희에게 (거짓으로) 말하되 보라 그리스도가 여기 있다 혹은 저기 있다 하여도 믿지 말라

(마 24:24) 거짓 그리스도들과 거짓 선지자들이 일어나 (속이는 마술로) 큰 표적과 기사를 보여 할 수만 있으면 (유대인 중) 택하신 자들도 미혹하리라

(마 24:25) 보라 (내가 십자가에 죽기 전에) 너희에게 미리 말하였노라

예수께서 죽으신 후 영으로 온 세상에 임하실 것을 예고하시다

(마 24:26) 그러면 (나 그리스도가 죽는 날에) 사람들이 너희에게 말하되 보라 그리스도가 광야에 있다 하여도 나가지 말고 보라 골방에 있다 하여도 믿지 말라 (내가 죽은 후에는 그렇게 광야나 골방이 아니라 영으로 온 세상에 편재하리라)

(마 24:27) (그 십자가 날에는) 번개가 동편에서 나서 서편까지 번쩍임 같이 인자의 임함도 그러하리라 (내 육체가 십자가에 죽는 순간 영으로 온 세상에 순식간에 임하리라)

예수께서 십자가로 마귀를 심판할 것을 예고하시다

(마 24:28) (내가 죽은 그 때에 나의 육체의) 주검이 (못 박혀) 있는 곳 (십자가)에는 (마귀)독수리들이 (사방에서) 모일 것이니라 (모여든 마귀독수리들은 나의 죽은 시체를 붙잡고 자기들이 승리한 줄 알리라)

(마 24:29) 그 날 (십자가) 환난 후에 즉시 (마치) 해가 어두워지며 달이 빛을 내지 아니하(는 것처럼 마귀들이 빛을 잃으)며, (마치) 별들이 하늘에서 떨어지(는 것처럼 마귀들이 하늘에서 땅으로 쫓겨나)며, (마치) 하늘의 권능들이 흔들리(는 것처럼 마귀들이 권능들을 빼앗기)리라

예수께서 십자가 때 인자의 징조가 하늘과 옥에서 나타날 것을 예고하시다

(마 24:30) 그 (십자가) 때에 인자의 (십자가 피의) 징조가 하늘에 보이(리니 하늘에 있는 구약성도들의 영들이 보고 찬양하)겠고, 그 (십자가) 때에 (땅의 옥에 있는 구약불신자들의) 족속들이 (인자의 십자가 피의 징조를 보고) 통곡하며, 그 (하늘에 있는 영들과 옥에 있는 영)들이 인자가 (육체가 죽자마자 영으로) 구름을 타고 능력과 큰 영광으로 (자기들에게) 오는 것을 보리라 (이런 십자가의 구원과 심판의 일은 내가 육체가 죽자마자 나의 영으로 구약의 영들에게 하는 일로서 육체가 살아 있는 너희의 눈에는 보이지 않으리라)

예수께서 십자가 때 성도들을 모아 구원할 것을 예고하시다

(마 24:31) (내가 십자가에 죽자마자 영으로) 큰 나팔소리와 함께 천사들을 보내리니 그들이 택하신 자들(의 영들)을 하늘 이 끝에서 저 끝까지 사방에서 모으(고 십자가의 피로 씻어 흰 옷을 입히)리라

(마 24:32) 무화과(나무와 모든) 나무의 비유를 배우라 그 가지가 연하여지고 잎사귀를 내면 여름이 가까운 줄을 아나니

(마 24:33) 이와 같이 너희도 이 모든 (십자가의) 일을 보거든 (구약성경에 예언한 구원자 곧 자기 피로 심판과 구원을 이룰) 인자가 가까이 곧 문 앞에 이른 줄 알라

예수께서 제자들이 살아 있을 때 십자가 사역을 하실 것을 예고하시다

(마 24:34) 내가 진실로 너희에게 말하노니 이 세대가 지나가기 (전 곧 너희가 죽기) 전에 이 (십자가의 심판과 구원의) 일이 다 일어나리라

(마 24:35) 천지는 없어질지언정 내 (십자가 복음의) 말은 없어지지 아니하리라 예수께서 자기는 종이므로 자기의 죽는 날도 아버지가 정하신다고 말씀하시다

(마 24:36) 그러나 (나는 아버지와 동등 됨을 취하지 않고 종의 형체로 이 땅에 왔으므로 모든 것을 결정하는 분은 오직 아버지시라 그가 나의 죽는 날까지도 정하시고 나는 오직 순종할 뿐이라 그러므로) 그 (내가 죽는) 날과 그 (십자가) 때는 아무도 모르나니 하늘의 천사들도, 아들도 모르고 오직 아버지만 아시느니라 (그러나 재림 때는 내가 종이 아니라 주인으로 오므로 그 날과 때를 밝히 아느니라)

십자가 심판 날을 사람은 알지 못한다

(마 24:37) (노아의 물 심판은 십자가의 피 심판을 예표한 것이니라 아무도 모르게 물 심판이 임했던) 노아의 때와 같이 (십자가 때에) 인자의 (피 심판의) 임함도 그러하리라

(마 24:38) 홍수 전에 노아가 방주에 들어가던 날까지 사람들이 먹고 마시고 장가들고 시집가고 있으면서

(마 24:39) 홍수가 나서 그들을 다 멸하기까지 (물 심판을 전혀) 깨닫지 못하였으니 (십자가 때에) 인자의 (피 심판의) 임함도 이와 같으리라

(마 24:40) 그 (십자가의 심판과 구원이 임할) 때에 두 사람이 밭에 있으매 한 사람은 (그리스도의 나라로) 데려가고 한 사람은 (옥으로) 버려둠을 당할 것이요

(마 24:41) 두 여자가 맷돌질을 하고 있으매 한 사람은 (그리스도의 나라로) 데려가고 한 사람은 (옥으로) 버려둠을 당할 것이니라

(마 24:42) 그러므로 깨어 있으라 어느 날에 너희 주가 (심판과 구원을 이루는 십자가의 피를 가지고) 임할는지 너희가 알지 못함이니라

(마 24:43) 너희도 아는 바니 만일 집 주인이 도둑이 어느 시각에 올 줄을 알았더라면 깨어 있어 그 집을 뚫지 못하게 하였으리라

(마 24:44) 이러므로 너희도 (인자의 십자가 피를 받을) 준비하고 있으라 생각하지 않은 때에 인자가 (피를 가지고) 오리라

구약시대에 그리스도를 전한 종들은 십자가 때 구원 받는다

(마 24:45) (내가 죽어 십자가의 피로 심판과 구원을 선포하기 전에) 충성되고 지혜 있는 종이 되어 주인에게 그 집 (이스라엘) 사람들을 맡아 때를 따라 (나를 구원자로 예언한 구약성경의) 양식을 나눠 줄 자가 누구냐

(마 24:46) (창세에 아담의 죄로 말미암아 떠났던 그리스도) 주인이 올 (십자가) 때에 그 종의 이렇게 (나를 구원자로 전)하는 것을 보면 그 종이 (구원의) 복이 있으리로다

(마 24:47) 내가 진실로 너희에게 이르노니 주인이 그의 모든 소유를 그에게 맡기리라

구약시대에 그리스도를 사모하지 않은 자들은 십자가 때 구원받지 못한다.

(마 24:48) 만일 그 (어떤 유대의) 악한 종이 마음에 생각하기를 (창세에 아담의 죄로 말미암아 떠났던 그리스도) 주인이 (지금 올 리가 없으며 오랜 후) 더디 오리라 하여

(마 24:49) (그리스도 주인을 맞이하려는) 동료 (유대인)들을 때리며 술친구들과 더불어 먹고 마시게 되면

(마 24:50) 생각하지 않은 날 알지 못하는 (십자가의) 시각에 그 종의 주인이 (심판의 피를 가지고) 이르러

(마 24:51) 엄히 때리고 (유대인 중 겉으로는 그리스도를 예표하는 어린 양의 피로 제사드리면서 마음으로는 그리스도를 소망하지 않는) 외식하는 자가 받는 벌에 처하리니 거기(지옥)서 슬피 울며 이를 갈리라

25장 예수께서 부활하여 오실 것을 예고하시다

열 처녀 비유

유대인들이 십자가의 피를 가지고 오는 예수신랑을 기다리다

(마 25:1) 그 (십자가) 때에 천국은 마치 (그리스도를 상징하는) 등을 들고 (십자가의 피를 가지고 오는 예수)신랑을 맞으러 나간 (이스라엘의) 열 처녀

와 같다 하리니 (열 처녀는 혼인한 적이 없는 여자로서 아직 예수신랑을 영접하여 그와 혼인한 적이 없는 구약의 유대인들을 상징하느니라)

구약에 믿음으로 예수신랑을 기다린 자는 십자가 때 구원받는다.

(마 25:2) 그 중의 다섯 (유대인들)은 미련하고 다섯 (유대인들)은 슬기 있는 자라

(마 25:3) 미련한 자들은 (그리스도를 상징하는) 등을 가지되 (믿음과 율법을 상징하는) 기름을 가지지 아니하고

(마 25:4) 슬기 있는 자들은 그릇에 (믿음과 율법의) 기름을 담아 (그리스도의) 등과 함께 가져갔더니

(마 25:5) (유대인들이 보기에 그리스도) 신랑이 더디 오(는 것처럼 보이)므로 다 졸며 잘새

(마 25:6) 밤중에 소리가 나되 보라 신랑이로다 (신랑이 십자가의 피를 가지고 오셨으니) 맞으러 나오라 하매

(마 25:7) 이에 그 (열) 처녀 (유대인)들이 다 일어나 등을 준비할새

(마 25:8) (열 처녀 유대인들 중에) 미련한 자들이 슬기 있는 자들에게 이르되 우리 (그리스도의) 등불이 꺼져가니 너희 (믿음과 율법의) 기름을 좀 나눠 달라 하거늘

(마 25:9) 슬기 있는 자들이 대답하여 이르되 (믿음과 율법의 기름은 자신이 준비해야 하는 것으로서 나눠 쓸 수 없는 것이라) 우리와 너희가 쓰기에 다 부족할 까 하노니 차라리 파는 자들에게 가서 너희 쓸 것을 사라 하니

(마 25:10) 그들이 사러 간 사이에 신랑이 (심판과 구원을 이루는 십자가의 피를 가지고) 오므로 (믿음과 율법의 기름을) 준비하였던 자들은 (그 피로 씻김 받고 흰 옷을 입고) 함께 혼인 잔치에 들어가고 문은 닫힌지라

구약에 믿음으로 예수신랑을 기다리지 않은 자는 십자가 때 심판받는다.

(마 25:11) 그 후에 남은 처녀 (유대인)들이 와서 이르되 주여 주여 우리에게 열어 주소서

(마 25:12) 대답하여 이르되 진실로 너희에게 이르노니 내가 너희를 알지 못하노라 하였느니라

(마 25:13) 그런즉 깨어 있으라 너희는 그 (십자가 심판의) 날과 그 때를 알지 못하느니라

달란트 비유

구약에 율법의 직무를 수행한 자는 십자가 때 구원받는다.

(마 25:14) 또 어떤 사람이 타국에 갈 때 그 종들을 불러 자기 소유를 맡김과 같으니, (곧 창세에 아담의 죄로 말미암아 주인인 그리스도가 떠날 때 구약의 종들을 불러 율법의 직무를 맡기셨느니라 율법은 그리스도에게로 인도하는 초등교사로서 구약의 종들에게 그리스도에게로 올 수 있는 길을 준 것이라)

(마 25:15) (구약에 율법의 직무를 맡길 때) 각각 그 재능대로 (맡겼느니라) 한 사람에게는 금 다섯 달란트 (종류의 율법직무)를, 한 사람에게는 두 달란트 (종류의 율법직무)를, 한 사람에게는 한 달란트 (종류의 율법직무)를 주고 떠났더니 (금 다섯과 둘과 하나는 많고 적음을 나타내는 것이 아니라 각각의 율법직무가 고유하며 존귀하므로 서로 다른 종류의 금으로 비유한 것뿐이라)

(마 25:16) 다섯 달란트 (종류의 율법직무)를 받은 자는 바로 가서 그것으로 장사하여 또 다섯 달란트를 남기고

(마 25:17) 두 달란트 (종류의 직무)를 받은 자도 그같이 하여 또 두 달란트를 남겼으되

(마 25:18) 한 달란트 (종류의 직무)를 받은 자는 가서 땅을 파고 그 주인의 돈을 감추어 두었더니

(마 25:19) 오랜 후에 그 구약의 종들의 (그리스도) 주인이 (십자가의 피를 가지고) 돌아와 그들과 결산할새

(마 25:20) 다섯 달란트 (종류의 율법직무)를 받았던 자는 다섯 달란트를 더 가지고 와서 이르되 주인이여 내게 다섯 달란트를 주셨는데 보소서 내가 또 다섯 달란트를 남겼나이다

(마 25:21) 그 주인이 이르되 (그리스도에게로 인도하는 율법의 직무를) 잘 (수행)하였도다 착하고 충성된 종아 네가 적은 일에 충성하였으매 내가 많은 것을 네게 맡기리니 네 주인의 즐거움에 참여할 지어다 하고

(마 25:22) 두 달란트 (종류의 율법직무)를 받았던 자도 와서 이르되 주인 이여 내게 두 달란트를 주셨는데 보소서 내가 또 두 달란트를 남겼나이다

(마 25:23) 그 주인이 이르되 (그리스도에게로 인도하는 율법의 직무를) 잘 (수행)하였도다 착하고 충성된 종아 네가 적은 일에 충성하였으매 내가 많은 것을 네게 맡기리니 네 주인의 즐거움에 참여할 지어다 하고

구약에 율법의 직무를 버린 자는 십자가 때 구원받지 못한다.

(마 25:24) 한 달란트 (종류의 율법직무)를 받았던 자는 와서 이르되 주인이 여 당신은 굳은 사람이라 심지 않은 데서 거두고 헤치지 않은 데서 모으는 줄 을 내가 알았으므로

(마 25:25) 두려워하여 나가서 당신의 달란트를 땅에 감추어 두었었나이다 (곧 그리스도께로 인도하는 율법의 직무를 버렸나이다) 보소서 (율법의 직무 는 나의 것이 아니며) 당신의 것을 (당신이 도로) 가지셨나이다

(마 25:26) 그 주인이 대답하여 이르되 악하고 게으른 종아 나는 심지 않은 데서 거두고 헤치지 않은 데서 모으는 줄로 네가 알았느냐

(마 25:27) 그러면 네가 마땅히 내 돈을 취리하는 자들에게나 맡겼다가 내가 돌아와서 내 원금과 이자를 받게 하였을 것이니라 하고

(마 25:28) 그에게서 그 한 달란트의 (율법직무를 빼앗아) 열 달란트 가진 자 에게 주라

(마 25:29) 무릇 있는 자는 받아 풍족하게 되고 없는 자는 그 있는 것까지 빼앗기리라

(마 25:30) 이 무익한 종을 바깥 어두운 지옥으로 내 쫓으라 거기서 슬피 울 며 이를 갈리라 하니라

양과 염소 비유

예수께서 십자가 때 양과 염소로 나눌 것을 예고하시다.

(마 25:31) 인자가 (십자가에 죽은 후) 자기 (부활의) 영광으로 모든 천사와 함께 올 때에 (하나님의 우편에 있는) 자기 영광의 보좌에 앉으리니 (인자가 하나님의 우편 보좌에 앉을 때는 부활 때니라)

(마 25:32) (그가 죽음에서 부활하여 영광의 보좌에 앉을 때에) 모든 민족을 그 앞에 모으고 각각 구분하기를 목자가 양과 염소를 구분하는 것 같이 하여

(마 25:33) 양은 그 오른편에 염소는 왼편에 두리라

(마 25:34) 그 때에 임금이 그 오른편에 있는 자들에게 이르시되 내 아버지께 복 받을 자들이여 나아와 창세(에 아담이 죄를 지은 때로)부터 (그 죄를 사하기 위해 그리스도가 십자가에서 피를 흘림으로) 예비 된 (그리스도의) 나라를 상속 받으라

구약의 형제 사랑을 예수 사랑으로 여기시고 십자가 때 구원하신다.

(마 25:35) (구약시대에) 내가 주릴 때에 너희가 먹을 것을 주었고 목마를 때에 마시게 하였고 나그네 되었을 때에 영접하였고

(마 25:36) 헐벗었을 때에 옷을 입혔고 병들었을 때에 돌보았고 옥에 갇혔을 때에 와서 보았느니라

(마 25:37) 이에 의인들이 대답하여 이르되 주여 우리가 어느 때에 주께서 주리신 것을 보고 음식을 대접하였으며 목마르신 것을 보고 마시게 하였나이까

(마 25:38) 어느 때에 나그네 되신 것을 보고 영접하였으며 헐벗으신 것을 보고 옷 입혔나이까.

(마 25:39) 어느 때에 병드신 것이나 옥에 갇히신 것을 보고 가서 뵈었나이까 하리니

(마 25:40) 임금이 대답하여 이르시되 내가 진실로 너희에게 이르노니 너희가 (구약시대에) 여기 내 형제 중에 지극히 작은 자 하나에게 (사랑한 것은 장차 올 나를 사랑한 것이라 나는 내 형제를 내 몸으로 여기기 때문이라 그러므로 너희가 작은 자에게) 한 것이 곧 내게 한 것이니라 하시고

구약의 이웃 멸시를 예수 멸시로 여기시고 십자가 때 심판하신다.

(마 25:41) 또 왼편에 있는 자들에게 이르시되 저주를 받은 자들아 나를 떠나 마귀와 그 사자들을 위하여 예비된 영원한 불에 들어가라

(마 25:42) (구약시대에) 내가 주릴 때에 너희가 먹을 것을 주지 아니하였고 목마를 때에 마시게 하지 아니하였고

(마 25:43) 나그네 되었을 때에 영접하지 아니하였고 헐벗었을 때에 옷 입히지 아니하였고 병들었을 때와 옥에 갇혔을 때에 돌보지 아니하였느니라 하시니

(마 25:44) 그들도 대답하여 이르되 주여 우리가 어느 때에 주께서 주리신 것이나 목마르신 것이나 나그네 되신 것이나 헐벗으신 것이나 병드신 것이나 옥에 갇히신 것을 보고 공양하지 아니하더이까

(마 25:45) 이에 임금이 대답하여 이르시되 내가 진실로 너희에게 이르노니 이 지극히 작은 자 하나에게 하지 아니한 것이 곧 내게 하지 아니한 것이니라 하시리니

(마 25:46) 그들은 영벌에, 의인들은 영생에 들어가리라 하시니라

24장 예수께서 십자가의 피로 구원과 심판을 이룰 것을 예고하시다

예수께서 십자가로 성전의 휘장을 찢으실 것을 예고하시다

(마 24:1) 예수께서 성전에서 나와서 가실 때에 제자들이 성전 건물들을 가리켜 보이려고 나아오니

(마 24:2) 대답하여 이르시되 너희가 이 모든 것을 보지 못하느냐 내가 진실로 너희에게 이르노니 나의 십자가로 말미암아 이 성전의 휘장이 찢어지고 동물의 피로 드리는 제사제도가 마치 돌 하나도 돌 위에 남지 않고 다 무너뜨려지는 것처럼 남김없이 폐지되어 구약이 끝나리라

예수께서 십자가 때 미혹되지 말라고 당부하시다

(마 24:3) 예수께서 감람 산 위에 앉으셨을 때에 제자들이 조용히 와서 이르

되 우리에게 이르소서 어느 때에 이런 일이 있겠사오며 또 주께서 이스라엘의 왕으로 임하심과 구약세상 끝에는 무슨 징조가 있사오리이까

(마 24:4) 예수께서 대답하여 이르시되 내가 십자가에 죽을 때에 이런 일이 일어나리라 그때에 너희가 사람의 미혹을 받지 않도록 주의하라

(마 24:5) 내가 십자가에 죽음으로 말미암아 그리스도가 죽은 듯 보이게 될 것이라 그때 많은 사람이 내 그리스도의 이름을 도용하고 자기가 그리스도라고 속여 많은 사람을 미혹하리라

(마 24:6) 그 때 십자가 전쟁으로 말미암아 영적으로 난리와 난리 소문을 들겠으나 너희는 삼가 두려워하지 말라 이런 십자가 전쟁이 반드시 있어야 하며 그것은 초림으로 심판과 구원을 시작하는 것으로서 아직 재림 끝은 아니니라

예수께서 십자가 전쟁을 예고하시다

(마 24:7) 십자가 때에 마귀의 민족이 그리스도의 민족을, 마귀의 나라가 그리스도의 나라를 대적하여 일어나겠고 온 세상에 마치 기근과 지진이 일어난 것처럼 영적으로 천지가 흔들리는 십자가 전쟁이 있으리니

(마 24:8) 이 모든 것은 그리스도의 십자가 사역으로 인한 재난의 시작이니라

(마 24:9) 내가 십자가에 죽는 그 때에 사람들이 너희를 환난에 넘겨 주겠으며 너희를 죽이리니 너희가 내 이름 때문에 모든 민족에게 미움을 받으리라

(마 24:10) 그 십자가 때에 많은 유대인들이 내가 무능한 사람처럼 죽는 것을 보고 실족하게 되어 같은 유대인 동족끼리 서로 잡아 주고 서로 미워하겠으며

(마 24:11) 나를 미워하는 유대 지도자와 거짓 선지자가 많이 일어나 많은 사람을 미혹하겠으며

(마 24:12) 나를 사랑하도록 인도하는 초등교사 율법을 버리고 불법이 성하므로 많은 사람의 나에 대한 사랑이 식어지리라

(마 24:13) 그러나 나의 십자가 죽음을 보고도 미혹당하지 아니하고 끝까지 견뎌 나를 영접하는 자는 구원을 얻으리라

(마 24:14) 이 십자가로 시작되는 천국 복음이 모든 민족에게 증언되기 위하

여 신약기간 동안 온 세상에 전파되리니 그제야 재림 끝이 오리라

예수께서 십자가에 죽으실 것을 예고하시다

(마 24:15) 그러므로 너희가 나의 십자가를 예언한 선지자 다니엘이 말한 바 멸망의 가증한 죄와 마귀가 나를 못 박기 위해 나의 거룩한 십자가 위에 선 것을 보거든 (읽는 자는 십자가의 천국 복음을 깨달을진저)

예수께서 십자가 때에 자기가 승천할 감람산으로 모이라고 명하시다

(마 24:16) 그 때에 유대에 있는 자들은 내가 부활 후 사십 일간 머물고 승천할 이 감람산으로 피할지어다

(마 24:17) 지붕 위에 있는 자는 집 안에 있는 물건을 가지러 내려 가지 말며

(마 24:18) 밭에 있는 자는 겉옷을 가지러 뒤로 돌이키지 말지어다

(마 24:19) 그 십자가 날에는 비유적으로 아이 밴 자들과 젖 먹이는 자들에게 화가 있으리로다 곧 세상을 사랑하고 거기에 매여 움직일 수 없는 자들은 내가 있는 감람산으로 도망할 수 없어 화가 있으리로다

(마 24:20) 너희가 내가 있는 감람산으로 도망하는 일이 겨울에나 안식일에 되지 않도록 기도하라 곧 너희를 도망하지 못하게 하는 환경이 오지 않도록 기도하라

십자가 환난은 단 한 번 있다

(마 24:21) 이는 그 때에 내가 십자가에 못 박혀 죽는 큰 환난이 있겠고 내가 죽는 순간 악한 자들에게 심판이 임하여 큰 환난이 있겠음이라 창세로부터 지금까지 이런 십자가 환난이 없었고 후에도 없으리라 십자가 환난은 단 한 번 있는 일로서 단번에 제사드리는 것이라

십자가 심판의 날을 감하심으로 성도를 구원하시다

(마 24:22) 그 십자가 심판의 날들을 감하지 아니하면 모든 육체가 구원을 얻지 못할 것이나 그러나 택하신 자들을 위하여 그 날들을 감하시리라

그리스도가 죽을 때 많은 거짓 그리스도가 출현할 것을 예고하시다

(마 24:23) 나 그리스도가 죽은 그 때에 사람이 너희에게 거짓으로 말하되 보라 그리스도가 여기 있다 혹은 저기 있다 하여도 믿지 말라

(마 24:24) 거짓 그리스도들과 거짓 선지자들이 일어나 속이는 마술로 큰 표적과 기사를 보여 할 수만 있으면 택하신 자들도 미혹하리라

(마 24:25) 보라 내가 십자가에 죽기 전에 너희에게 미리 말하였노라

예수께서 죽으신 후 영으로 온 세상에 임하실 것을 예고하시다

(마 24:26) 나 그리스도가 죽는 날에 사람들이 너희에게 말하되 보라 그리스도가 광야에 있다 하여도 나가지 말고 보라 골방에 있다 하여도 믿지 말라 내가 죽은 후에는 그렇게 광야나 골방이 아니라 영으로 온 세상에 편재하리라

(마 24:27) 그 십자가 날에는 번개가 동편에서 나서 서편까지 번쩍임 같이 인자의 임함도 그러하리라 내 육체가 십자가에 죽는 순간 영으로 온 세상에 순식간에 임하리라

예수께서 십자가로 마귀를 심판할 것을 예고하시다

(마 24:28) 그 때에 십자가에 못 박힌 나의 육체의 주검에 마귀 독수리들이 사방에서 모일 것이니라 마귀 독수리들은 나의 죽은 시체를 붙들고 자기들이 승리한 줄 알리라

(마 24:29) 그 날 내가 죽는 십자가 환난 후에 즉시 마귀가 심판을 받으리라 마치 해가 어두워지며 달이 빛을 내지 아니하는 것처럼 마귀들이 빛을 잃고, 마치 별들이 하늘에서 떨어지는 것처럼 마귀들이 하늘에서 땅으로 쫓겨나며, 마귀들이 하늘에서 행사하던 권능들을 빼앗기리라

예수께서 십자가 때 인자의 징조가 하늘과 옥에서 나타날 것을 예고하시다

(마 24:30) 그 십자가 때에 인자의 징조가 하늘에 나타나리니 거기에 있는 구약성도들의 영들이 보고 찬양하며, 또 인자의 징조가 땅의 옥에도 나타나리니 거기 있는 구약불신자들의 영들이 보고 모두 통곡하리라 하늘에 있는 구약성도들의 영들이 십자가에서 피를 흘리신 인자가 자기들을 그 피로 씻어 흰 옷을 입히기 위해 구름을 타고 능력과 큰 영광으로 자기들에게 오는 것을 볼 것이며, 옥에 있는 구약불신자들의 영들이 십자가에서 피를 흘리신 인자가 자기들을 그 피로 심판하기 위해 구름을 타고 능력과 큰 영광으로 자기들

에게 오는 것을 보리라 이런 십자가의 구원과 심판의 일은 내가 육체가 죽은 후 나의 영으로 구약의 영들에게 하는 일로서 육체가 살아 있는 너희들의 눈에는 보이지 않으리라

예수께서 십자가 때 성도들을 모아 구원할 것을 예고하시다

(마 24:31) 내가 십자가에 죽은 후 영으로 큰 나팔소리와 함께 천사들을 보내리니 그들이 택하신 자들을 하늘 이 끝에서 저 끝까지 사방에서 모으리라 모은 성도들을 십자가의 피로 씻어 흰 옷을 입히리라

(마 24:32) 무화과나무와 모든 나무의 비유를 배우라 그 가지가 연하여지고 잎사귀를 내면 여름이 가까운 줄을 아는 것처럼

(마 24:33) 너희도 이 모든 일 곧 내가 죽는 십자가 환난이 일어나는 것을 보거든 구약성경이 예언한 메시야 인자가 가까이 곧 문 앞에 이른 줄 알라

예수께서 제자들이 살아 있을 때 십자가 사역을 하실 것을 예고하시다

(마 24:34) 내가 진실로 너희에게 말하노니 이 세대가 지나가기 전 곧 너희가 죽기 전에 이 이 십자가의 심판과 구원의 일이 다 일어나리라

(마 24:35) 천지는 없어질지언정 내가 말한 이 십자가 복음은 없어지지 아니하리라

예수께서 자기는 종이므로 자기의 죽는 날도 아버지가 정하신다고 말씀하시다

(마 24:36) 그러나 나는 아버지와 동등 됨을 취하지 않고 종의 형체로 이 땅에 왔으므로 모든 것을 정하는 분은 오직 아버지시라 그가 나의 죽는 날까지도 정하시고 나는 오직 순종할 뿐이라 그러므로 내가 죽는 그 십자가의 날과 그 때는 아무도 모르나니 하늘의 천사들도, 아들도 모르고 오직 아버지만 아시느니라 그러나 재림 때는 내가 종이 아니라 주인으로 오므로 그 날과 때를 밝히 아느니라

십자가 심판 날을 사람은 알지 못한다

(마 24:37) 노아의 때에 아무도 모르게 임한 것 같이 십자가 때에 인자의 임함도 그러하리라

(마 24:38) 홍수 전에 노아가 방주에 들어가던 날까지 사람들이 먹고 마시고 장가 들고 시집 가고 있으면서

(마 24:39) 홍수가 나서 그들을 다 멸하기까지 깨닫지 못하였으니 십자가 때에 인자의 심판의 임함도 이와 같으리라

(마 24:40) 그 십자가의 구원과 심판이 임할 때에 두 사람이 밭에 있으매 한 사람은 그리스도의 나라로 데려가고 한 사람은 버려둠을 당할 것이요

(마 24:41) 두 여자가 맷돌질을 하고 있으매 한 사람은 그리스도의 나라로 데려가고 한 사람은 버려둠을 당할 것이니라

(마 24:42) 그러므로 깨어 주를 떠나지 말라 어느 날에 너희 주가 심판과 구원을 이루는 십자가의 피를 가지고 임할는지 너희가 알지 못함이니라

(마 24:43) 너희도 아는 바니 만일 집 주인이 도둑이 어느 시각에 올 줄을 알았더라면 깨어 있어 그 집을 뚫지 못하게 하였으리라

(마 24:44) 이러므로 너희도 인자의 십자가 피를 받을 준비하고 있으라 생각하지 않은 때에 인자가 피를 가지고 오리라

구약시대에 그리스도를 전한 종들은 십자가 때 구원받는다

(마 24:45) 내가 죽어 십자가의 피로 심판과 구원을 선포하기 전에 충성되고 지혜 있는 종이 되어 주인인 나로부터 집 사람들을 맡아 때를 따라 나를 예언한 구약성경의 양식을 전하며 나눠 줄 자가 누구냐

(마 24:46) 창세에 아담의 죄로 말미암아 떠났던 그리스도 주인이 죄인의 죄를 씻어 구원하기 위해 십자가에 죽고 피를 가지고 올 때에 그 구약의 종이 그리스도 주인에 대해 전하는 것을 보면 그 종에게 구원의 복이 있으리로다

(마 24:47) 내가 진실로 너희에게 이르노니 주인인 내가 나의 모든 소유를 그에게 맡기리라

구약시대에 그리스도를 사모하지 않은 자들은 십자가 때 구원받지 못한다

(마 24:48) 만일 어떤 악한 종이 마음에 생각하기를 창세에 아담의 죄로 말미암아 떠났던 그리스도 주인이 지금 올 리가 없으며 오랜 후 더디 오리라 하여

(마 24:49) 그리스도 주인을 맞이하려는 동료 유대인들을 때리며 술친구들과 더불어 먹고 마시게 되면

(마 24:50) 생각하지 않은 날 알지 못하는 시각에 그 종의 주인인 내가 십자가의 피를 가지고 이르러

(마 24:51) 엄히 심판하고 겉으로는 그리스도를 예표하는 어린 양의 피로 제사를 드리면서 마음으로는 그리스도를 소망하지 않는 자는 벌을 받으리니, 곧 외식하는 자가 받는 벌에 처하리니 그 지옥에서 슬피 울며 이를 갈리라

25장 예수께서 부활하여 오실 것을 예고하시다

열 처녀 비유

유대인들이 십자가의 피를 가지고 오는 예수신랑을 기다리다

(마 25:1) 그 십자가 때에 천국은 마치 등을 들고 신랑을 맞으러 나간 열 처녀와 같다 하리니, 처녀는 혼인한 적이 없는 여자로서 내가 비유하는 열 처녀는 아직 예수신랑을 영접하여 그와 혼인한 적이 없는 구약시대의 유대인들을 상징하느니라

구약에 믿음으로 예수신랑을 기다린 자는 십자가 때 구원받는다

(마 25:2) 그 중의 다섯 유대인들은 미련하고 다섯 유대인들은 슬기 있는 자라

(마 25:3) 미련한 자들은 그리스도를 상징하는 등을 가지되 믿음과 율법을 상징하는 기름을 가지지 아니하고

(마 25:4) 슬기 있는 자들은 그릇에 믿음과 율법의 기름을 담아 그리스도등과 함께 가져갔더니

(마 25:5) 유대인들이 보기에 그리스도 신랑이 더디 오는 것처럼 보이므로 다 졸며 잘새

(마 25:6) 밤중에 소리가 나되 보라 신랑이 십자가의 피를 가지고 오셨도다 맞으러 나오라 하매

(마 25:7) 이에 그 열 처녀 유대인들이 다 일어나 등을 준비할새

(마 25:8) 미련한 유대인들이 슬기 있는 유대인들에게 이르되 우리 그리스도 등불이 꺼져가니 너희 믿음과 율법의 기름을 좀 나눠 달라 하거늘

(마 25:9) 슬기 있는 자들이 대답하여 이르되 믿음과 율법의 기름은 자신이 준비해야 하는 것으로서 우리와 너희가 나눠 쓸 수 없는 것이라 그러므로 다른 데에 가서 사라 하니

(마 25:10) 그들이 사러 간 사이에 신랑이 심판과 구원을 이루는 십자가의 피를 가지고 오므로 믿음과 율법기름을 준비하였던 자들은 그 피로 씻김 받고 흰 옷을 입고 함께 혼인 잔치에 들어가고 문은 닫힌지라

구약에 믿음으로 예수신랑을 기다리지 않은 자는 십자가 때 심판받는다

(마 25:11) 그 후에 남은 처녀 유대인들이 와서 이르되 주여 주여 우리에게 열어 주소서

(마 25:12) 대답하여 이르되 진실로 너희에게 이르노니 내가 너희를 알지 못하노라 하였느니라

(마 25:13) 그런즉 깨어 있으라 너희는 그 십자가 심판의 날과 그 때를 알지 못하느니라

달란트 비유
구약에 율법의 직무를 수행한 자는 십자가 때 구원받는다

(마 25:14) 또 어떤 사람이 타국에 갈 때 그 종들을 불러 자기 소유를 맡김과 같으니, 곧 창세에 아담의 죄로 말미암아 주인인 그리스도가 그를 떠날 때 그 구약의 종들을 불러 양의 피로 제사드리는 율법의 직무를 맡겼느니라 구약의 율법은 나 그리스도에게로 인도하는 초등교사니라

(마 25:15) 구약에 율법의 직무를 맡길 때 각각 그 재능대로 맡겼느니라 한 사람에게는 금 다섯 달란트 종류의 율법직무를, 한 사람에게는 두 달란트 종류의 율법직무를, 한 사람에게는 한 달란트 종류의 율법직무를 주고 떠났더라 금 다섯과 둘과 하나는 많고 적음을 나타내는 것이 아니라 각각의 율법직무가 고유하며 존귀하므로 서로 다른 종류의 금으로 비유한 것뿐이라

(마 25:16) 다섯 달란트 종류의 율법직무를 받은 자는 바로 가서 그것으로 장사하여 또 다섯 달란트를 남기고

(마 25:17) 두 달란트 종류의 직무를 받은 자도 그같이 하여 또 두 달란트를 남겼으되

(마 25:18) 한 달란트 종류의 직무를 받은 자는 가서 땅을 파고 그 주인의 돈을 감추어 두었더니

(마 25:19) 오랜 후에 그 구약의 종들의 주인인 그리스도가 십자가의 피를 가지고 돌아와 그들과 결산할새

(마 25:20) 다섯 달란트 종류의 율법직무를 받았던 자는 다섯 달란트를 더 가지고 와서 이르되 주인이여 내게 다섯 달란트를 주셨는데 보소서 내가 또 다섯 달란트를 남겼나이다

(마 25:21) 그 주인이 이르되 그리스도에게로 인도하는 율법의 직무를 버리지 아니하고 잘 수행하였도다 착하고 충성된 종아 네가 적은 일에 충성하였으매 내가 많은 것을 네게 맡기리니 네 주인의 즐거움에 참여할지어다 하고

(마 25:22) 두 달란트 종류의 율법직무를 받았던 자도 와서 이르되 주인이여 내게 두 달란트를 주셨는데 보소서 내가 또 두 달란트를 남겼나이다

(마 25:23) 그 주인이 이르되 그리스도에게로 인도하는 율법의 직무를 버리지 아니하고 잘 수행하였도다 착하고 충성된 종아 네가 적은 일에 충성하였으매 내가 많은 것을 네게 맡기리니 네 주인의 즐거움에 참여할지어다 하고

구약에 율법의 직무를 버린 자는 십자가 때 구원받지 못한다

(마 25:24) 한 달란트 종류의 율법직무를 받았던 자는 와서 이르되 주인이여 당신은 굳은 사람이라 심지 않은 데서 거두고 헤치지 않은 데서 모으는 줄을 내가 알았으므로

(마 25:25) 두려워하여 나가서 당신의 달란트를 땅에 감추어 두었었나이다 곧 그리스도에게로 인도하는 율법의 직무를 버렸나이다 보소서 이제 율법의 직무는 나의 것이 아니므로 당신의 것을 당신이 가져가소서

(마 25:26) 그 주인이 대답하여 이르되 악하고 게으른 종아 나는 심지 않은 데서 거두고 헤치지 않은 데서 모으는 줄로 네가 알았느냐

(마 25:27) 그러면 네가 마땅히 내 돈을 취리하는 자들에게나 맡겼다가 내가 돌아와서 내 원금과 이자를 받게 하였을 것이니라 하고

(마 25:28) 그에게서 그 한 달란트의 율법직무를 빼앗아 열 달란트 가진 자에게 주라

(마 25:29) 무릇 있는 자는 받아 풍족하게 되고 없는 자는 그 있는 것까지 빼앗기리라

(마 25:30) 이 무익한 종을 바깥 어두운 지옥으로 내쫓으라 거기서 슬피 울며 이를 갈리라 하니라

양과 염소 비유
예수께서 십자가 때 양과 염소로 나눌 것을 예고하시다

(마 25:31) 인자가 십자가에 죽은 후 자기 부활의 영광으로 모든 천사와 함께 올 때에 하나님 우편에 있는 자기 영광의 보좌에 앉으리니, 인자가 하나님의 우편 보좌에 앉을 때는 부활 때니라

(마 25:32) 그가 죽음에서 부활하여 영광의 보좌에 앉을 때에 모든 민족을 그 앞에 모으고 각각 구분하기를 목자가 양과 염소를 구분하는 것 같이 하여

(마 25:33) 양은 그 오른편에 염소는 왼편에 두리라

(마 25:34) 그 때에 임금이 그 오른편에 있는 자들에게 이르시되 내 아버지께 복 받을 자들이여 나아와 창세에 아담이 죄를 지은 때로부터 그 죄를 사하기 위해 그리스도가 십자가에서 피를 흘려 예비한 그의 나라를 상속 받으라

구약의 형제 사랑을 예수 사랑으로 여기시고 십자가 때 구원하신다

(마 25:35) 구약시대에 내가 주릴 때에 너희가 먹을 것을 주었고 목마를 때에 마시게 하였고 나그네 되었을 때에 영접하였고

(마 25:36) 헐벗었을 때에 옷을 입혔고 병들었을 때에 돌보았고 옥에 갇혔을 때에 와서 보았느니라

(마 25:37) 이에 의인들이 대답하여 이르되 주여 우리가 어느 때에 주께서 주리신 것을 보고 음식을 대접하였으며 목마르신 것을 보고 마시게 하였나이까

(마 25:38) 어느 때에 나그네 되신 것을 보고 영접하였으며 헐벗으신 것을 보고 옷 입혔나이까

(마 25:39) 어느 때에 병드신 것이나 옥에 갇히신 것을 보고 가서 뵈었나이까 하리니

(마 25:40) 임금이 대답하여 이르시되 내가 진실로 너희에게 이르노니 너희가 구약시대에 여기 내 형제 중에 지극히 작은 자 하나를 사랑한 것은 장차 올 나를 사랑한 것이라 나는 내 형제를 내 몸과 같이 사랑하기 때문이라 그러므로 너희가 작은 자에 한 것이 곧 내게 한 것이니라 하시고

구약의 이웃 멸시를 예수 멸시로 여기시고 십자가 때 심판하신다

(마 25:41) 또 왼편에 있는 자들에게 이르시되 저주를 받은 자들아 나를 떠나 마귀와 그 사자들을 위하여 예비된 영원한 불에 들어가라

(마 25:42) 구약시대에 내가 주릴 때에 너희가 먹을 것을 주지 아니하였고 목마를 때에 마시게 하지 아니하였고

(마 25:43) 나그네 되었을 때에 영접하지 아니하였고 헐벗었을 때에 옷 입히지 아니하였고 병들었을 때와 옥에 갇혔을 때에 돌보지 아니하였느니라 하시니

(마 25:44) 그들도 대답하여 이르되 주여 우리가 어느 때에 주께서 주리신 것이나 목마르신 것이나 나그네 되신 것이나 헐벗으신 것이나 병드신 것이나 옥에 갇히신 것을 보고 공양하지 아니하더이까

(마 25:45) 이에 임금이 대답하여 이르시되 내가 진실로 너희에게 이르노니 이 지극히 작은 자 하나에게 하지 아니한 것이 곧 내게 하지 아니한 것이니라 하시리니

(마 25:46) 그들은 영벌에, 의인들은 영생에 들어가리라 하시니라

마태복음 24

초판 1쇄 발행　　2018년 5월 17일

지은이　　김현두
펴낸곳　　데오스성경

주소　　경기도 부천시 오정구 원종동 186-3
전화　　010-2927-3774
등록　　제 2014-00044호

디자인　　백현아
인쇄　　엔크기획

파본이나 잘못된 책은 구입처에서 교환해 드립니다.

ISBN 979-11-958197-7-5　 93230

값 28,000원